中 国 客 车 行 业 发 展 论 坛

ZHONGGUO
KECHE XUESHU LUNWENJI

2022
中国客车学术论文集

中国公路学会客车分会 主编

人民交通出版社股份有限公司
北 京

内 容 提 要

本论文集收录了中国客车行业发展论坛2022年中国客车学术年会所发表的论文，可供客车行业广大技术人员和管理人员，从事汽车工程研究、设计、生产和管理方面的科技人员，高等院校车辆工程、载运工具运用工程、汽车服务工程和交通运输等专业师生，以及客运部门、维修企业的有关技术和管理人员参考。

图书在版编目(CIP)数据

中国客车学术论文集. 2022 / 中国公路学会客车分会主编. — 北京 : 人民交通出版社股份有限公司, 2023.6

ISBN 978-7-114-18823-7

Ⅰ.①中… Ⅱ.①中… Ⅲ.①客车—汽车工业—技术发展—中国—2022—学术会议—文集 Ⅳ.①U469.1-12

中国国家版本馆CIP数据核字(2023)第096775号

书　　名：**中国客车学术论文集**(2022)
著 作 者：中国公路学会客车分会
责任编辑：李　佳
责任校对：赵媛媛
责任印制：张　凯
出版发行：人民交通出版社股份有限公司
地　　址：(100011)北京市朝阳区安定门外外馆斜街3号
网　　址：http://www.ccpcl.com.cn
销售电话：(010)59757973
总 经 销：人民交通出版社股份有限公司发行部
经　　销：各地新华书店
印　　刷：北京虎彩文化传播有限公司
开　　本：889×1194　1/16
印　　张：10.125
字　　数：303千
版　　次：2023年6月　第1版
印　　次：2023年6月　第1次印刷
书　　号：ISBN 978-7-114-18823-7
定　　价：80.00元

目　录

产品开发与技术发展

新能源客车与节能减排

车身结构与安全技术

客车底盘与总成开发

客车电气与车身附件

制造工艺与质量管理

法规标准与产品认证

客车检测与实验技术

产品开发
与技术发展

汽车电控空气悬架发展与研究进展

丁 博,李 岩

(中国公路车辆机械有限公司,北京 100010)

摘 要:电控空气悬架的空气弹簧具有比较理想的刚度特征,可以结合车辆行驶状态调节和控制车身高度,全面优化车辆的行驶平顺性与操作稳定性,增强车辆行驶通过性。随着汽车技术水平的全面提高,电控空气悬架系统凭借其独有的优势,在汽车装配领域具有广阔的发展空间。但我国在电控空气悬架的研发方面存在诸多薄弱之处,对国外技术的依赖度高。为了免受贸易壁垒的影响,空气悬架关键核心技术的研究和应用刻不容缓。

关键词:汽车;电控空气悬架;发展

0 引言

汽车尤其是公交车主要用于载运乘客及其随身行李,在人们的日常生活中扮演着重要角色。当前,人们越发关注乘车体验和汽车带来的环境问题,对汽车整体性能的要求越来越高。悬架系统作为汽车底盘的关键部件之一,对汽车整体性能影响很大。其中,电控空气悬架具有耗气量小、辅助功能多等优势,加强对汽车电控空气悬架的研究,将其灵活装配于高端公交车中,可以有效提升乘客乘坐舒适度,也能为高性能汽车的开发提供技术支持。

1 汽车电控空气悬架的应用原理和功能

1.1 汽车电控空气悬架的应用原理

汽车电控空气悬架通过控制器控制气路连通和关闭,调节空气弹簧放气或充气,实现自由调节车身的高度,满足车辆不同行驶条件下对车身高度的要求,最终达到对汽车行驶性能综合提升的目的。在电控空气悬架中,车架与车桥之间安装了高度传感器,可以精准测量车辆高度变化[1]。

为保证各个功能全部实现,汽车电控空气悬架要有一套完整的电控和气路系统作为支撑。气路系统包括空气弹簧、空气泵等。电控系统包括压力开关、电磁阀等。在汽车电控空气悬架工作期间,各个元件会通过气路和电路连接,常规车辆电控空气悬架工作原理如图1所示。

1.2 汽车电控空气悬架基本功能

汽车电控空气悬架是一种半主动悬架,可以有效控制汽车的车身高度,提升车身稳定性,车身控制高度设定如图2所示。同时,汽车电控空气悬架本身包含很多辅助功能,可以根据不同车型,依照实际需求进行系统配置和参数设定。

(1)控制车身高度的稳定性。汽车电控空气悬架可以实现对车身高度的稳定控制,借助高度传感器对车身当下实际高度密切监测,同时与电子控制单元(ECU)决策出的目标调整高度进行比较,如果二者之差比高度调节允许误差 $V_i(i=1,2,3)$ 大时,ECU会快速输出电磁阀信号,调节空气弹簧的充气或放气,确保车身高度可以始终保持在设定的目标高度,不必被乘客上下车引起的簧载质量变化干扰。与传统机械式空气悬架系统相比,电控空气悬架系统的灵活度更高,能够将车身高度调节到可控高度的任何一个值[2]。

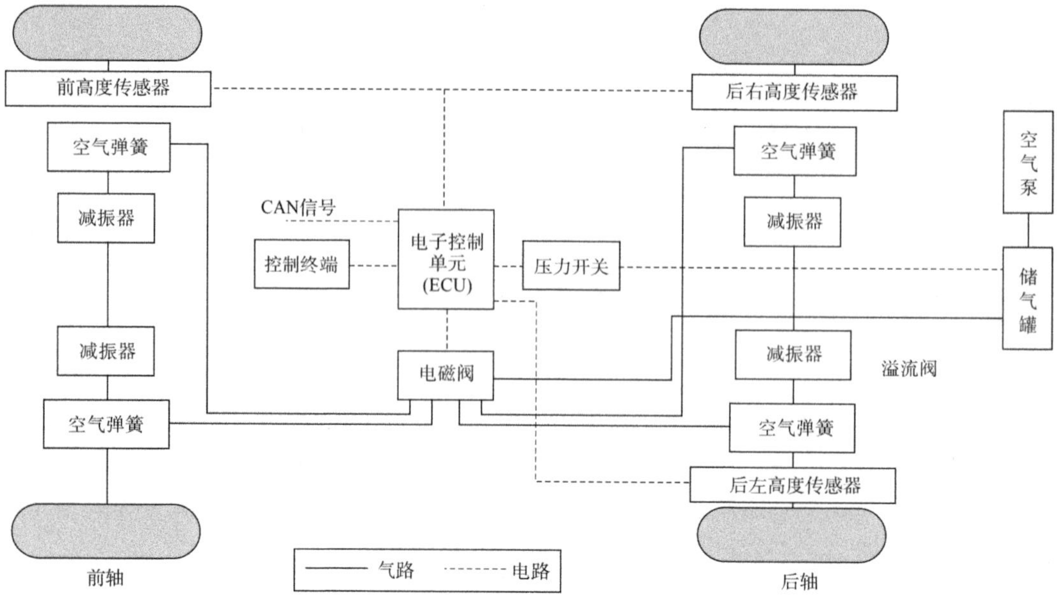

图1 常规车辆电控空气悬架工作原理

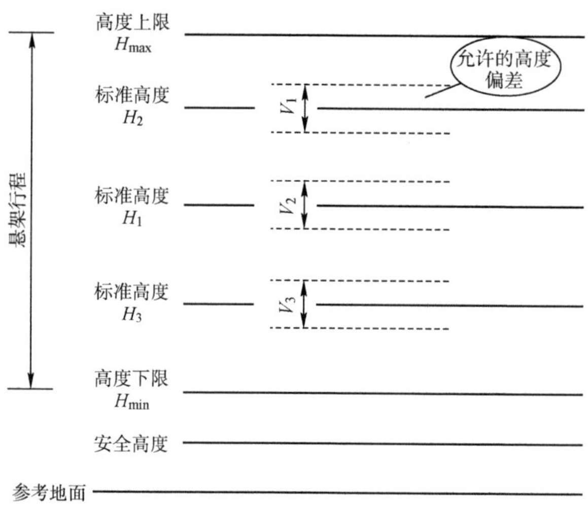

图2 车身控制高度设定

(2)切换控制 H_1、H_2、H_3车身标准高度。H_1是汽车厂商依照不同车型设定的正常行驶高度,与车辆乘坐舒适度密切相关,必须与既定的规范和标准一致。H_2是车辆行驶在特殊环境下应用的车身高度,H_2的值要根据 ECU 的参数而定。如果汽车以低速在特殊路面行驶,可以采取抬高车身高度的方式满足汽车行驶需求,避免出现撞击限位块的问题。出于对车辆性能影响的考量,H_2尽量避免长时间应用。H_3同样是在特殊条件下应用的车身高度。如果汽车在良好的路面行驶,可以将车身高度降低到 H_3,可以增强汽车操作稳定性,降低能耗[3]。利用高度切换开关实现车身各标准高度间的切换。

(3)高度上升、下降调节。在某些情况下可能需要调整车身高度至不同于标准高度 H_1、H_2、H_3的高度。这时系统允许通过控制开关实现车身高度的上升或下降。当调节车身高度达到允许的高度上限 H_{max}或高度下限 H_{min}时,ECU 会自动终止车身高度调节,防止超出合理的高度范围。

2 汽车电控空气悬架的应用与发展现状

2.1 半主动悬架

半主动悬架是指悬架弹性元件的刚度、减振器阻尼系数能根据需要进行调整和限制的悬架系统。由于半主动悬架中的元件能够产生控制力,所以通过传感器发送的数据可以通过 ECU 把所需要的控制力计算出来,再根据计算结果对减振器的阻尼系数做出调整,最后达到对控制力模拟的效果,确保车身振动问题能得到有效控制。对半主动悬架的研究普遍偏重两方面,一方面是阻尼能对减振器起到的调节作用,另一方面是控制策略[4]。在阻尼可调减振器的研究中,通过改变减振液黏性的办法让阻尼系数发生变化,不仅不需要复杂的结构,还不会产生任何噪声和冲击,效果良好,成本偏低,具有广阔的发展前景。20 世纪 90 年代,通用等大公司已在车辆生产中大量应用半主动悬架技术,并在半主动悬架中大量使用了新型智能材料。21 世纪初,MagneRide 半主动悬架系统在 Cadillac Seville STS 高档车上搭载并使用了磁流变减振器,这种悬架可根据汽车工况动态调整减振阻尼系数,同时其结构简单,制造成本较低,功能性已与主动悬架相差不大。

2.2 电控主动液压悬架

电控主动液压悬架是通过液压部件,对汽车振动问题进行有效控制的悬架系统。利用电控主动液压悬架在汽车中心上产生横纵向的加速度,能够把车体高度、倾斜情况等信息在短距离内传递给 ECU。在 ECU 和手动开关的支持下,除了能灵活控制悬架弹簧的弹性系数外,还能让减振器阻尼始终保持在可控范围内,根据汽车所处的位置、负载情况等条件对汽车进行主动调节。电控主动液压悬架的反应速度快,因为其中包含大量精密部件,尤其是电子液压集成模块,可以快速收集汽车行驶期间产生的数据(例如减振器振动频率等),为决策的制定提供依据。同时通过汽车集中分布传感器,对汽车倾斜情况、高度、跳动等密切监控,将获取的信号快速传递给 ECU。ECU 以事先设定好的程序作为基础,对液压减振器中的油缸精准控制,确保减振器阻尼处于稳定状态。

2.3 电控主动空气悬架

电控主动空气悬架是根据传感器发出的指令与车辆驾驶员的操控方法,在进行大量的运算和数据分析后,把命令传给悬架,悬架可以直接对悬架刚度与阻尼系数进行调节,避免出现振动问题,确保汽车能保持在规定的安全区域内,提高汽车运行稳定性。

在操控方面,电控主动空气悬架主要有以下三个功能。

(1)控制车身的高度。汽车在行驶过程中,如果路面凹凸不平,可以抬高车身,保证汽车通行需求能得到满足。

(2)控制减振器阻尼力,为汽车的安全平稳运行提供保障。如果汽车在行驶期间遇到突发情况,例如急转弯、紧急制动等,可以及时抑制车身的变化,提高车辆行驶安全性。

(3)控制空气弹簧的弹性系数,灵活调整弹簧刚度,确保汽车的运动性能和舒适性能达到既定要求。

空气悬架电子控制系统在工作时,通过空气压缩机产生压缩空气并送入弹簧、减振器的气体室内,同时调节悬架刚度与阻尼系数,实现车辆高度调节的目的。将车辆高度传感器安装到车辆的前轮或者后轮,利用微机系统检测出汽车的实际高度,然后通过控制发动机和排气阀,调整压力和拉伸簧片,实现对汽车的灵活控制。电控主动空气悬架系统的成本不大,其中包含的各个结构不烦琐,性能稳定且可靠性强,因此可以在汽车中广泛利用。

3 汽车电控空气悬架研究开发思路

汽车电控空气悬架在我国有广阔的发展前景,在今后研究中,可以从两方面展开。

(1)对控制策略的应用研究。电控悬架应该控制悬架参数,采取最优控制、模糊控制等办法,因此应该结合车辆类型、悬架结构和减振器类型等,加大对控制方法和理论的研究和对控制策略综合应用的研究力度。

(2)悬架控制系统的最佳控制参数研究。围绕汽车舒适度与稳定性,根据设计需求进一步优化,实现汽车动力学模拟,加强汽车悬架系统的研发。对比分析车辆在不同条件下的车辆振动、加速度等参数,构建多元化的数学模型用以获得不同条件下的最佳控制参数。将不同条件下的悬架系统最佳控制参数与主动悬架系统衔接,确保悬架系统参数与汽车行驶状态保持一致,促进汽车减振效果的提升。

4 结语

综上所述,满足人们对汽车舒适度和稳定性越来越高的要求,需要应用性能优越的主动悬架系统。对汽车电控空气悬架的研究与应用,不仅可以解决被动悬架性能差的问题,还能为汽车的安全、平稳、可靠运行提供保障。

参考文献

[1] 朱小丹,李明太,吴宇凡. 电控空气悬架系统研究现状及未来发展趋势思考[J]. 汽车零部件,2022(11):73-74+78.
[2] 杨洋,张婷. 汽车悬架系统的应用现状与发展趋势[J]. 太原科技,2022(12):83-85.
[3] 杨启耀,徐兴,李苗,等. 电控空气悬架的应用现状和关键技术[J]. 拖拉机与农用运输车,2022(04):4-5+17.
[4] 杨辉. 汽车电控悬架的现状及趋势[J]. 装备制造技术,2022(04):204-206.

客运车辆主动安全监测评价体系研究

邓　静，宁剑一，武晓博，王易安
（交通运输部科学研究院，北京　100029）

摘　要：道路交通安全形势日趋严峻，以卫星定位、视频监控等为主要感知手段的传统安全监管体系已不能满足精准监管的需求。针对新形势下的运输安全监管需求，本文在车辆行驶与驾驶员行为主动安全监测数据融合与分析的基础上，开展客运车辆行车安全评价研究。综合驾驶员、车辆、道路、环境、管理五方面因素筛选评价指标并量化，设计构建客运车辆主动安全监测评价指标体系和评价模型，推动道路运输动态监管水平的提升。

关键词：客运车辆；主动安全监测；安全评价

0　引言

道路客运车辆因载客量大、运营强度大、运行时间长、运行环境复杂等特征，在交通安全事故中占据较大比例，整体安全形势不容乐观。在政策驱动、市场竞争和安全需求等多重因素推动下，客运车辆逐步从被动安全向主动安全转型，客车安全迎来“主动时代”。目前全国已基本实现“两客”车辆主动安全智能防控全覆盖，客运车辆的安全监管已经进入“车辆卫星定位 + 视频监控 + 主动安全预警”阶段，形成了“事前预警、事中控制、事后追溯”的行驶安全管理闭环[1]。对比道路运输交通安全的现实需求，当前道路运输交通安全管理仍存在差距，尤其在基于主动安全技术的新应用场景下，亟须创新道路交通安全监管模式和安全评价体系，重点对智能化监管和事前预防等方向进行突破。

安全评价是加强交通安全监管的基础。高效精准地对车辆和驾驶员在行驶过程中的状态进行安全监测和评价，可以及时发现安全隐患，有效预防交通事故的发生，提高安全管理水平[2]。道路交通系统是动态的开放系统，其安全既受内部因素的制约，又受外部环境的干扰，与驾驶员、车辆、道路、环境、管理（简称人、车、路、环、管）密切相关。近年来，许多国内外专家开展了车辆安全评价的研究[3-5]，但是针对客运车辆安全评价的研究尚不完善。

为适应客运车辆安全技术装备改造升级带来的数据和技术突破，本文在车辆行驶与驾驶行为主动安全监测数据融合与分析的基础上，构建了客运车辆主动安全监测评价体系，完善安全监管机制，提升行业监管效率。

1　主动安全监测数据采集

数据采集是进行后续分析、评价的关键性工作，这项工作要遵循全面、客观、具体、准确的原则。车辆行车安全受到人、车、路、环、管多方面因素的影响，采集的数据信息主要包括驾驶员考核评价数据、运输企业考核评价数据、运输安全事故记录数据等历史数据；车辆基础数据与车辆管理数据、驾驶员基础数据、运输企业基础数据、路网信息、基础设施状态数据、地图数据等静态数据；以及驾驶员驾驶行为数据和状态数据、车辆行驶位置数据和状态数据、道路运行状态数据、气象数据等动态数据。相关数据可从车载智能视频监控报警系统、路网监控系统、卫星定位系统、营运车辆联网联控系统以及运政系统、交管系统中进行采集。

2　主动安全监测评价指标体系

行车风险具有客观性、普遍性、可变性和可测性，基于其可测特性可开展车辆主动安全监测预警和综合

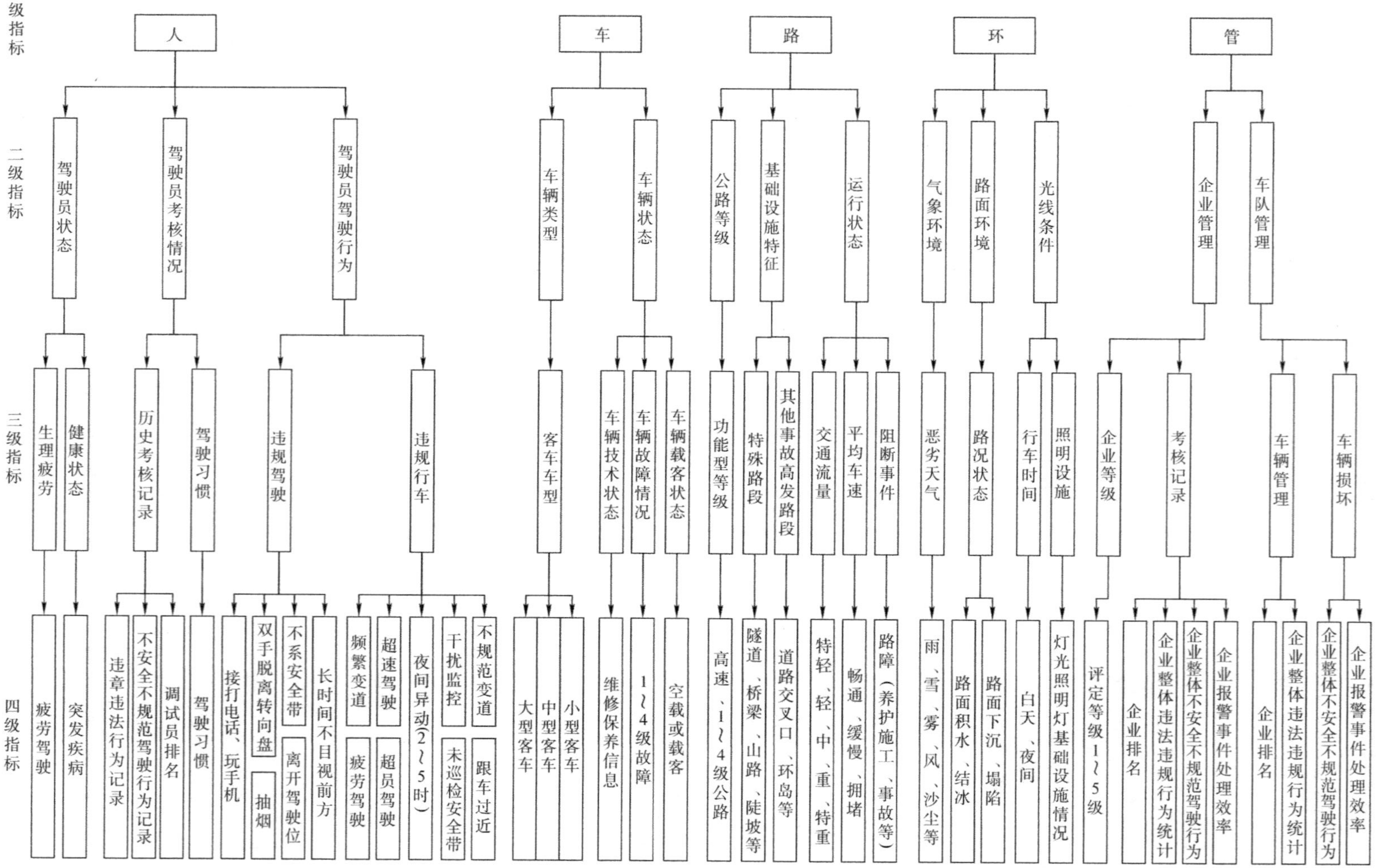

图1　客车主动安全监测评价指标体系

评价。道路交通系统是由驾驶员、车辆、道路等构成的动态系统,行车安全取决于人、车、路、环、管各个要素及环节间的协调,因此针对客运车辆的主动安全监测评价也是一个多指标、多层次的评价体系。

本文从整体交通安全出发,按照简明科学性、系统全面性、客观可比性和可操作性的原则,以人、车、路、环、管五大道路交通安全要素作为主动安全监测评价体系的一级指标,综合考虑交通运输安全的各种影响因素,采用专家调查法筛选出重要度高、影响力大的指标,并根据道路交通安全影响因素,构建一级指标所对应的二级指标内容,逐步构建了多层次的客运车辆主动安全监测评价体系。客运车辆主动安全监测评价指标体系包含 5 个一级指标、13 个二级指标,指标体系如图 1 所示。

通过构建客运车辆主动安全监测评价指标体系,对行车实时风险、趟次风险、驾驶员、企业和车队五项内容展开评价,从源头上消除道路交通安全事故隐患。通过周期性考核评价保障道路运输行业形成针对驾驶员、车队和运输企业等不同监管对象的安全评价机制,加强智能化主动防控力度,提升道路安全监管效率。

3 指标权重赋值计算

本文主要采用层次分析法确定主动安全监测评价体系中相关指标的权重,综合评判行驶安全风险情况,实现对驾驶员、企业、车队的全面考核。

(1)通过构建完整的主动安全监测评价指标体系,建立重点营运车辆主动安全评价各层次内容结构模型;

(2)根据层次结构模型生成层次分析法(APH)调查表,进行调查采样;

(3)将调查表结果生成判断矩阵,对不同指标的重要性进行量化;

(4)调查结果通过执行群决策分析,得出计算数据;

(5)得到每个评价指标的权重,返回调查修正,重复步骤(3)~步骤(4),直到结果大比例拟合;

(6)生成每个指标的最终权重,输出评价指标体系权重表。

4 主动安全监测评价模型

4.1 行车实时风险评价

基于主动安全系统、智能监管平台等数据信息,在行车过程中实时监测驾驶员的驾驶行为和车辆状态,分析车辆行车风险,进行实时安全评价。当评价分数低于预设的阈值时,发出告警;当出现高危不安全不规范驾驶行为时,也发出告警。

$$\text{实时安全评价分数}=\text{满分}(100)-\sum_{i=1}^{n}(\text{第}\ i\ \text{项扣分事项}\times\text{第}\ i\ \text{项扣分系数}) \tag{1}$$

告警阈值:按照设定的权重,综合加权计算驾驶员、企业、车队的历史考核评价数据,综合得出本趟次行车的基础安全评价得分。

扣分事项:直接影响行车安全的指标,主要有人、车两类,分为否决性指标和一般性指标。否决性指标直接扣 100 分,发出告警;一般性指标按照设置的权重分数计算。

扣分系数:表征指标影响行车安全的严重程度,在扣分事件触发时,检查实时的影响因素,计算扣分系数,确定实际的扣分值。

4.2 趟次安全评价

在车辆行车过程中,实时进行安全监测与风险评价,形成安全评价得分曲线。在本趟次行车结束后,基于以下公式对曲线进行积分,计算得出趟次安全评价得分。

$$V=\int_a^b f(x)\mathrm{d}x \tag{2}$$

式中:a、b——本趟次行车的起止时间;

$f(x)$——行车实时安全评价得分曲线。

通过对行车过程的安全评价得分曲线进行积分,计算出趟次安全得分,按照设定的安全等级分数范围(表1)判定趟次安全等级。在安全等级较低时,应在行驶结束后对驾驶员进行安全教育,以提升驾驶员的安全驾驶意识。

趟次安全评价表　　表1

总　分	趟次安全等级	分数范围
趟次安全评价得分 V	A	$85 \leqslant V \leqslant 100$
	B	$70 \leqslant V < 85$
	C	$60 \leqslant V < 70$
	D	$V < 60$

4.3 驾驶员评价

对本趟次行车过程中不安全、不规范驾驶行为进行统计分析,结合驾驶员历史考核统计数据,对驾驶员进行综合评价。具体评价指标和评分方法如下。

驾驶员每驾车行驶1000km不安全不规范驾驶行为次数为:

$$Z_1 = X_1 / Y_1 \tag{3}$$

式中:X_1——驾驶员累计不安全不规范驾驶行为次数;

Y_1——驾驶员驾车行驶总里程(单位:1000km)。

根据驾驶员每驾车行驶1000km不安全、不规范驾驶行为次数对其驾驶安全性进行评价,评分规则见表2。

驾驶员评价表　　表2

次　数	得　分	评　级
$0 \leqslant Z_1 \leqslant 5$	100	A
$6 \leqslant Z_1 \leqslant 10$	80	B
$11 \leqslant Z_1 \leqslant 20$	60	C
$21 \leqslant Z_1 \leqslant 40$	30	D
$41 \leqslant Z_1$	0	E

计算出新的驾驶员评价得分后,结合驾驶习惯和违章情况更新驾驶员排名。当驾驶员评价分值低于标准线时,须对驾驶员进行"回炉"培训和安全教育,考核合格后才能继续回到驾驶岗位。

4.4 企业评价

营运企业需完善制度,对管辖范围内的驾驶员进行有效监督和管理,加强车辆行驶安全监测并及时处理告警事件。对企业的考核评价主要从驾驶员职业素养、告警事件处理两方面进行。

企业驾驶员职业素养情况得分:

企业平均每营运1000km不安全不规范驾驶行为次数为:

$$Z_2 = X_2 / Y_2 \tag{4}$$

式中:X_2——企业不安全不规范驾驶行为次数;

Y_2——企业行驶总里程(单位:1000km)。

(1)企业不安全不规范驾驶行为考核分数见表3。

企业不安全不规范驾驶行为考核分数　　表3

次　数	得　分	评　级
$0 \leqslant Z_2 \leqslant 5$	100	A
$6 \leqslant Z_2 \leqslant 10$	80	B
$11 \leqslant Z_2 \leqslant 20$	60	C

续上表

次　　数	得　　分	评　　级
$21 \leqslant Z_2 \leqslant 40$	30	D
$41 \leqslant Z_2$	0	E

(2)企业告警事件处理情况得分：

$$\text{企业告警事件处理情况得分} = \text{企业告警事件处理率得分} \times 0.5 + \text{企业告警事件处理时间得分} \times 0.5 \quad (5)$$

式中：企业告警事件处理率得分 =（企业已处理告警事件数/企业总告警事件）×100%。

企业告警事件处理时间得分见表4。

企业告警事件处理时间得分规则 表4

处理时间	分　　值	处理时间	分　　值
小于30min	80～100分	大于3h，小于1天	20～40分
大于30min，小于1h	60～80分	大于1天	0～20分
大于1h，小于3h	40～60分		

基于专家咨询法确定企业驾驶行为考核和告警处理情况的分项权重，计算得出企业整体评价得分。计算方法如下：

$$\text{企业整体评价得分} = \text{企业不安全不规范驾驶行为考核分数} \times 0.6 + \text{企业告警件处理情况得分} \times 0.4 \quad (6)$$

通过计算企业最新的评价得分，对企业整体进行安全评价，并更新企业排名。

4.5 车队评价

结合道路运政信息系统的数据信息，对车辆技术维护、年检年审等情况进行评价。采用专家咨询法、层次分析法确定车辆技术维护、年检年审和损坏情况三项指标的权重，见表5。通过对评价指标进行分析打分、综合计算，得出车队整体管理考核分数。

车队评价指标权重表 表5

评价内容	指　　标	权　　重
车队评价	车辆技术维护情况	0.3
	车辆年检年审情况	0.3
	车辆损坏情况	0.4

5　结语

本文在对交通安全影响因素进行分析的基础上，结合数据采集情况，构建了多层级的主动安全监测评价指标体系。通过量化客运车辆安全行驶关键指标，形成针对驾驶员、车队或营运企业等监管对象多维度的安全评价机制，有助于行业管理部门落实企业主动安全智能防控的主体责任，对驾驶员、企业等对象实施有效管理；有助于提升道路运输动态监管水平，降低运输安全事故发生率，提升客运车辆行驶安全性。下一步将进一步细化完善指标体系和评价方法，推动研究成果的实际应用。

参 考 文 献

[1] 董非凡. 营运车辆主动安全智能防控技术应用研究[J]. 汽车实用技术，2019，07：225-226.

[2] 肖仕昊，李迎辉. 汽车主动安全技术应用与发展分析[J]. 中国设备工程，2020(03)：45-46.

[3] 孙宇星，张豪杰，胡松，等. 基于动态监管数据的公路运输车辆安全评价研究[J]. 公路，2020，65(05)：223-230.

[4] 牛世峰，李贵强，张士伟. 卫星定位数据驱动的营运车辆驾驶人驾驶风险评估模型[J]. 中国公路学报，2020，33(06)：202-211.

[5] 蔡晓禹，雷财林，彭博，等. 基于驾驶行为和信息熵的道路交通安全风险预估[J]. 中国公路学报，2020，33(6)：191-201.

汽车转向系统智能线控化与转向角度的解算关系

古长风,张　伟
(芜湖勒普电子科技有限公司,芜湖市　241009)

摘　要:近年来,随着智能驾驶、自动驾驶及无人驾驶技术的进步,对汽车零部件特别是功能性的零部件的要求从电动化向更先进的智能线控化发展,而智能线控化解决的实际上是电动主观化。以转向系统为例,智能线控转向系统从信号传递的方向融入智能驾驶、自动驾驶和无人驾驶系统之中,主动完成转向功能及辅助转向功能,整个转向系统在满足力的对抗的基础上,通过解算转向角度控制实现转向助力的基本功能及转向高级功能。本文以单轨模型为示例,探讨智能线控转向的转向角度解算关系。

关键词:智能线控转向;单轨模型(单车模型);转向角度解算

0　引言

汽车助力转向系统是汽车横向自由度控制的关键系统,通过将驾驶员的主观横向控制与电能助力的客观随动有机结合,使汽车在转向时既灵敏轻便又手感真实。汽车驾驶的智能化,要求汽车转向具备主动回正、车道保持、自动停车等高级功能。自动驾驶和无人驾驶技术还要求转向系统实现主动转向、自动转向功能,甚至在高级别自动驾驶过程中"反客为主"地主导汽车的横向自由度。这些功能的实现离不开用转向角度解算控制横向自由度。

1　阿克曼与阿克曼率

1.1　阿克曼几何

汽车转向过程中,假定的边界条件为轮胎为刚性,车辆绕瞬心 M 做纯转动,图 1 为阿克曼条件下的几何关系。$\delta_{o,A}$、$\delta_{i,A}$分别为外轮转角和内轮转角,称为外轮和内轮的阿克曼角。

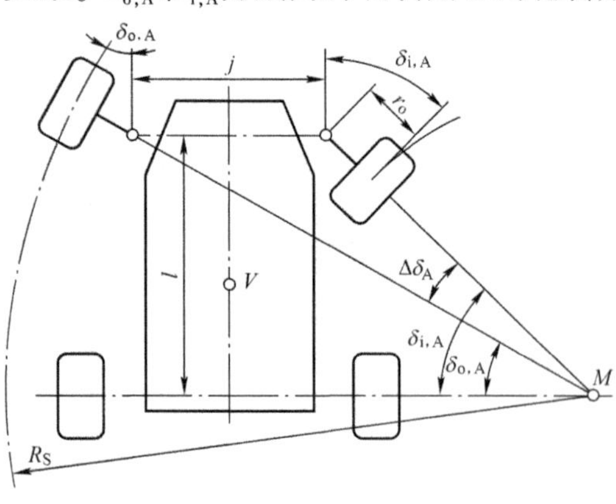

图 1　阿克曼条件下几何关系

$$\cot \delta_{o,A} = \cot \delta_{i,A} + \frac{j}{l} \tag{1}$$

式中:j——转向轮间距,mm;

l——轴距,mm。

从式(1)中可以看出,内外轮的转角遵循了固定的常量关系,该常量和轴距、轮距相关。

1.2　阿克曼率

车辆在转向的过程中,由于受到离心力、轮胎刚性(非刚性体)、悬架刚性等因素影响,实际的内外轮转角与理论的不一致,产生两个实际变化的内外轮转角 δ_i、δ_o,与理论上符合阿克曼条件的内外轮转角差形成一条固定的理论曲线。

$$\Delta\delta_A = \delta_{i,A} - \delta_{o,A} \tag{2}$$

$$\Delta\delta = \delta_i - \delta_o \tag{3}$$

$$\text{阿克曼百分比} = \frac{\Delta\delta}{\Delta\delta_A} \times 100\% \tag{4}$$

阿克曼百分比也叫阿克曼率，通常在0~100%之间，0为平行转向，100%为标准阿克曼转向。阿克曼百分比表征了内外轮胎转角的关系以及车辆外部特性如轮胎刚性、悬架刚性等对车辆转向的影响。

2 单轨模型

单轨模型（也称为单车模型）是在常规的转向驾驶条件下简化了的汽车动力学模型。这有利于车辆横向动力学的研究和分析。

如图2所示，$X_E Y_E$为对面固定坐标系，$X_V Y_V$是车辆质心坐标系。车辆绕瞬心ICM转动，稳态转弯中瞬心ICM到质心的距离即为转弯半径R，在车速很低的情况下，后轮没有转向，瞬心ICM在后轴延长线上。前轮的转向角δ_A即为阿克曼角，后轮的转角δ_R在低速时视为0。如此我们就可以将汽车转向线控化解算到车轮转向角δ_A。

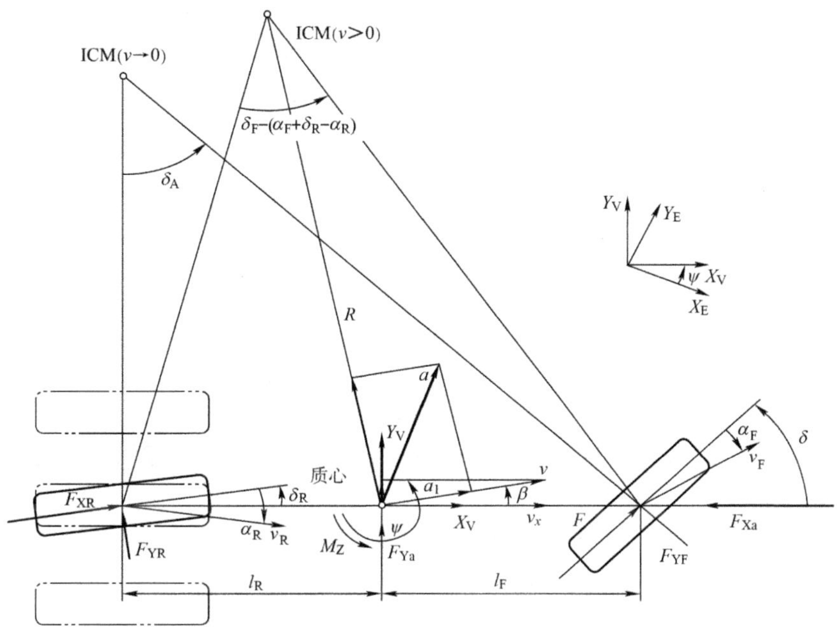

图2 单轨模型示例

3 转向角与转向盘转角

驾驶员在实际驾驶过程中并不是直接操纵车轮转向角的，而是控制转向盘的转动角（操舵角），如图3所示，当车辆模型简化成单车模型，没有内外轮之分，即转向角相同。

转向盘上施加转角δ_H和力矩M_H，操舵输入量经过扭转刚度为C_T的扭杆，再经过齿轮的转角δ_H^*转化为齿条的行程S_R，最后通过转向节臂长度r_L行程转化成转向节臂（车轮）的转动δ^*，转向横拉杆和悬架弹性变形用扭转刚度C_R表达，用C_S表达转向系统的总刚度。用i_S表达转向系统的传动比，在运动关系中忽略力的影响，则有：

$$\delta = \frac{\delta_H}{i_S} \tag{5}$$

齿条行程和操舵角的关系为：

$$S_R = \delta_H \cdot r_{Pi} \tag{6}$$

此处转向节变形量极小，即车轮的转角和转向节的转角相同均为δ^*，那么：

$$\delta = \delta^* = \frac{S_R}{r_L} = \delta_H \frac{r_{Pi}}{r_L} \tag{7}$$

$$i_S = \frac{r_L}{r_{Pi}} \tag{8}$$

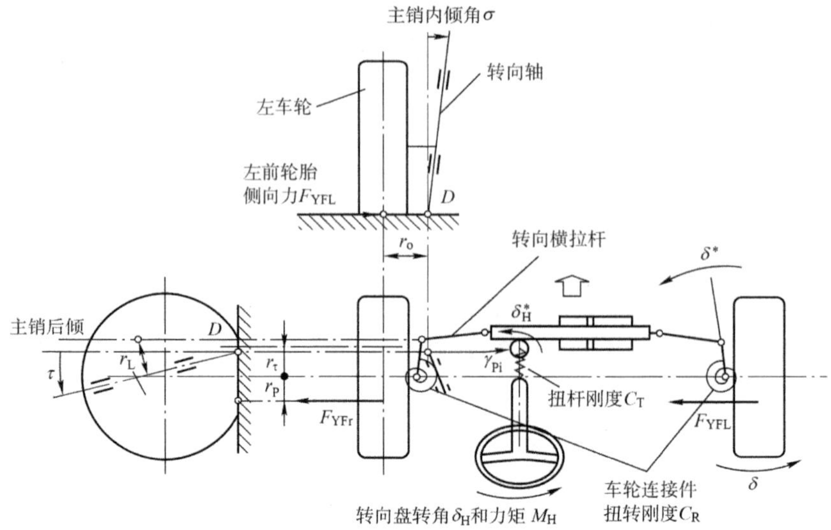

图 3　单轨模型的转向关系

4　偏航角与转向角在目标路径上的解算关系

如图 4 所示,在后轮无转向的情况下,汽车在转向过程中质心处的速度方向和车辆纵轴(X_V)的夹角,叫作车辆的滑移角 β。车身相对于道路纵轴线偏移产生的夹角称为航向角 ψ。两者之和为航迹角 $\gamma=\beta+\psi$。我们实际操纵汽车转向是通过转动转向盘控制汽车在一个期望的轨迹上行驶,因此我们就可以通过转向角 δ 解算出车辆的滑移角,也可以通过转向盘的转角 δ_H 控制车辆的转向。在无人驾驶或自动驾驶的实际转向过程中,自动驾驶系统通过各类边界传感器生成驾驶的目标航迹,然后将转向角 δ 或转向盘的转角 δ_H 解算到航迹角 γ 上。

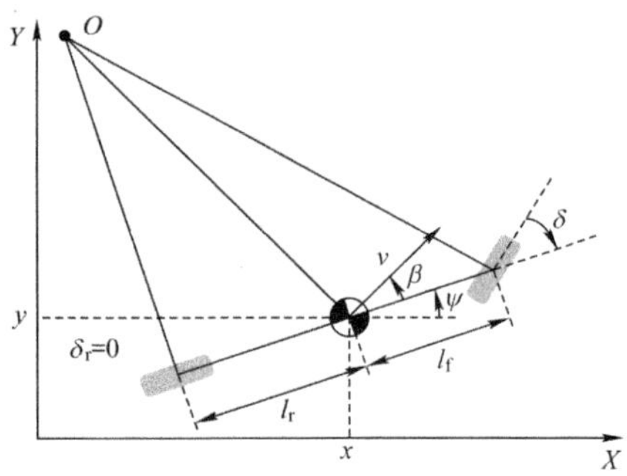

图 4　后轮无转向的单轨模型

$$\beta = \arctan\frac{l_r}{l_f+l_r}\cdot\tan(\delta) = \arctan\frac{l_r}{l}\cdot\tan\left(\delta_H\frac{r_{Pi}}{r_L}\right) \tag{9}$$

5　结语

通过设定简化车辆的转向运动学为单轨模型,将车辆转向的运动学参数最终解算成一个,即转向角 δ 或转向盘的转角 δ_H,其他参数均为车辆生产完成后就确定不变的固定参数。这样的单变量控制,在人工驾驶时是通过人的主观空间感受操纵转向运动,在自动驾驶、无人驾驶的汽车上,就可以通过 PID 的反馈控制方法,结合转向角或转向盘的转角实现高精度的实时的线控转向。

参考文献

[1] 普费尔,哈尔. 汽车转向[M]. 李旭东,译. 北京:机械工业出版社,2018:39-77.
[2] 王霄峰. 汽车底盘设计[M]. 北京:清华大学出版社,2018:363-384.
[3] 陈家瑞. 汽车构造[M]. 北京:机械工业出版社,2009.
[4] 唐宇明. 汽车转向制动系设[M]. 南京:东南大学出版社,1995:98-150.

新能源客车与节能减排

动力蓄电池热管理水箱喷液及排气分析

黄都伟

(比亚迪汽车工业有限公司,深圳 518118)

摘 要: 纯电动汽车在运行过程中通过动力蓄电池热管理系统监控及调节蓄电池的温度,使动力蓄电池保持在合适的温度范围内工作,同时保证蓄电池系统的性能和寿命。本文针对某纯电动商用大巴车蓄电池在冷却循环过程中出现喷液的问题,通过实验测试不同压力下冷却软管的容积变化情况,发现管路系统内部存在较多空气的情况下,水箱喷水的主要原因是压力变化导致的空气体积变化和胶管的胀缩。最后通过优化管路设计,引导系统合理分配压力,排除管路中的气体,解决了实车水箱喷液的问题。

关键词: 纯电动汽车动力蓄电池;冷却循环;水箱喷液;优化方案;排气

0 引言

近几年,新能源汽车在我国快速发展,市场占有量急剧上升,总体销量呈现出不断上升的趋势,其中电动汽车成为新能源汽车发展的主流方向。未来,纯电动车市场化的速度会明显加快,预计2020—2030年将出现规模化的发展趋势。巨大的市场需求推动生产规模不断扩大的同时,也带来了新的研究课题。

本文针对某型号纯电动商用车动力蓄电池热管理水箱喷液的问题,通过实验探究喷液的主要原因,并给出相应的解决方案。

1 动力蓄电池冷却系统

动力蓄电池热管理系统是由导热介质、测控单元以及温控设备构成的蓄电池温度调节系统,能使动力蓄电池在合适的温度范围之内工作并维持最佳的使用状态,同时保证蓄电池系统的性能和寿命。冷却系统是蓄电池热管理系统中重要的组成部分,常见的蓄电池冷却方式有风冷和液冷两大类,可根据不同情况选择使用。而本文研究的纯电动商用车采用的是液冷的方式。

1.1 液冷系统简介

液体冷却有较好的冷却效果,而且可以使蓄电池组的温度分布均匀。本文选用50%乙二醇水溶液作为冷却液。

1.2 系统组成及工作原理

图1为某电动商用车动力蓄电池液冷循环示意图,其工作原理为:冷却系统(大空调)通过管路与蓄电池模块相连,管路中循环流动的冷却液(乙二醇)流经蓄电池模块会将蓄电池模块的热量带走,到达冷却系统后,系统将乙二醇制冷,多余的热量通过风扇排到外界,而乙二醇再次循环进入蓄电池模块,继续吸收蓄电池散发的热量。

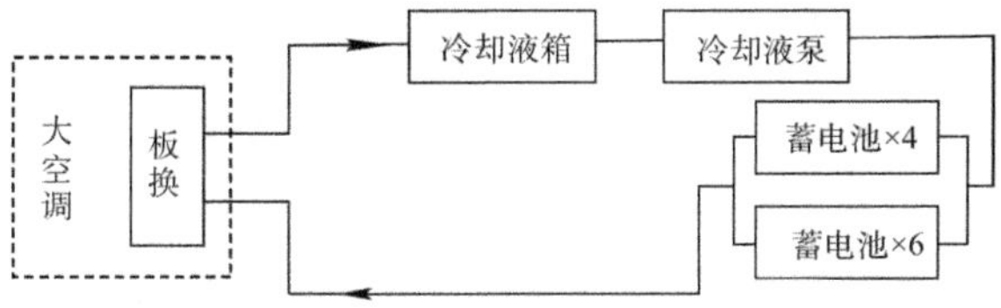

图1 液冷循环原理图

2 实验及原因分析

2.1 温度和压力对液体、气体的影响

在不同的温度和压力下,液体和气体的密度不同。液体的密度在不同压力下变化较小,故常称液体为不可压缩的流体,但液体的密度随温度的变化会稍有改变,其数据见表1。

乙二醇水溶液密度-温度关系表 表1

温度(℃)	乙二醇水溶液密度(kg/m^3)	
	40%	50%
-20	1071.98	1086.7
-10	1069.63	1084.22
0	1066.8	1081.08
10	1063.49	1077.46
20	1059.68	1073.35
30	1055.39	1068.75
40	1050.62	1063.66

在压力相同的条件下,-20℃的冷却液和40℃的冷却液相比,密度相差约为2%。某型号的纯电动车冷却液的总体积为32L,当冷却液温度从-20℃增至40℃时体积增量约为640mL。在相同的温度条件下,蓄电池冷却系统压力在0~300kPa之间,在此压力区间液体密度变化率仅有0.01%,则体积增量为3.2mL,可忽略。

由理想气体状态方程式(1)和密度公式(2)可推导出气体密度与压强、温度的关系式如式(3)所示。

$$PV = nRT \tag{1}$$

$$\rho = M/V \tag{2}$$

$$\rho = PM/nRT \tag{3}$$

式中:ρ——气体的密度,kg/m^3;

P——气体的压强,Pa;

M——气体的质量,kg;

V——气体的体积,m^3;

T——绝对温度,K;

n——气体的物质的量,mol;

R——摩尔气体常数,即8.31J/(mol·K)。

标准条件下(0℃,1个标准大气压,即101.3kPa),空气密度值为1.292kg/m^3。通常情况下,当温度在20℃时空气密度值取1.204kg/m^3。当质量M和物质的量n一定时,可推算出不同温度和压强下空气密度的值,见表2。

不同温度、压强下的空气密度(kg/m^3) 表2

温度(℃)	压强(kPa)			
	100	101.3	200	300
0	1.276	1.292	2.551	3.827
10	1.231	1.247	2.461	3.692
20	1.189	1.204	2.377	3.566
30	1.149	1.164	2.299	3.448
40	1.113	1.127	2.225	3.338

由表2可知,温度不变、空气压强从0.1MPa升至0.3MPa时,空气密度变化约为200%,若大气压下系统内有1L空气,建立200kPa相对压力后体积减小660mL。

而在压力一定时，空气温度0℃与40℃之间，密度变化约为12%，若0℃下系统有1L空气，升温至40℃时体积增加120mL。

由上述数据对比得知，在管路系统内部存在较多空气的情况下，压力变化导致的空气体积变化，是造成水箱喷水的主要原因之一。

2.2 压力对软管的影响

实验中测试了在不同的相对压力情况下，标称内径为23.5mm、长度为1m的胶管的容积变化情况，实验数据见表3。

压力与软管容积变化关系表　　表3

相对压力(kPa)	标称内积(mm)	1m长胶管容积(mL)	内径变化率(%)	内截面变化(mm^2)	1m长胶管容积变化(mL)	容积变化率(%)
100	23.5	433.52	12.01	110.39	110.39	25.46
200	23.5	433.52	22.84	220.65	220.65	50.90
300	23.5	433.52	27.00	265.66	265.66	61.28
400	23.5	433.52	29.95	298.51	298.51	68.86
500	23.5	433.52	36.07	369.15	369.15	85.15

由以上数据可知，软管受压力的影响较大，压力越大，容积变化率越大，且承受高压的软管越长，对系统的液位稳定越不利。

根据表3数据，以40m长度的胶管为例。在受到100kPa的相对压力下，1m长度胶管容积变化为110.39mL，则总的容积预估可增大4.4L。而某型号的纯电动车胶管的总长度约为45m，其中蓄电池部分长度40m，板换部分长度5m。两部分胶管参数规格相同，则蓄电池部分的胶管容积总变化为板换部分的8倍。管路压力与管路总容积变化成正比关系，则蓄电池部分软管承受高压时的影响是板换部分承受高压影响的8倍。

根据表3数据，取相对压力参数为变量x，1m长度胶管容积变化参数为因变量y，绘制其数据关系图见图2，观察发现相对压力与1m长度胶管容积变化两个参数之间可用一条直线近似地表示，如图2中虚线段。

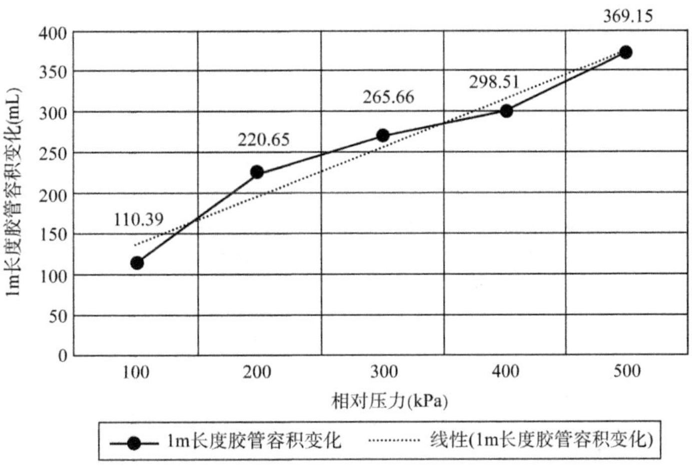

图2　1m长度胶管容积变化-相对压力关系图

根据一元线性回归方程的求解公式，可以求出图2中虚线的线性表达式，其求解公式如式(4)(5)(6)所示。

$$\widehat{y} = bx + a \tag{4}$$

$$b = \frac{n\sum_{i=1}^{n}x_iy_i - (\sum_{i=1}^{n}x_i)(\sum_{i=1}^{n}y_i)}{n\sum_{i=1}^{n}x_i^2 - (\sum_{i=1}^{n}x_i)^2} \tag{5}$$

$$a = \overline{y} - b\,\overline{x} \tag{6}$$

式中:x——相对压力;

y——1m 长度胶管容积变化;

$\bar{y}$——y 的平均数;

$\bar{x}$——x 的平均数;

n——常数,数值为 5;

a、b——中间系数。

由式(5)代入表 3 数据可计算得 $b=0.59538$,将 b 值代入式(6)中可计算得 $a=74.258$。则其最终表达式为:

$$y=0.59538x+74.258 \tag{7}$$

2.3 喷液分析

在对某型号的纯电动车进行了测试后,获得了实车运行时的相关数据,其中相对压力的值为入口压力和出口压力两组数据的平均值。将其值代入式(7),可计算出对应的 1m 长度软管膨胀容积值,计算数据见表 4。

某型号纯电动车实车状态信息 表 4

产 品	入口压力(kPa)	出口压力(kPa)	1m 长度软管膨胀容积(L)	软管长度(m)	容积变化(L)
蓄电池	125	115	0.146	40	5.84
板换	115	0	0.09	—	—

该车实车状态,其板换流阻为 95 ~ 115kPa,前端蓄电池管路处于高压状态,软管膨胀导致容积变化 5.84L。其液冷循环时的数据参数图如图 3 所示。

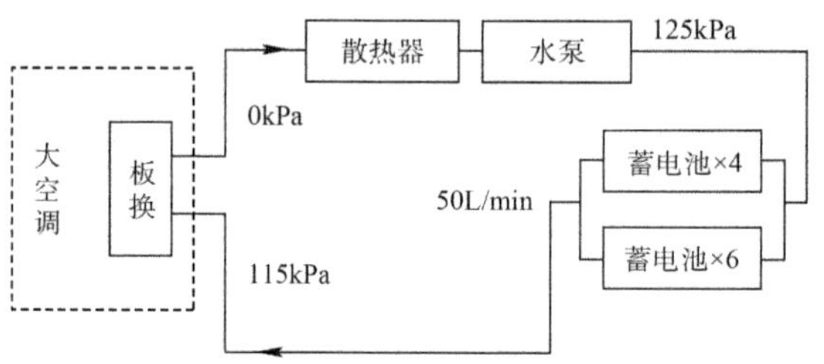

图 3 某型号纯电动车实车液冷循环参数图

而该车的设计相关数据见表 5。

某型号纯电动车设计状态信息 表 5

产 品	入口压力(kPa)	出口压力(kPa)	1m 长度软管膨胀容积(L)	软管长度(m)	容积变化(L)
蓄电池	100	60	0.122	40	4.88
板换	60	0	0.04	—	—

该车设计状态,板换流阻 60kPa,前端蓄电池管路处于中压状态,软管膨胀导致容积变化 4.88L。其液冷循环时的数据参数图如图 4 所示。

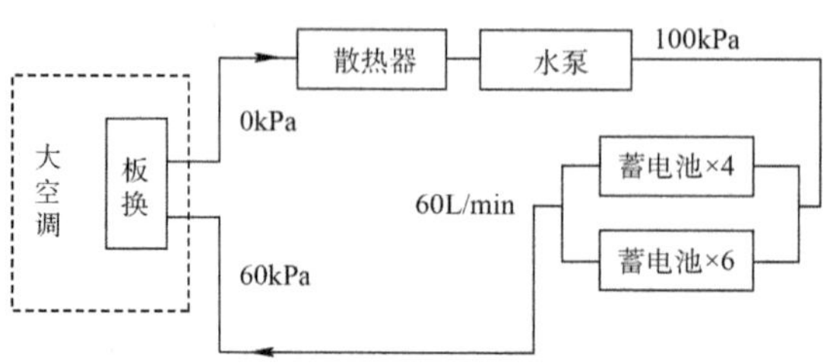

图 4 某型号纯电动车设计液冷循环参数图

对该车管路系统进行优化，调整冷却液的循环方向。优化后的相关数据见表6。

某型号纯电动车优化状态信息 表6

产　品	入口压力(kPa)	出口压力(kPa)	1m长度软管膨胀容积(L)	软管长度(m)	容积变化(L)
板换	125	10	0.114	5	0.57
蓄电池	10	0	—	40	—

该车优化状态，板换流阻115kPa，后端蓄电池管路承受压力仅10kPa，软管膨胀导致容积变化仅0.57L。其液冷循环时的数据参数图如图5所示。

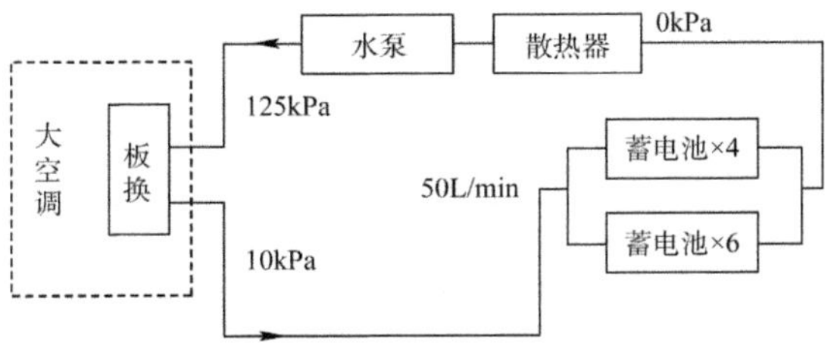

图5　某型号纯电动车优化液冷循环参数图

根据以上分析，假设常温常压静置状态下管路内的气体含量为1L，当水泵开启后建立100kPa的压力后，气体密度发生改变，其体积可被压缩至约0.5L。而当水泵停止工作后，系统内压力泄放，软管收缩，气体膨胀，大量冷却液受挤压回流到散热器，出现喷液现象。

2.4　方案参考

综上所述，得出避免喷液的主要思路为：减小软管胀缩率（降低系统压力/优化压力分布）；减少系统内的气体（优化排气）。因此，如果能够排尽管路中的气体，则能够在一定程度上防止喷液现象的发生。而针对排除气体的方法，有以下两个方案可供参考。

2.4.1　1号空调供应商的方案

1号空调供应商的方案采用的方法是在集成空调内安装气液分离器和散热器，携带气体的冷却液流经气液分离器的时候，通道管径由小变大，流速降低，气体自然向上经过排气管进入散热器，同时散热器对系统进行补液。其冷却循环结构如图6所示。

2.4.2　2号空调供应商的方案

2号空调供应商的方案采用的方法是在集成空调内安装气液分离器，系统循环时打开排气管上的手动阀，当排气管内有液体的时候说明气液分离器中气体已排完，即可关闭手动阀。其冷却循环结构如图7所示。

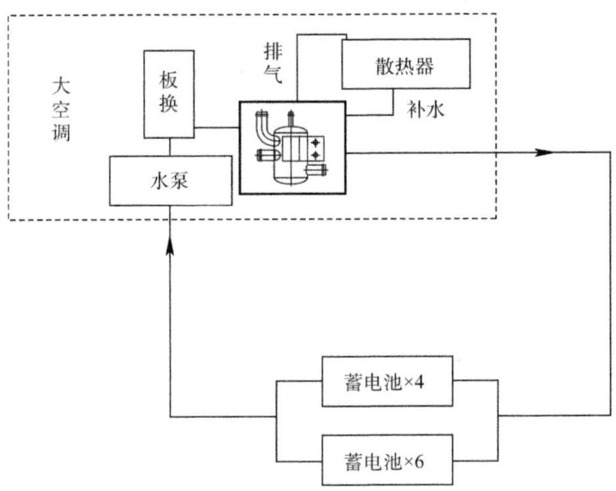

图6　1号空调供应商的方案液冷循环结构图

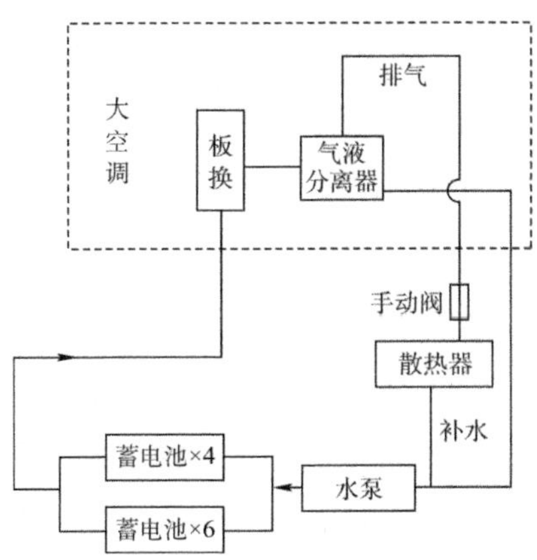

图7　2号空调供应商的方案液冷循环结构图

2.5 优化方案

由上述可知,可通过改变管路循环方式和减少管路中的气体避免喷液现象,最终的解决方案总结为以下 5 点:

(1)优化管路设计,引导系统压力合理分配,高压软管路尽可能短,缓解软管和气体胀缩对系统稳定性的影响。优化后的液冷却循环结构如图 8 所示。

(2)确保板换等产品流阻在合理区间,同时保持系统内部洁净,避免杂质堵塞板换增大流阻。

(3)系统顶部增加气液分离器。其结构如图 9 所示。

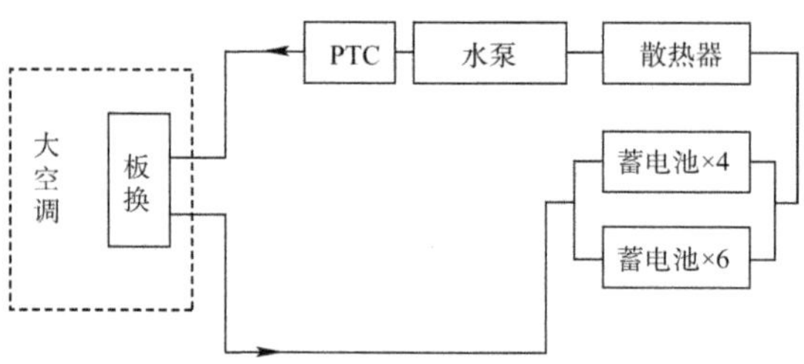

图 8　优化液冷循环结构图

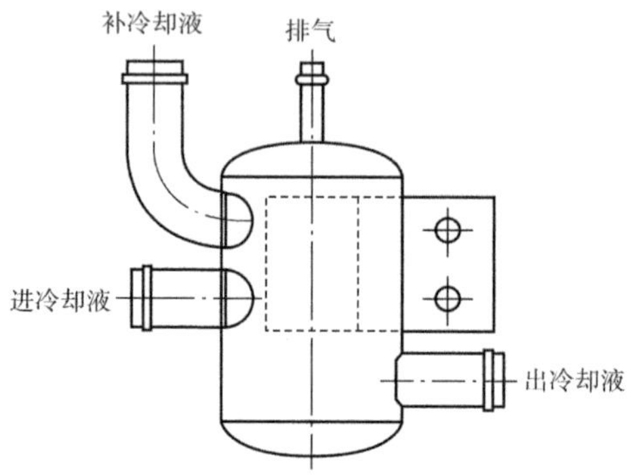

图 9　气液分离器结构图

(4)蓄电池管路分支增加球阀(图 10),便于手动排气。当回路内存在气体时,通过控制球阀的开关,动态调节各流量,利用局部流速较快的冷却液将积存的气体冲出。

(5)采用真空加注设备(图 11)可以最大限度地排除系统内的气体。

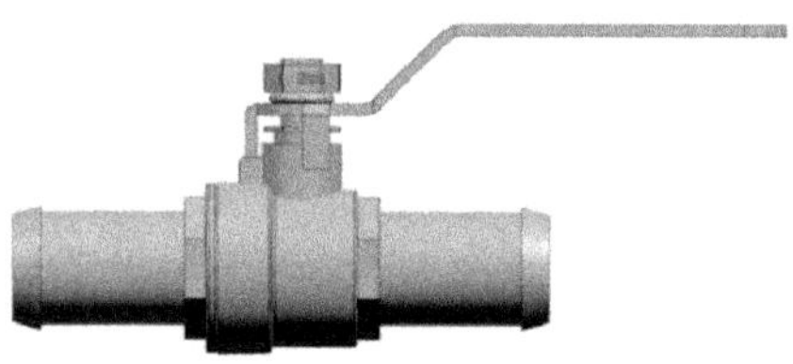

图 10　球阀模型图

图 11　真空加注设备实物图

优化后的方案与原方案相比,只需调整管路循环方向,并在蓄电池管路部分添加气液分离器和球阀结构。且排气方法简便,可通过球阀调节流量排出气体,很好地避免了喷液现象的发生。

3　结语

通过对动力蓄电池热管理水箱喷液现象的分析,得出了蓄电池热管理系统液冷循环过程中压力分布不均和管路中存在较多空气杂质是导致该现象发生的主要原因。为解决这两个问题,一是应合理地设计蓄电池冷却水路,优化压力分布,使蓄电池管路部分承受较小的压力;二是要做好系统排气,使用真空加注设备,在源头减少空气杂质注入循环系统中。在蓄电池管路部分添加排气结构,可手动排除气体。通过实车实验证明,优化后的设计能很好地避免喷液现象的发生。

参考文献

[1] 王文继. 新能源汽车市场发展趋势预测研究[J]. 南方农机,2017(18).
[2] 陈鸿才,吕媛. 新能源汽车的应用现状及发展前景分析[J]. 中国新通信,2019(14).
[3] 郑昕斌. 纯电动客车热管理的探讨与研究[J]. 南方农机,2017(14).
[4] 徐善红,马露杰,曾祥兵. 汽车动力电池热管理系统分析与设计[J]. 科技世界,2013(26).
[5] 赵冲,王有镗,郑斌,等. 新能源汽车动力电池冷却技术分析[J]. 内燃机与配件,2020(1).
[6] 张弦,霍怡廷,李宇,等. 一种近理想气体状态方程及其热力学性质计算[J]. 当代化工研究,2020(13).
[7] 戚龙. 用最小二乘法求解线性回归方程的算法研究[J]. 计算产品与流通,2019(9).

对锂离子动力蓄电池安全性能及其在客车上应用的研究

白金曼

(中公高远(北京)汽车检测技术有限公司,北京　101103)

摘　要:近年来,能源和环境问题越来越突出,锂离子动力蓄电池驱动的电动客车在缓解能源和环境问题方面显示出了巨大的潜力和优势。与其他动力蓄电池相比,锂离子动力蓄电池具有比能量高、循环寿命长等优点。本文介绍了锂离子动力蓄电池所使用组件及形状的设计对安全性能的影响,并讨论了锂离子动力蓄电池电动客车的分类。同时,本文的最后,提出了电动客车的发展前景。

关键词:电动客车;锂离子动力蓄电池;应用

0　引言

当前,汽车尾气排放对全球温室效应有很大程度的影响,因此,汽车行业的电气化是减缓全球变暖的关键因素。汽车行业电气化不能仅依靠私家车,还要依赖于公共交通电动客车的技术开发和部署。据了解,电动客车并不是一个新的发展,早在1907年,伦敦就引入了电动客车来取代马。近年来,纯电动客车受到了全世界的极大关注。

与传统的充电蓄电池相比,锂离子蓄电池具有比能量高、充放电快、循环寿命长、自放电率低、无记忆效应、放电电压稳定、安全性能好、环境污染小等特点[1-4]。因此,20世纪90年代初以来,锂离子蓄电池成为新能源技术研究的热点。从那时起,锂离子蓄电池除了为手机、笔记本电脑供能外[5],LIB还为市场上的几种电动汽车供电,例如电动汽车BMWi3、Model S、Leaf、i-MiEV、Volt、Zoe。并且锂离子蓄电池的应用因其相对较高的比能量和功率密度以及逐步降低的成本而得到加强,因此锂离子蓄电池驱动汽车将在不久的未来主导电动汽车市场。

1　锂离子蓄电池工作原理

首先,以磷酸铁锂离子蓄电池为例子,说明LIB的工作原理。蓄电池充电时,锂离子通过隔膜从正极材料中移动到负极材料中。同时,电子在外电路中流动产生电流以保持整体中性。当蓄电池放电时,与充电过程相反。最终实现化学能与电能两者之间的转换。方程(1)显示在阴极(LiFePO4)发生的氧化还原反应,而方程(2)显示在阳极(碳)发生的氧化还原反应。

$$n\mathrm{Li}^{+} + (1-n)\mathrm{LiFePO_4} + ne^{-} \rightarrow \mathrm{LiFePO_4} \tag{1}$$

$$\mathrm{Li_nC_6} \rightarrow n\mathrm{Li}^{+} + 6\mathrm{C} + ne^{-} \tag{2}$$

蓄电池性能可以用比容量、倍率性能、库伦效率和循环寿命等来衡量。其中,比容量是单位质量或单位体积蓄电池所获得的容量,蓄电池的倍率性能是指蓄电池在不同电流下的放电性能,库仑效率通常是指放电容量与同一循环中充电容量之比[6],就蓄电池正极材料来说是指嵌锂容量与脱锂容量的比值,用于判断不可逆副反应的发生,即内部消耗的电能。循环寿命一般是指蓄电池的充放电容量衰减到80%的次数[7]。

2 锂离子蓄电池相关的安全问题

2.1 锂离子蓄电池组成与安全

锂离子蓄电池是由正极、负极、电解液、隔膜和集流体组成的。锂离子在蓄电池阳极和阴极之间移动，阳极和阴极之间由薄膜隔离。所有组件都完全浸泡在电解液中。目前正极材料的研究相对较多，包括锰酸锂($LiMn_2O_4$)、钴酸锂($LiCoO_2$)、磷酸铁锂($LiFePO_4$)和三元锂。磷酸铁锂($LiFePO_4$)因其热稳定性和无毒性而成为最安全的阴极材料之一[8,9]。碳通常用于锂离子蓄电池的负极，它可以可逆地容纳大量锂，提供372mAh g-1(LiC_6)的理论容量。电解液是锂离子蓄电池的重要组成部分，存在于正极、负极和隔膜之间，电解液对于提高锂离子蓄电池的能量密度和循环性能至关重要。LIB 中使用的基于有机溶剂的电解液，通常高度易燃[10]。实际应用中最常用的电解液是脂类电解液和锂盐，其中锂盐主要是使用六氟磷酸锂($LiPF_6$)。由于电解液中存在氟化物，在热失控的情况下，会导致释放有毒并且具有腐蚀性的氟化氢气体[11,12]。为了降低这些电解液的可燃性，研究者们已经探索了各种阻燃添加剂。此外，也可以使用固体形式的电解液，虽然它们的离子电导率远低于液体系统，但是可以提高蓄电池的安全性[13,14]。黏合剂对于实现电极制造至关重要，在 LIB 中，阴极活性材料通过有机黏合剂黏附在铝箔表面。目前，聚偏氟乙烯(PVDF)因其良好的机械和电化学性能而成为最重要和最常见的黏合剂之一[15]。此外，PVDF 还可以影响电极的机械性能和阴极活性材料的电化学性能[16,17]。但是 PVDF 需要 N-甲基吡咯烷酮(NMP)才能溶解，因此存在毒性问题。所以了解 PVDF 与阴极活性材料和铝的结合机理，对于开发新的黏合剂具有重要意义。隔膜是防止电极之间接触同时允许离子传输的关键元件[18]，它的主要功能是隔离正负电极以防止短路[19]，其性能决定了蓄电池的容量、内阻和界面接触面积，直接影响锂离子蓄电池的安全性能和使用性能。生产耐高温复合隔膜可以在蓄电池温度升高时保持隔膜的完整性，防止短路和过充电。在不影响容量的前提下，可以制作更薄的隔膜，以及多功能复合膜，以满足动力蓄电池的性能要求。例如纤维隔膜、陶瓷隔膜等新产品可以提高蓄电池安全性能[20,21]。

综上所述，由于许多方面都会影响 LIB 的安全性，所以需要评估蓄电池设计参数来提高安全性。纯电动客车在选择蓄电池组件时必须综合考虑安全性、性能和成本。

2.2 蓄电池设计与安全

根据行业专家估计，如果有适当的质量控制，在正常运行期间，1000 万分之一[22]蓄电池会发生故障。尽管概率很低，但是依然要引起重视。整个电动汽车制造链[23]都在努力提高蓄电池的安全性，一种措施是通过使用更安全的组件，将蓄电池组安装在远离挤压区的地方以及使用更智能的蓄电池管理系统。另外，蓄电池的设计也是影响蓄电池安全的重要因素[24]。汽车制造商一般使用方形、软包式或圆柱形蓄电池。其中，圆柱形蓄电池制造成本低，具有良好的机械稳定性和高能量密度，然而，它们的填充效率低[25]，尽管它们在运行期间不会膨胀，但是当压力增加时，蓄电池内部组件会被排出[26]。方形蓄电池具有高填充效率和良好的机械稳定性，但是，它们的能量密度略低且价格更高。软包蓄电池比其他两种设计具有更高的能量密度，制造成本较低，质量较轻，然而，它们需要更强大的机械结构来提供保护。与电极被迫保持紧密接触的蓄电池设计相比，软包蓄电池的不受约束的性质能更有效地防止热失控反应[27]。而且，软包蓄电池具有更小的内部温度梯度。与蓄电池安全相关的另一个方面是蓄电池在循环时的不均匀特性。因此，蓄电池的热管理系统至关重要。

3 电动客车的类型和能源

电动客车(EV)主要有三种类型，分别是蓄电池电动客车(BEV)、混合动力客车(HEV)和燃料电池电动客车(FCEV)[28]。

BEV 由从储能设备获取电力的电动机驱动。纯电动客车的续驶里程直接取决于储能装置的容量[29]。

传统纯电动客车的电动机推进系统由电动机、逆变器和主要采用动力蓄电池的储能装置组成。一些BEV在逆变器和动力蓄电池之间使用DC-DC转换器进行优化[30]。动力蓄电池的工作状态影响着整个系统的性能,因此在整车结构设计中必须对动力蓄电池的重要参数进行设计和开发。但一些缺点限制了BEV的应用,例如行驶距离有限、充电时间长、充电设施分布不均、蓄电池容易出现安全故障[31-34]。当电芯的储能密度不够高时,可以通过增加电芯的数量来提高电芯的能量,但同时也会增加车辆的重量和每公里的耗电量。车身重量和车辆的蓄电池能量是两个难以平衡的参数。因此,当通过采用更多的电芯来增加蓄电池的能量时,应考虑额外的车辆重量,这同样会降低续驶里程。

HEV将传统的内燃机(ICE)与电动机推进系统相结合,以提供驱动力。混合动力客车的推进系统由电动机、动力蓄电池、专用发动机和控制系统组成。与一般客车使用的发动机不同,HEV使用的发动机具有相对稳定的转速和转矩负载,要求具有更高的效率和更低的排放。根据电气化水平,混合动力客车分为非插电式混合动力客车(即混合动力客车)、插电式混合动力客车(PHEV)和增程式电动客车(EREV)。插电式HEV和HEV的区别主要在于蓄电池容量和充电方式。PHEV可以直接从外部电网充电。与PHEV不同,EREV具有全电驱动,车载ICE仅驱动发电机发电以扩展电动客车的行驶里程。

FCEV是一种利用空气中的氢和氧在催化剂作用下发生电化学反应,将其产生的电能作为主要动力源的客车。具有能量转换效率高、零排放、对环境无污染等优点。目前,燃料电池中使用贵金属导致价格居高不下,而燃料中加氢的不便限制了燃料电池电动客车的普及。

蓄电池电动客车具有结构简单、运营成本低、转换效率高等优点,是未来发展的趋势[35]。混合动力客车(HEV)是在原有发动机的基础上增加了蓄电池设备,但其结构复杂、运营成本高、购置成本高。燃料电池客车虽然更加环保,但目前燃料电池技术还不是很成熟,还不能产业化生产[36]。此外,对于混合动力客车(HEV),尾气中温室气体(GHG)和有毒气体排放量有所减少,而蓄电池电动客车(BEV)完全没有尾气排放。与传统的内燃机车辆(ICEV)动力系统相比,电气化动力系统具有相当大的优势,其中最显著的优势包括更高的动力效率、更低的维护需求,以及无尾气排放减少城市空气污染[37]。

4 结语

电动客车具有噪声低、结构简单、环保等优点。而且,由于电动客车可以广泛使用再生制动,它们目前在城市地区的表现良好。在电动客车普及方面,基础设施特别是公共充电站的安装发挥着重要作用。如果电动客车可以实现广泛使用,将明显改善城市交通组织,鼓励人们使用交通工具时从私家车向公共交通转移,可以显著改善城市空气质量和减少拥堵。因此,电动客车的发展符合当前客车的发展趋势。然而,电动客车的发展受限于蓄电池的安全性能。相比于其他蓄电池,锂离子蓄电池具有能量密度高、使用寿命长等优点,采用锂离子蓄电池可以明显提高蓄电池的安全性能、续航里程等。相信在不久的将来,锂离子蓄电池驱动的电动客车可能会成为主流趋势。

参考文献

[1] WAKIHARA M. Recent developments in lithium ion batteries[J]. Materials Science and Engineering: R: Reports, 2001, 33(4): 109-134.

[2] GOODENOUGH J B, KIM Y. Challenges for rechargeable Li batteries[J]. Chemistry of materials, 2010, 22(3): 587-603.

[3] SCROSATI B, GARCHE J. Lithium batteries: Status, prospects and future[J]. Journal of power sources, 2010, 195(9): 2419-2430.

[4] NISHI Y. Lithium ion secondary battery technologies, present and future[C]// Macromolecular Symposia. Weinheim: WILEY - VCH Verlag, 2000, 156(1): 187-194.

[5] 范晨姝. 硅碳复合电极材料的制备及其性能研究[D]. 贵州大学, 2021.

[6] WU W, WANG S, WU W, et al. A critical review of battery thermal performance and liquid based battery thermal management[J]. Energy conversion and management, 2019, 182: 262-281.

[7] CHENG H, SHAPTER J G, LI Y, et al. Recent progress of advanced anode materials of lithium-ion batteries[J]. Journal of Energy

Chemistry,2021,57:451-468.

[8] ILLIG J,CHROBAK T,ENDER M,et al. Studies on LiFePO4 as cathode material in Li-ion batteries[C]//Batteries and Energy Technology Joint General Session-217th ECS Meeting. 2010:3-17.

[9] SAW L H,YE Y,TAY A A O. Electrochemical-thermal analysis of 18650 Lithium Iron Phosphate cell[J]. Energy Conversion and Management,2013,75:162-174.

[10] REDDY T B. Linden's handbook of batteries[M]. McGraw-Hill Education,2011.

[11] CAMPION C L,LI W,LUCHT B L. Thermal decomposition of LiPF6-based electrolytes for lithium-ion batteries[J]. Journal of The Electrochemical Society,2005,152(12):A2327.

[12] LEBEDEVA N P,BOON-BRETT L. Considerations on the chemical toxicity of contemporary Li-ion battery electrolytes and their components[J]. Journal of The Electrochemical Society,2016, 163(6):A821.

[13] DAIGLE J C,VIJH A,HOVINGTON P,et al. Lithium battery with solid polymer electrolyte based on comb-like copolymers[J]. Journal of Power Sources, 2015, 279: 372-383.

[14] JANEK J,ZEIER W G. A solid future for battery development[J]. Nature Energy,2016,1(9):1-4.

[15] CHEN H,LING M,HENCZ L,et al. Exploring chemical,mechanical,and electrical functionalities of binders for advanced energy-storage devices[J]. Chemical reviews,2018,118(18):8936-8982.

[16] ZHENG H,YANG R,LIU G,et al. Cooperation between active material,polymeric binder and conductive carbon additive in lithium ion battery cathode[J]. The Journal of Physical Chemistry C,2012,116(7):4875-4882.

[17] LESTRIEZ B. Functions of polymers in composite electrodes of lithium ion batteries[J]. Comptes Rendus Chimie,2010,13(11): 1341-1350.

[18] ZHANG Z J,RAMADASS P. Lithium-ion battery separators[M]//Lithium-Ion Batteries. Springer, New York,NY,2009: 1-46.

[19] ARORA P,ZHANG Z. Battery separators[J]. Chemical reviews,2004,104(10):4419-4462.

[20] SADEGHI F,AJJI A,CARREAU P J. Analysis of microporous membranes obtained from polypropylene films by stretching[J]. Journal of Membrane Science,2007,292(1-2):62-71.

[21] TABATABAEI S H,CARREAU P J,AJJI A. Microporous membranes obtained from PP/HDPE multilayer films by stretching[J]. Journal of membrane science,2009,345(1-2):148-159.

[22] JACOBY M. Burning batteries[J]. Chemical & engineering news,2007,85(51):26-28.

[23] BALAKRISHNAN P G,RAMESH R,KUMAR T P. Safety mechanisms in lithium-ion batteries[J]. Journal of power sources, 2006,155(2):401-414.

[24] LEVY S C,BRO P. Battery hazards and accident prevention[M]. Springer Science & Business Media, 1994.

[25] YEOW K,TENG H,THELLIEZ M,et al. 3D thermal analysis of Li-ion battery cells with various geometries and cooling conditions using abaqus[C]//Proceedings of the SIMULIA community conference. 2012.

[26] MIKOLAJCZAK C,KAHN M,WHITE K,et al. Lithium-ion batteries hazard and use assessment[M]. Springer Science & Business Media,2012.

[27] LAMB J,ORENDORFF C J. Evaluation of mechanical abuse techniques in lithium ion batteries[J]. Journal of Power Sources, 2014,247:189-196.

[28] BINGGANG C A O,CHUANWEI Z,ZHIFENG B A I. Technology progress and trends of electric vehicles[J]. Journal-Xian Jiaotong University,2004,38(1):1-5.

[29] UN-NOOR F,PADMANABAN S,MIHET-POPA L,et al. A comprehensive study of key electric vehicle (EV) components,technologies,challenges,impacts,and future direction of development[J]. Energies,2017,10(8):1217.

[30] RUIZ V,PFRANG A,KRISTON A,et al. A review of international abuse testing standards and regulations for lithium ion batteries in electric and hybrid electric vehicles[J]. Renewable and Sustainable Energy Reviews,2018,81:1427-1452.

[31] FETENE G M,KAPLAN S,MABIT S L,et al. Harnessing big data for estimating the energy consumption and driving range of electric vehicles[J]. Transportation Research Part D:Transport and Environment,2017,54:1-11.

[32] HE J,YANG H,TANG T Q,et al. An optimal charging station location model with the consideration of electric vehicle's driving range[J]. Transportation Research Part C:Emerging Technologies,2018,86:641-654.

[33] ADEPETU A,KESHAV S. The relative importance of price and driving range on electric vehicle adoption:Los Angeles case study

[J]. Transportation,2017,44(2):353-373.

[34] WAGER G, WHALE J, BRAUNL T. Driving electric vehicles at highway speeds: The effect of higher driving speeds on energy consumption and driving range for electric vehicles in Australia[J]. Renewable and sustainable energy reviews, 2016, 63: 158-165.

[35] 清泉,逢春,嘉光,等. 现代电动汽车技术[M]. 北京理工大学出版社,2002.

[36] 李春卉. 电动汽车的发展现状及趋势研究[J]. 汽车工业研究,2005 (5):44-46.

[37] NOTTER DA, GAUCH M, WIDMER R, et al. Contribution ofLi-ion batteries to the environmental impact of electricvehicles. Environ Sci Technol 2010,44:6550-6556.

基于 Cruise 仿真的混动客车动力系统匹配与仿真

王海龙,来星呈,周恩飞,王佳羽

(北汽福田汽车股份有限公司北京欧辉客车分公司,北京 102206)

摘 要:随着新能源汽车领域的飞速发展,搭载插电式混合动力系统的客车凭借其环保、低噪声、高效率、运营成本低等优势逐渐走进消费者的眼中。而在设计开发的过程中,动力系统的匹配尤为关键,直接影响整车性能。本文从一个 12m 混合动力客车实车入手,依据整车性能需求采用市场上节油率较好的行星排混联技术,选定 YCA07 发动机及行星排架构进行研究。通过搭建 Cruise 仿真模型,在图形化界面中输入整车基本参数进行仿真计算,得到混动模式下的经济性仿真结果及动力性仿真结果。最后,对仿真结果进行分析研究,证明本方案的可行性与正确性。

关键词:新能源客车;混合动力;电驱动系统

0 引言

在我国,发展新能源汽车产业已上升为国家战略,新能源汽车市场规模迅速扩大,产业发展已经进入了从导入期向成长期过渡的关键阶段,未来国家将通过路权、补贴、油耗限值、积分管理等一系列政策组合引导和推动新能源产业的发展。插电式混合动力客车随着补贴政策的不断收紧,市场表现持续下跌,如图 1 所示。但随着国六 b 燃料限值的实施和中国工况的推广,传统客车的油耗和排放等要求越来越高,插电式混合动力汽车将迎来发展的契机。

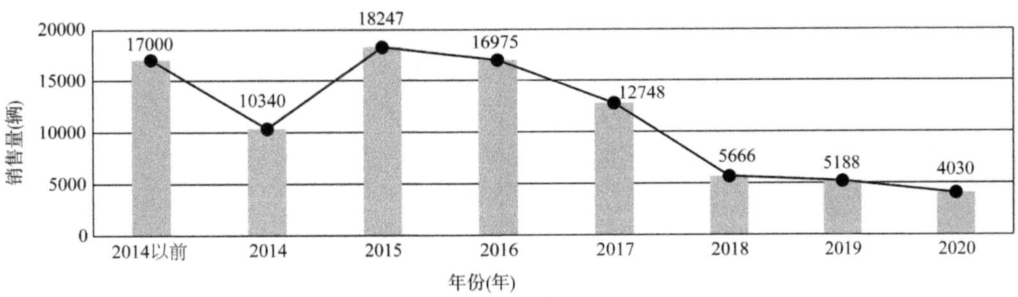

图 1 插电式混合动力客车市场销售量

在插电式混合动力客车中,混联混动架构以较高的节油率占据市场的主流。本文对北汽福田汽车股份有限公司北京欧辉客车分公司(以下简称我司)某成熟的混联产品进行了一系列的仿真分析,最终验证了该产品满足客户要求。

1 混动客车架构选择

1.1 混动客车构架概况

混合动力主要是指至少使用两种不同的能量存储系统且这几种能量存储系统都用来驱动车辆行驶[1]。混合动力的匹配需要根据不同应用场景,匹配不同的混合动力技术路线,充分适配和挖掘混合动力客车的节油潜力。混合动力架构目前主要分为串联、并联和混联 3 种,见表 1。

客车混动架构 表 1

串联构型	并联构型	混联构型
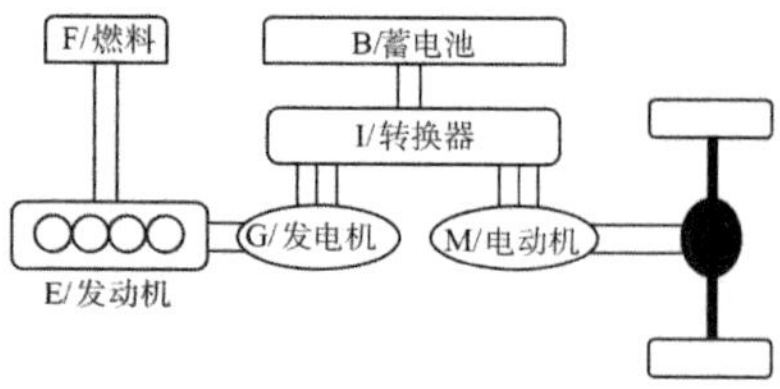	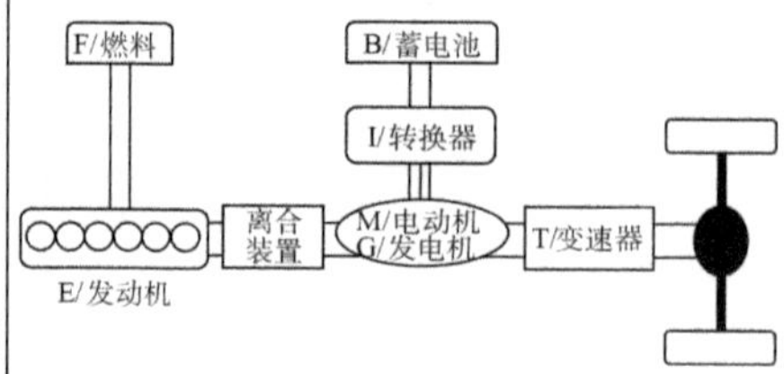	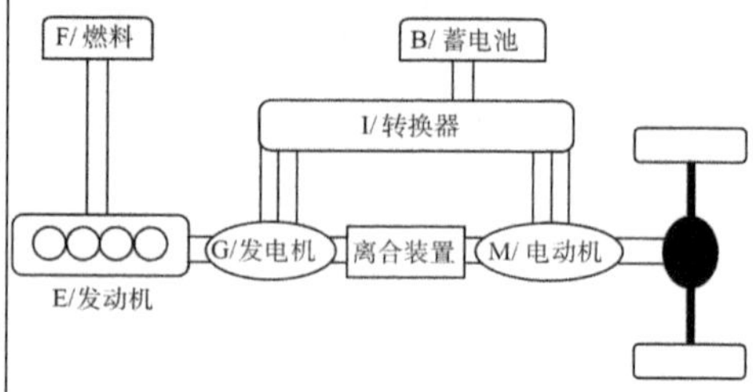

1.1.1 串联式系统

串联式系统是指发动机不直接参与驱动,仅通过驱动电机驱动车辆满足行驶需求。当蓄电池电量不足时,发动机拖动发电机发电,延长车辆续驶里程。其广泛应用在 6~16m 公交车型上,具备节油率高和稳定性好的特点,如图 2 所示。

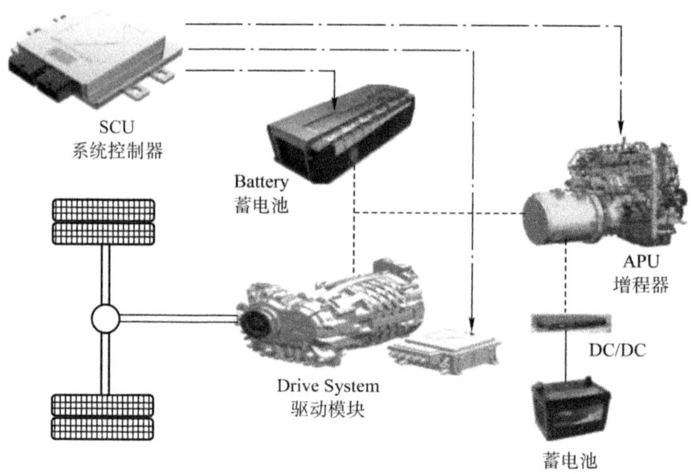

图 2 某供应商典型构型

1.1.2 并联式系统

并联式系统中包含一个驱动电机和一个发动机,发动机和驱动电机可分别驱动车辆行驶。该并联工况以发动机为主要动力源,适用于高速及城郊工况行驶,具有结构成熟、维护简单、车辆全生命周期成本低等优点,如图 3 所示。

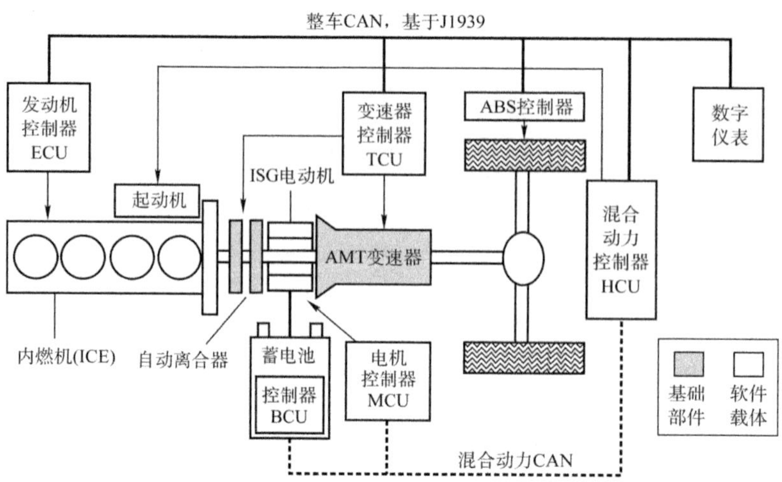

图 3 某供应商典型构型

注:内燃机与常规的干式离合器由客户自选。

1.1.3 混联式系统

混联式系统一般由双电机组成,可实现纯串联或并联模式驱动。混联式系统具有节油率高和工况适应性好等优点,是未来重点发展的技术路线之一,如图4所示。

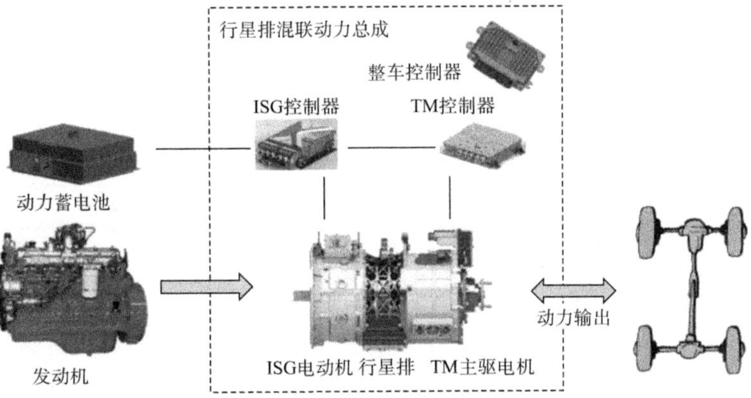

图4 某供应商典型构型

1.2 混动客车性能需求

本车为12m混合动力客车,其主要参数见表2。该车主要运行在北京城区的城市道路上。道路交通信号灯较多,平均车速较低,要求具有较低的油耗,需求指标见表3。

整车参数 表2

整备质量(kg)	总质量(kg)	迎风面积(m^2)	滚阻系数	空阻系数	后桥减速比	轮胎半径(mm)
13000	18000	7.9	0.007	0.55	6.14	493

整车性能需求指标 表3

动力性	加速时间(s)	≤12
	最大爬坡度(%)	≥18
	最高车速(km/h)	69
经济性	40km等速续驶里程(km)	≥50
	CCBC油耗(L/100km)	≤14

1.3 混动构型选择

根据开发经验,行星排混联技术是目前城市公交混动节油率最高的产品。行星排构架采用动力分流模式,路况适应性好,运行过程无换挡动作,无动力中断,驾乘舒适,无眩晕顿挫感,具有爬坡性能好和节油率高的优势。依托成熟资源,选定YCA07及行星排架构。行星排电机总成见表4~表6。

驱动电机参数 表4

额定转矩(N·m)	峰值转矩(N·m)	额定功率(kW)	峰值功率(kW)	额定转速(r/min)	峰值转速(r/min)
330	600	96	160	2800	10000

发电机及行星排参数 表5

名称	参数指标	
发电机参数	额定转矩(N·m)	180
	峰值转矩(N·m)	250
	额定功率(kW)	57
	峰值功率(kW)	73
	额定转速(r/min)	3000
	峰值转速(r/min)	8500

续上表

名　称	参数指标	
行星排参数	i_{GEN}	1.4
	i_{PG}	2
	i_{TM}	3.93

动力蓄电池参数　　表6

序　号	蓄电量(kW · h)	标称电压(V)	容量(A · h)	上下限电压(V)
A	50.45	525.6	96	360 ~ 604.8

2　利用 Cruise 进行仿真和分析

2.1　Cruise 模型搭建

AVL Cruise 软件是奥地利 AVL 实验室开发的一款车辆仿真软件,在汽车行业中具有比较全面、实用的特点。它是在 Windows 操作系统下一次性开发使用的仿真软件,主要针对车辆传动系统的设计,可以被广泛应用于绝大部分车型的仿真研究,包括传统汽车和电动汽车在内。该软件完成从传统系统结构布置、部件参数设计与优化到整车动力性与经济性评估等一系列仿真过程,可以快速搭建复杂的动力传动系统模型,同时进行正向或逆向分析[2,3]。

根据行星排混动系统的构型(图 5),选用 Cruise 仿真软件提供的发动机模块、驱动电机模块、行星排模块、变速器模块、蓄电池模块等来模拟该混合动力汽车[4]。其中,MG1 与 MG2 是一种车用电机减速集成驱动装置,将电机和变速器集成在一起,可以减少体积与质量、便于整车布置、提高空间利用率。利用 Cruise 中已有的电机以及减速器模块搭建此电机模型,同时根据构型图中各部件的连接方式以及电力传递路径进行仿真模型的机械连接和电气连接。为调用该系统的 Simulink 控制策略,选用与 Matlab/Simulink 联合仿真接口模块(Matlab DLL)。根据各部件间的控制关系及信息传递关系,建立各子模型间的信号连接,例如发动机的 Desired Torque 信号来自 PID 控制器的 Output Value 信号,驱动电机的 Desired Torque 来自 Matlab. dll 的 TM_Tq 信号。

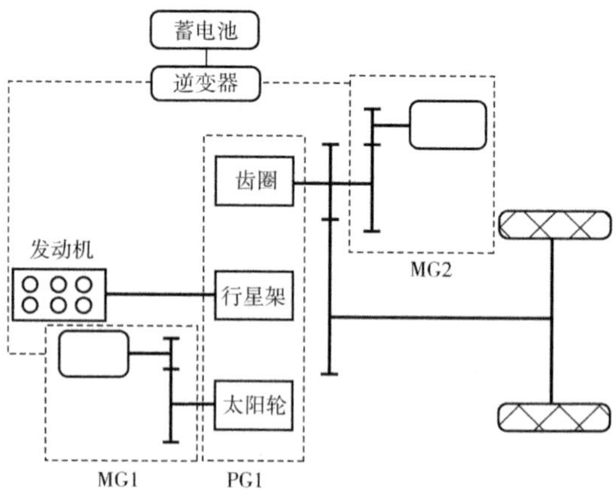

图 5　动力合成装置简图

2.2　输入模块计算参数

Cruise 软件具有友好的图形化界面(图 6 ~ 图 8),采用了模块的方法,建模快捷,可以方便快捷地输入各模块的参数。将各模块的参数按照要求进行输入。

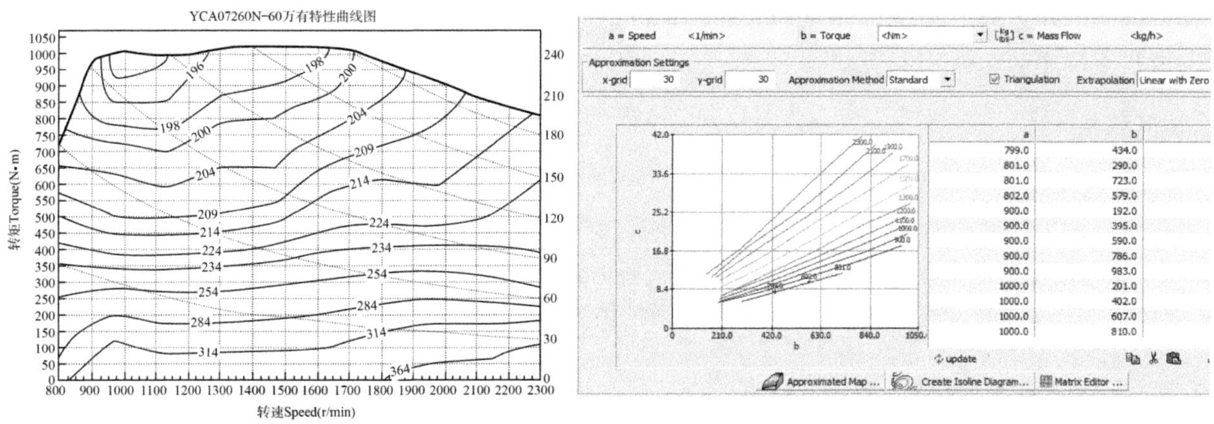

图6　发动机万有特性曲线图

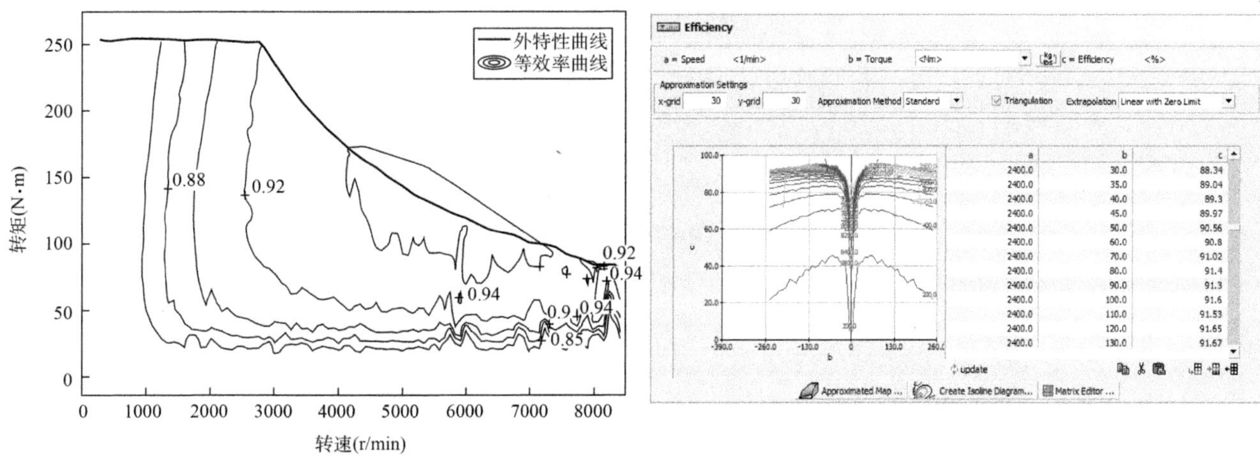

图7　发电机效率曲线图

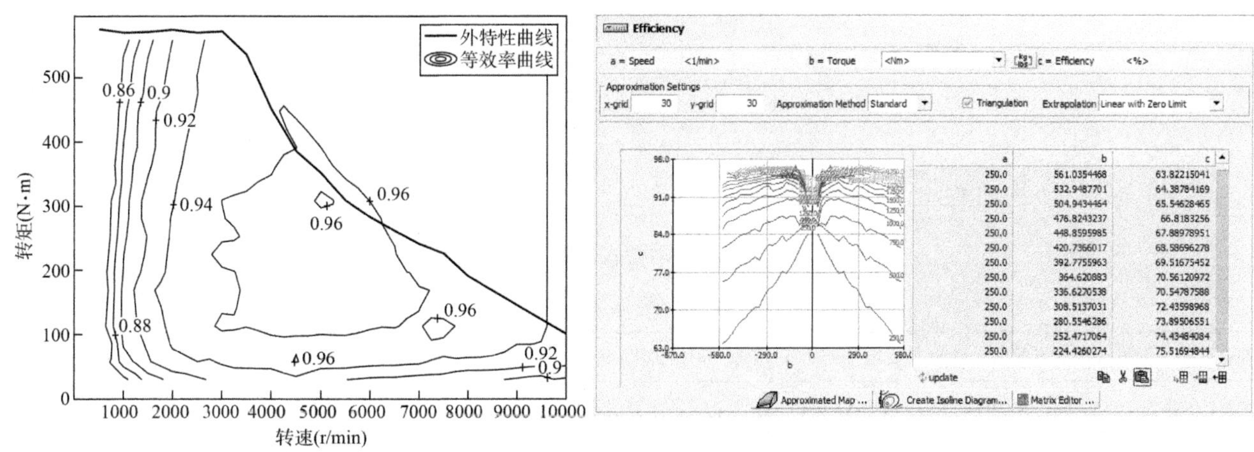

图8　驱动电动机效率曲线图

2.3　控制原理

能量管理策略是根据当前的车速和整车需求转矩来决定发动机的起停状态。当需求转矩较大且车速较高时,发动机起动,通过功率分流直接驱动车辆,这样可以避免转矩传递过程中能量的损失。在发动机与电机联合驱动时,通过控制发电机的转速和驱动电机的转矩来实现系统运行在高效区。

在低速和低转矩的情况下,发电机和发动机难以协调到高效区,因此这种情况下发动机处于停机状态,由驱动电机直接驱动车辆。

2.4 仿真结果

2.4.1 能耗仿真

本仿真选用中国城市典型工况作为仿真对象的目标运行工况,具体如图 9 所示。设置蓄电池初始电量为 52.4%,根据《重型混合动力汽车能量消耗量试验方法》(GB/T 19754—2015),设置载荷为装载质量的 65%,设定 Cycle Run 的计算任务,进行燃油消耗率的仿真计算[5]。

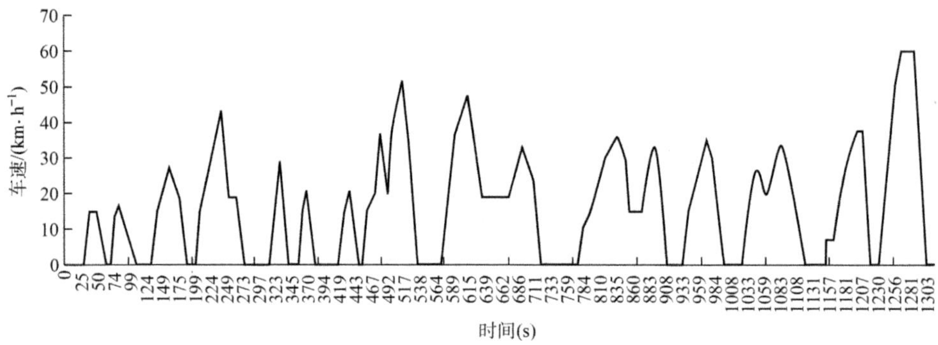

图 9 中国城市典型工况

混动模式仿真结果如图 10、表 7 所示。

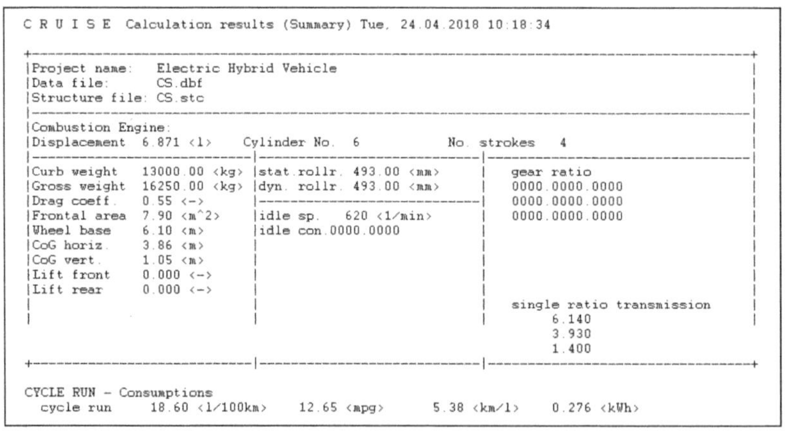

```
C R U I S E  Calculation results (Summary) Tue. 24.04.2018 10:18:34

+------------------------------------------------------------------------------+
|Project name:     Electric Hybrid Vehicle                                     |
|Data file:        CS.dbf                                                      |
|Structure file:  CS.stc                                                       |
|------------------------------------------------------------------------------|
|Combustion Engine:                                                            |
|Displacement  6.871 <l>     Cylinder No.  6          No. strokes   4          |
|--------------------------|------------------------|--------------------------|
|Curb weight   13000.00 <kg> |stat.rollr. 493.00 <mm>  |   gear ratio           |
|Gross weight  16250.00 <kg> |dyn. rollr. 493.00 <mm>  |   0000.0000.0000       |
|Drag coeff.    0.55 <->     |------------------------|   0000.0000.0000       |
|Frontal area   7.90 <m^2>   |idle sp.    620 <1/min>  |   0000.0000.0000       |
|Wheel base     6.10 <m>     |idle con.0000.0000       |                        |
|CoG horiz.     3.86 <m>     |                         |                        |
|CoG vert.      1.05 <m>     |                         |                        |
|Lift front     0.000 <->    |                         |                        |
|Lift rear      0.000 <->    |                         |                        |
|                            |                         |   single ratio transmission |
|                            |                         |        6.140           |
                                                                3.930
                                                                1.400
+--------------------------|------------------------|--------------------------+

CYCLE RUN - Consumptions
  cycle run     18.60 <l/100km>    12.65 <mpg>      5.38 <km/l>     0.276 <kWh>
```

图 10 混动模式仿真结果

混 动 仿 真 结 果 表 7

整备质量(kg)	65%装载质量(kg)	油耗(kg/100km)	SOC 变化(%)	后 桥 速 比	电量(kW·h)	附件功率(kW)
13000	16250	13.19	52.4→51.527	6.14	50.45	2.5

注:LNG 气相密度为 0.75kg/m^3。

2.4.2 续驶里程

为得到该系统的续驶里程,在 Cruise 中建立一个 40km/h 匀速行驶工况,设置蓄电池初始电量为 100%,下限值为 20%,设置载荷为装载质量的 65% 进行续驶里程计算。设定 Cycle Run 的计算任务进行计算仿真(图 11、表 8)。

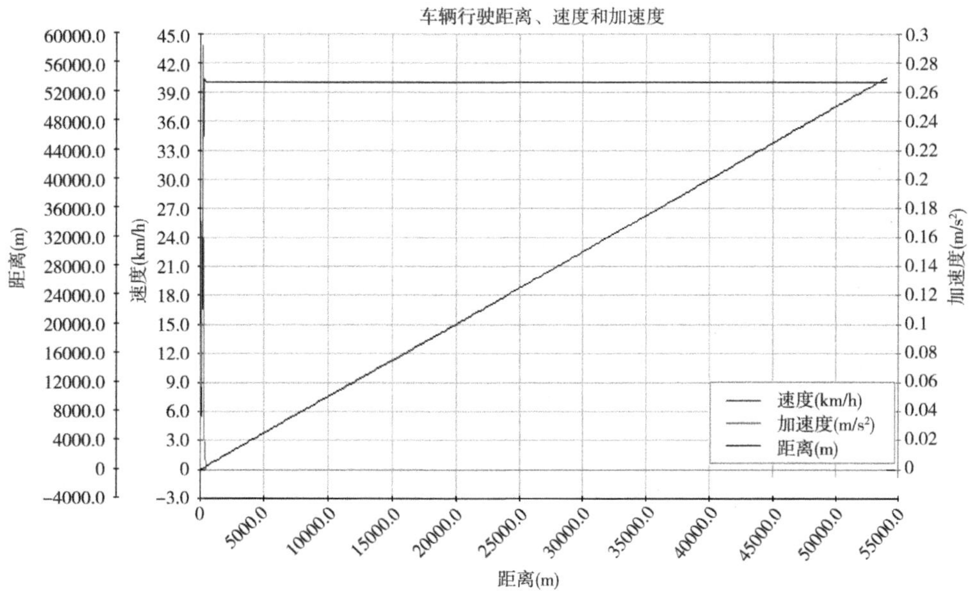

图 11 等速续驶里程

等速续驶里程仿真结果 表 8

整备质量（kg）	65%装载质量（kg）	续驶里程（km）	SOC 变化（%）	后桥速比	电量（kW·h）	附件功率（kW）
13000	16250	87.09	100→20	6.14	50.45	1.3

2.4.3 动力性仿真

通过动力性计算小程序对本系统进行动力性仿真计算(图 12),仿真结果见表 9。

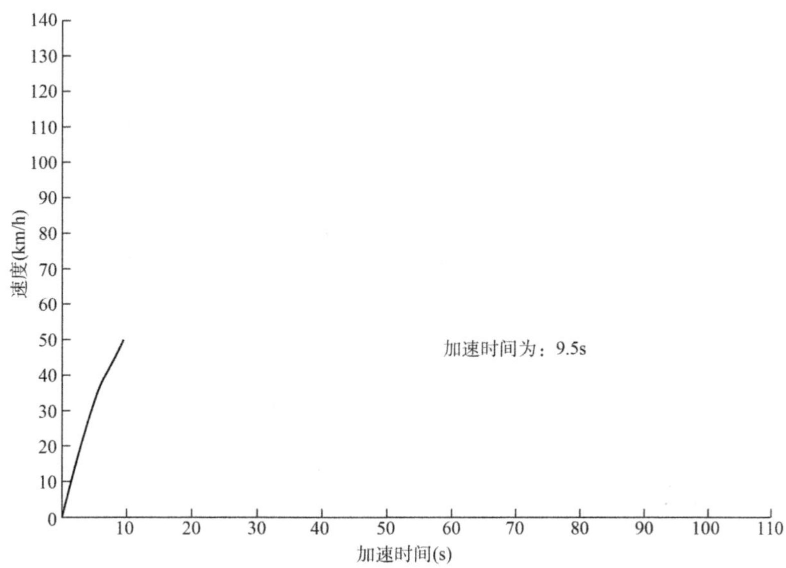

a)

图 12

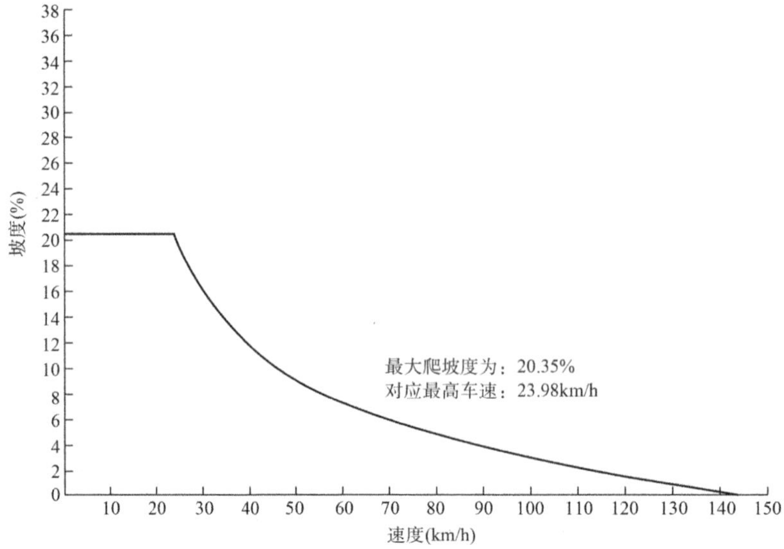

b)

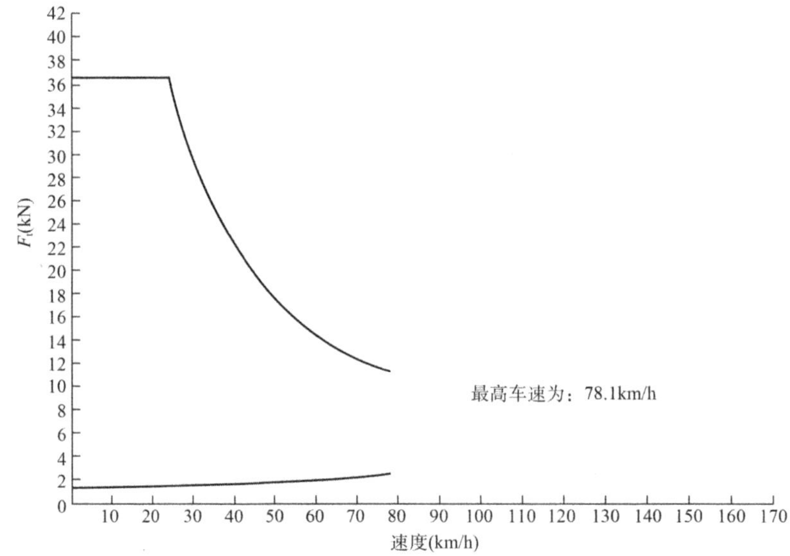

c)

图 12　动力性仿真结果

动力性仿真结果　　表 9

挡　　位	系统峰值转矩(N·m)	0~50km/h 加速时间(s)	最大爬坡能力(%)	最高车速(km/h)
6.14	2940	9.5	20.3	78.1

2.4.4　仿真结果分析

对仿真结果进行分析、对比,具体数值见表 10。

仿真结果对比表　　表 10

性　　能	整车需求		仿真结果
动力性	加速时间(s)	≤12	9.5
	最大爬坡度(%)	≥18	20.35
	最高车速(km/h)	69	78.1
经济性	40km 等速续驶里程(km)	≥50	87.09
	CCBC 油耗(L/100km)	≤14	13.19

经过 Cruise 软件进行动力性和经济性仿真可以看出,整车加速时间为 9.5s,最大爬坡度达到 20.35%,

最高车速为 78.1km/h,40km 等速续驶里程为 87.09km,CCBC 油耗为 13.19L/100km。以上结果均满足整车需求,证明本方案的可行性及正确性。

3 结语

本文通过对新能源客车的混合动力架构进行分析,并选用混联架构的成熟产品路线,基于产品参数,利用 Cruise 软件对整车模型进行搭建,并进行了动力性和经济性仿真,仿真结果符合整车设计要求。

通过本次匹配设计,说明该行星排混联可以满足 12m 混动客车的目标运行工况的需求,为后续的研发工作提供了必要的保证。

参考文献

[1] 全国信息与文献标准化技术委员会. 电动汽车术语:GB/T 19596—2017[S]. 北京:国家图书馆出版社,2011.

[2] 张翔. 汽车仿真软件 CRUISE 的分析与应用[J]. 汽车电器,2006,7:5-7.

[3] 王保华,罗永革. 基于 CRUISE 的汽车建模与仿真[J]. 湖北汽车工业学院学报,2005,19(2):4.

[4] 袁苑,钱立军,许宏云. 基于 Cruise 纯电动客车参数匹配与仿真分析[J]. 上海汽车,2012,(05):3-5.

[5] 全国汽车标准化技术委员会. 电动汽车能量消耗率和续驶里程 试验方法:GB/T 18386—2017[S]. 北京:中国标准出版社,2005.

车身结构
与安全技术

纯电动客车动力锂离子蓄电池专用灭火装置的机理与测试研究

马琦媛,康泽宁
(中国公路车辆机械有限公司,北京 100055)

摘　要:本文主要分析公交客车动力锂离子蓄电池的起火原因、起火特点、灭火机理,提出选择水剂灭火装置是较好的方案。文章通过外部短路、水浸泡、撞击和加温四种试验,分析了锂离子蓄电池的起火燃烧原因,对比不同条件下的燃烧现象提出选用水系灭火作为锂离子蓄电池舱专用灭火装置的方案。

关键词:客车;锂离子蓄电池;灭火装置

0 引言

汽车产业是国民经济的重要支柱,在经济和社会发展中发挥着重要作用。目前能源和环境问题日益严重,大力发展节能与新能源汽车是解决能源环境问题的有效途径,同时也是实现国家生态文明建设的有力举措[1]。为减少环境污染,国家积极推行新能源城市公交车,即纯电动公交车。当前市场上应用较多的动力蓄电池主要有四类:铅酸蓄电池、镍氢蓄电池、镍镉蓄电池和锂离子蓄电池。其中,被广泛使用于新能源客车的是磷酸铁锂蓄电池[2]。

由电化学原理可知,磷酸铁锂蓄电池是通过锂离子嵌入/脱嵌过程来循环充电,如图1所示。因为铁-磷-氧化学键强度远高于钴-氧键,在过充过热等条件下氧气不易析出,所以拥有较其他锂离子蓄电池更优异的安全性[3]。但磷酸铁锂蓄电池所用电解质仍为可燃有机酯类,过热后会分解生成 H_2、CH、CO 等可燃气体,在高温下有破裂,漏液、起火,甚至爆炸的风险。同时在充电后,蓄电池负极会产生活泼的碳化锂,可以在氧化氛围中剧烈燃烧。从技术理论来看,磷酸铁锂蓄电池虽然在一定程度上对电池起火、爆炸的危险性有改善,但并不彻底,仍然有诱发恶性事故的隐患[4]。

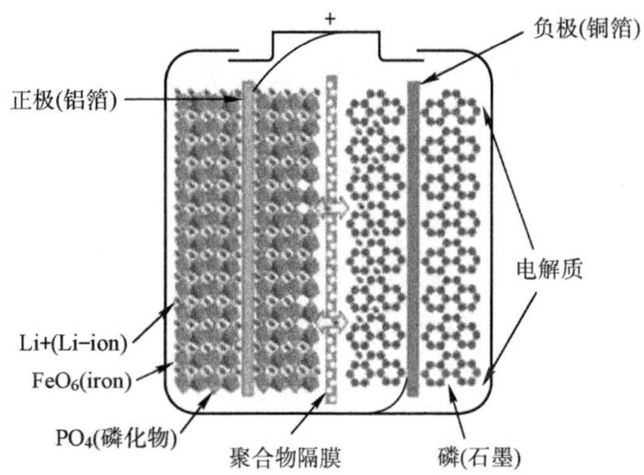

图1　磷酸铁锂蓄电池原理

1 锂离子蓄电池的热失控实验

锂离子蓄电池本身是高能量的载体,可以瞬时放出巨大能量。磷酸铁锂蓄电池与铬酸锂蓄电池相比,虽然惰性提高,提升了发生能量失控的门槛,但并不能减少能量失控后所带来的破坏力。如同安全炸药虽然感度较低,但仍然需要特殊的保护措施。

锂离子蓄电池自燃的实质是储存在蓄电池中的化学能迅速释放,瞬间产生大量的热,蓄电池温度急剧升高,导致电解液、隔膜、铝箔等可燃物分解、燃烧、爆炸,中心温度上升到1000℃以上[5]。

一个单体锂离子蓄电池热失控放出的热量通过热传导可以导致相邻单体锂离子蓄电池发生热失控,进而使整个蓄电池组内的单体锂离子蓄电池发生热失控,最终使相邻的蓄电池组内的锂离子蓄电池均发生热失控。

锂离子蓄电池的燃烧是先由热失控的单体蓄电池引起的,逐步扩展到其他锂离子蓄电池的燃烧。锂离子蓄电池组的散热不好或单体蓄电池热失控放出的热量大,将加速相邻单体蓄电池的自燃,反之亦然。图 2、图 3 为锂离子蓄电池单体热失控后的热量传播[6]。

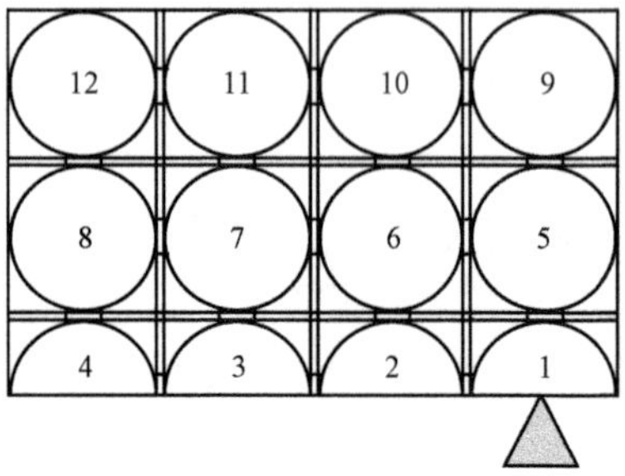

图 2　锂离子电池组热失控模型

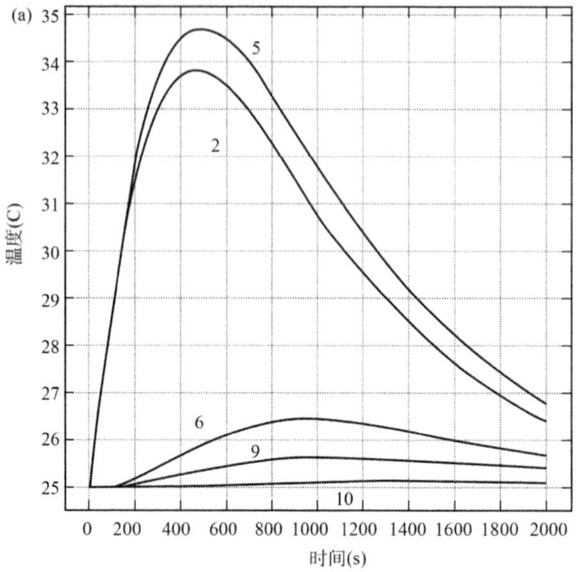

图 3　热失控后电池温度曲线

为了明确热失控原因,对磷酸铁锂蓄电池火灾形成的诱因做了如下实验。

1.1　外部短路实验

将充满电的 18.0W · h、3.6V 单体蓄电池两极用 $6mm^2$ 铜线短路,模拟蓄电池在短路条件下的工作状态。2min 后蓄电池电压由 4.2V 降至 0.3V,但蓄电池表面温度仅由 30℃上升为 32℃。

可见在外部短路的条件下,磷酸铁锂蓄电池温度只会轻微上升,并没有自燃的风险。

1.2　水浸泡实验

将 18.0W · h、3.6V 单体蓄电池剥去外皮放入盛有电导率为 800μS/cm 的城市自来水的容器中持续 2min,蓄电池电压稳定保持在 4.2V。

实验说明蓄电池本身防水性能很好,完整的蓄电池并不会被水入侵,同时水较低的导电能力不会带来明显的放电效应。

1.3　撞击实验

由实验人员用力将单体蓄电池摔在墙上,其中 4.2V 的 3 个、0.3V 的 3 个。3 个 4.2V 高电压蓄电池一次摔燃,3 个 0.3V 低电压蓄电池连摔两次后燃烧,燃烧时蓄电池无规则乱窜。电压高的蓄电池产气量大,位移远,燃烧时间均为 3s 左右。

此实验模拟蓄电池在受到严重外力破坏,蓄电池内部短路,剧烈反应时的状况,可以看到单节蓄电池短时间内会释放出巨大的热量,该热量足以将铁皮烧红,如果蓄电池组整体受到破坏,危害巨大。同时蓄电后的蓄电池,由于电能转化为化学能,阴极沉积了大量活泼碳化锂[7],燃烧时会更加剧烈。

1.4　电炉加温

将 6 节单体蓄电池组成的蓄电池组放在铁板上,铁板下部用电炉加温。加热到蓄电池开始自燃断电(图 4)。12min 后,电炉温度达到 377℃,铁板与蓄电池接触面温度达到 193℃时蓄电池泄压冒烟;加热到 18min 时,电炉温度达 400℃,铁板与蓄电池接触面温度达到 240℃时蓄电池开始自燃,相邻的蓄电池逐步发生自燃,全部燃烧完用时 12min。其间有蓄电池爆炸。

在环境温度过高时,蓄电池会过热燃烧,并具有明显的增殖效应。泄压孔并不能阻止蓄电池燃烧爆炸,因为当内部反应过于剧烈,产气速度高于泄压速度时,蓄电池仍将爆炸。

综上可知,如理论推理的一样,磷酸铁锂蓄电池在外部短路水浸的情况下危险性较小,在遭到剧烈撞击及外部高温时,内部的短路、分解仍然会引起燃烧及爆炸,并有明显的热失控及向周边蓄电池蔓延的趋势。同时需注意,此次试验都使用新蓄电池测试,磷酸铁锂在长时间深充深放后电极材料上可能会有金属析出[7],可能会进一步降低蓄电池的安全性。

通过实验我们发现造成磷酸铁锂蓄电池自燃的主要诱因是单体蓄电池外形结构被破坏和持续高温。即在使用中过充及内部短路有可能诱发蓄电池自燃。

图4　蓄电池加热试验

2　国外蓄电池火灾抑制经验

锂离子蓄电池火灾抑制策略在国外航空航天业已被广泛研究。

2.1　美国航空航天局(NASA)在国际空间站选用水型灭火剂替代传统的 CO_2 型灭火剂

美国 Ada 公司和美国航空航天局(NASA)最新的科技资料表明,CO_2 扑灭蓄电池火能力低、设备压力高、灭火剂消耗量大。使用时需要人员先佩戴氧气供应装置,以防高浓度 CO_2 使人休克、昏厥。而水雾型灭火剂可以使燃烧峰值温度降低400℃左右,并有效减少复燃。基于使用安全性等原因,NASA 将在国际空间站选用水雾型灭火剂替代传统的 CO_2 型灭火剂。

2.2　美国联邦航空管理局(FAA)水系灭火剂

美国联邦航空管理局(FAA)对不同种类气体及液体灭火剂进行了系统评估。对于锂离子蓄电池火灾,几乎所有灭火剂都能很快扑灭明火,但仅有液体灭火剂表现出降温及防复燃能力,而气体灭火剂即便增大灭火剂用量也几乎没有降温能力。其中,水基灭火剂因为具有很高的比热容而被重点推荐。

2.3　德国西门子公司使用氮气驱动的水雾灭火装置灭电器

德国西门子公司也推出了由氮气驱动的水雾灭火装置,被认为很适合于带有蓄电池的不间断电源、汽轮机以及封闭式变压器和发电机使用[8]。

德国 Wagner,一家专业提供锂离子蓄电池火解决方案的公司,也建议将细水雾灭火系统应用于锂离子蓄电池的存储及使用空间。

3　灭火装置方案选型分析

根据相关资料可知[6],锂离子蓄电池电解质往往由碳酸二乙酯等可燃有机物组成。这些有机物燃点较高,大约在170℃以上会开始热分解,在400℃以上且具有充足氧气环境下才能充分燃烧,很难直接点燃。但在活泼化学能诱发火灾后,有可能被引燃,并大大加剧火势引发热失控的传播。

锂离子蓄电池电解质的组分和含量不同,其蕴含的化学能有所波动,以标准18650蓄电池估算,一节18650蓄电池约含有4g电解质及0.01kW·h电量。以此类推,一个蓄电池舱内蕴含60kW·h电量,对应为24000g电解质。以碳酸二乙酯燃烧热22.9kJ/g为例计算,一个蓄电池舱内电解质所蕴含的燃烧热约为549600kJ。明显可知,燃烧热比蓄电池内的活泼化学能总量更大。因此在扑灭蓄电池火灾时,最重要的便是控制火场温度,终止可燃电解质的分解燃烧,终止热失控的传播扩大。

资料显示,锂离子蓄电池热失控需要在170~220℃才能触发(图5),因此设计150℃为安全温度。

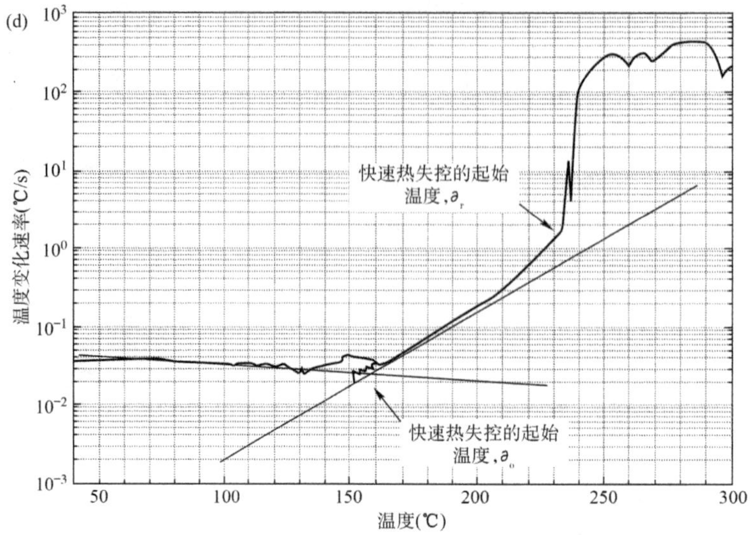

图5 锂电池热失控温度曲线

综上所述,可以确定蓄电池舱抑制燃烧的技术方案为水剂灭火方案是比较好的选择。用下面两种典型工况作分析。

3.1 锂离子蓄电池普通热失控的极端情况

因过充、剧烈撞击引起的普通蓄电池火灾,仅有活泼化学能迅速释放转化为热能,并伴随有少量可燃电解质的分解燃烧。此时如果及时实施灭火,将温度控制在150℃以下,将不会有燃烧热继续释放,极限危害就是电能转化的化学能全部释放,每分钟所扩散的能量大约为5400kJ。水的比热容为4.2kJ/kg,蒸发热为40.8kJ/mol,水蒸气的比热容为2.1kJ/kg。

3.2 锂离子蓄电池严重热失控的极端情况

如果设备损坏、蓄电池老化或蓄电池本身存在缺陷,蓄电池组也可能发生爆燃。对此假设蓄电池内所有的能量都会被诱发释放。

综合以上两种情况,推荐应配备3瓶10L装水基灭火剂,以实现有效保护车辆及人员安全的目的。典型灭火装置的组成如下。

(1)灭火剂的选用:选择附着力强的耐低温水系灭火剂。

(2)灭火装置选用:单具灭火装置的性能参数见表1。

单具灭火装置性能参数 表1

灭火装置型号	SXSDM9.5/1.6-1	喷施时间	10min
灭火剂种类	水系灭火剂	灭火剂量	10L
喷头流量	约2L/min	容器压力	1.6MPa

4 结语

(1)细水雾降温方案是较好选择。动力锂离子蓄电池的火灾安全防护主要防止化学能非正常释放所造成的危险,其引起的火灾是由于化学反应放出热量而引起周围可燃物燃烧,所以,可以通过吸收化学反应释放出的热量来阻止热失控现象的发生。

(2)不推荐使用二氧化碳灭火剂。根据《电动汽车用动力蓄电池循环寿命要求及试验方法》(GB/T 31484—2015),在正常环境和操作条件下,驾驶舱、乘客舱及其他载货空间的有害气体或其他有害物质,不能达到危险浓度,具体要求遵照相应的国标。

参考文献

[1] 王江宏. 浅析我国新能源汽车发展趋势[J]. 科技创新与应用. 2016(14):108.

[2] 李志杰,张娜,王红霞. 磷酸铁锂动力锂离子电池锂析出的控制. 2015(9):1869-1871.

[3] 杨妙梁. 世界燃料电池车发展动向(三)[J]. 汽车与配件. 2005(5):34-37.

[4] 徐汉章,罗慧超. 混合动力技术进展及相关建议[J]. 交通节能与环保. 2007(1):15-17.

[5] 胡传跃,李新海,王志兴. 材料对锂离子电池热稳定性的影响[J]. 中南大学学报,2005,36:587-593.

[6] KIZILEL R,SABBAH R,SELMAN J R,et al. An alternative cooling system to enhance the safety of Li-ion battery packs[J]. Journal of Power Sources. 2009,194(2):1105-1112.

[7] 王静,谷学静,刘庆国. 锂离子电池正极材料安全性能——热稳定性[J]. 河北理工学院学报. 2005(4):60-64.

[8] 刘恒亚,陆守香,秦俊,等. 水雾抑制气体爆炸火焰传播的实验研究[J]. 中国安全科学学报. 2003. 13(8):71-77.

某轻型客车车身前支撑连接板局部开裂分析及优化

杨情操,陆小川,袁刘凯,戚海玲

(南京依维柯汽车有限公司,南京 211806)

摘　要:本文针对某轻型客车在可靠性试验时车身前支撑连接板局部开裂问题,通过CAE仿真分析,找到该区域在静强度和疲劳强度方面的薄弱点,并对薄弱点进行优化提升,最后通过CAE分析及实车验证,降低了最大应力,提高了许用应力,解决了开裂问题,为后续相关问题优化提供了参考。

关键词:车身前支撑;连接板;开裂;CAE

0　引言

轻型客车具有较大的乘坐空间、较好的舒适性和通过性,而且改装性能较强,可以改装为救护车、房车等,越来越多地被单位和个人所接受。车身除了满足驾乘人员乘坐需求外,还需要承受轮胎从地面传递过来的转矩和振动,因此,要求车身及各个部件要有足够的强度保证其结构性能和寿命要求。

某轻型客车为非承载式结构车身,车身本体通过左右驾驶室支撑与车架纵梁相连,该支撑及车架纵梁会承受较大交变荷载,在设计上如安全系数不足则容易造成开裂问题。某重型货车在此处车架上翼面开裂,通过Hyperworks软件优化改进,解决了车架上翼面开裂问题[1]。某码头车辆承载鞍座开裂,通过Hyperworks软件优化改进及试验验证,解决了鞍座开裂问题[2]。某商用车车架前端纵梁开裂,通过有限元分析优化,改进了方案[3]。针对路试中可能会产生的车身或相关连接件开裂的问题,可通过CAE软件进行优化设计,减少应力集中,改善支撑受力状态[4,5]。

1　概述

某轻型客车新车型开发初期,对其进行强化路面的疲劳路试,试验至25400km左右时,发现左右驾驶室支撑与车架纵梁连接处附近有裂纹,如图1所示。

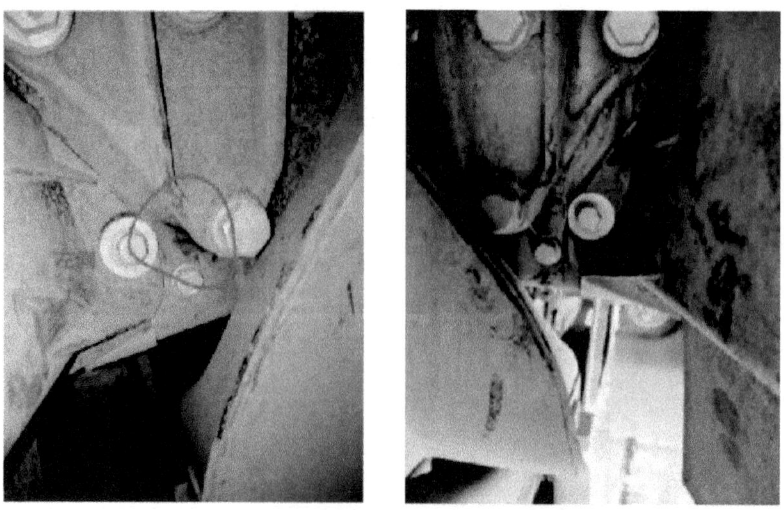

图1　左右驾驶室支撑与车架纵梁连接处附近有裂纹

从故障图片可知,驾驶室前部区间荷载通过左右驾驶室支撑与车架纵梁外翼面连接处,传递至车架,车架通过悬架、车轮等系统传递至地面,该连接处既要承受路面激励,又要承受驾驶室上装载质量的冲击,同时还要承受两处能量的交变载荷,当样车在强化路面测试时,该处结构受路面冲击及驾驶室上装载质量冲击的交变载荷作用较大,在连接处存在较大集中应力,造成开裂。

2 原因分析

为了验证左右驾驶室支撑与车架纵梁外翼面连接处开裂原因,工作组建立了驾驶室支撑、车架的有限元模型,截取部分车架模型,对开裂区域相关件进行 CAE 分析,如图 2、图 3 所示,对静强度分析和疲劳分析两个工况进行仿真分析。

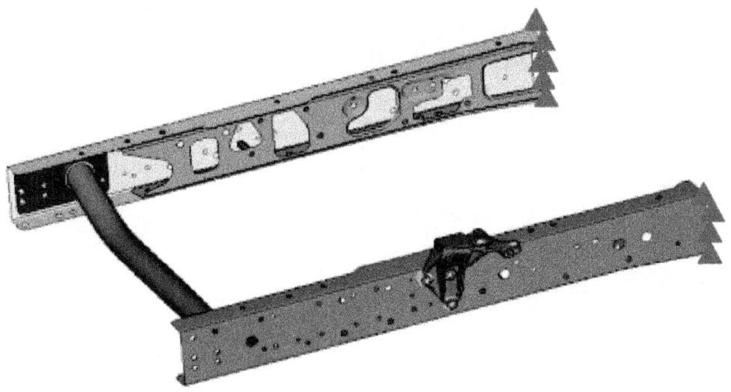

图 2　边界条件示意图

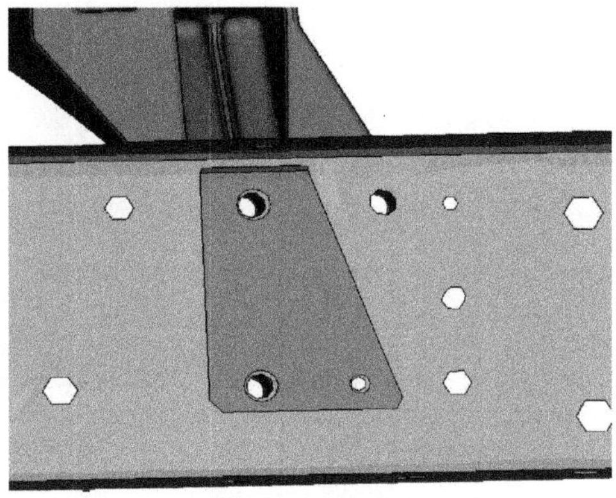

图 3　边界条件示意图(车架内侧)

工况 1:静强度分析。

边界条件:截取部分车架并约束断面。

载荷:Z 方向施加 8000N 载荷。

静强度分析结果见表 1。

静强度分析结果　　表 1

纵梁上安装孔 A		纵梁下安装孔 B	
应力(MPa)	安全系数	应力(MPa)	安全系数
712	0.59	835.4	0.5

工况 2:疲劳分析。

边界条件:截取部分车架并约束断面。

载荷:Z 方向施加 -3000 ~ 8000N 载荷,循环 50 万次。

疲劳强度分析结果见表 2。

疲劳强度分析结果　　表 2

损伤值	
纵梁上安装孔 A	纵梁下安装孔 B
50.2	98

从静强度分析结果可知,左右驾驶室支撑与车架纵梁外翼面连接处最大应力大于材料屈服强度(材料屈服强度 420MPa),安全系数小于 1;从疲劳强度分析结果可知,损伤值大于 22,与实际故障现象吻合,此处确存在开裂风险。

3 方案优化及试验验证

为降低左右驾驶室支撑与车架纵梁外翼面连接处最大应力,提高安全系数,降低疲劳强度损伤值,从多个方面进行优化分析。

方案一,提高车架强度,增加车架纵梁厚度,钢板厚度从 3mm 提升至 4mm。

方案二,提高左右驾驶室支撑加强板材质,从 SPHC 改为 QStE420TM,许用应力由 200MPa 提升至 420MPa。

方案三,修改左右驾驶室支撑加强板型面,增大接触面,增加 M6 的安装孔,如图 4 所示。

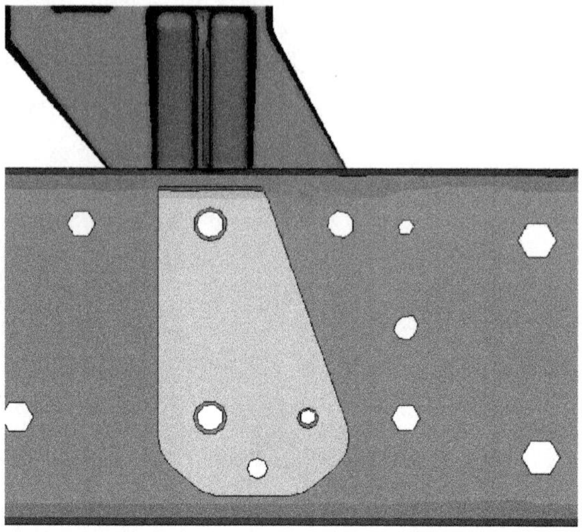

图4 改进后纵梁加强板

方案四,在方案三基础上修改左右驾驶室支撑加强板材质,从 SPHC 改为 QStE420TM。

对 4 个方案按静强度和疲劳强度两个工况进行 CAE 仿真分析,静强度分析结果和疲劳强度分析结果见表 3、表 4。

静强度分析优化结果 表 3

方案	纵梁上安装孔 A		纵梁下安装孔 B		加强板下安装孔 C	
	应力(MPa)	安全系数	应力(MPa)	安全系数	应力(MPa)	安全系数
方案一	712	0.59	835.4	0.5	288.1	0.69
方案二	644.6	0.65	498.4	0.84	463.8	0.43
方案三	522.2	0.68	589.1	0.6	182.5	1.1
方案四	483.3	0.76	521.2	0.7	175.2	1.2

疲劳强度分析优化结果 表 4

方案	损伤值		
	纵梁上安装孔 A	纵梁下安装孔 B	加强板下安装孔 C
方案一	50.2	98	2.78
方案二	29.1	6.5	575.8
方案三	29.2	6.6	107.1
方案四	13.2	21.8	0.05

通过对比分析可知,方案四左右驾驶室支撑加强板支架下端延长,并增加一个固定孔;最大应力由 464MPa 降低至 277MPa,加强板材质由 SPHC 改为 QStE420TM。许用应力由 200MPa 提升至 420MPa。经 CAE 分析,优化方案中的最大应力小于许用值,满足要求。通过试制样件,进行 3000km 强化路面的疲劳路试后,对搭载车架及加强板拆解分析,左右驾驶室支撑与车架外翼面连接处未发现裂纹,方案验证有效。

4 结语

本文针对某轻型客车在产品开发过程中可靠性试验时车架局部开裂问题,通过 CAE 进行仿真分析,发现该区域在静强度和疲劳强度方面存在薄弱点。对薄弱点进行优化提升并通过 CAE 分析及实车验证,有效降低了最大应力、提高了许用应力、解决了开裂问题,为后续相关问题优化提供了参考。

参 考 文 献

[1] 洪章仁,邵刚,殷寒寒.基于 HyperWorks 的某重卡车架开裂分析及改进[J].汽车实用技术.2017(13):111-113.

[2] 王权,张光亭,姚玉静,等.基于 HyperWorks 的码头车车架开裂原因分析及优化[J].重型汽车.2022(2):36-37.

[3] 倪支凯,杨珍,易飞.某商用车车架纵梁开裂原因分析及改进设计[J].时代汽车.2020(20):105-106.

[4] 杨劲飞,陆雪华,梁琴桂.白车身疲劳耐久仿真分析[J].汽车实用技术.2019(6):133-135.

[5] 吴长风.客车车身骨架局部开裂问题分析与改进[J].汽车实用技术.2021(18):39-42.

客车底盘与总成开发

分布式驱动纯电动客车直接横摆力矩控制策略研究

黄　腾，刘晶郁

（长安大学汽车学院，西安　710064）

摘　要：以基于轮毂电机的分布式驱动纯电动客车为研究对象，针对城际客车及快速公交客车高速行驶车辆横向稳定性较差问题，设计基于滑模控制的直接横摆力矩控制策略，提高行驶安全性；针对客车前后轮毂电机输出转矩不平衡问题，基于附着裕量最大实现前后轮力矩优化分配以改进直接横摆力矩控制。针对 TruckSim 仿真局限性，基于 AVL Cruise/TruckSim 建立整车联合仿真模型，在 Simulink 中进行控制策略验证。仿真结果表明：本文设计的直接横摆力矩控制策略能够有效保证车辆在高速或低附着路面的行驶稳定性。

关键词：分布式驱动；力矩分配；直接横摆力矩

0　引言

随着纯电动汽车先进驱动技术的快速发展，分布式驱动纯电动汽车因其驱动效率高、系统集成化、整车轻量化等特点受到研究人员广泛关注[1]。根据不同转向工况，分布式驱动纯电动汽车横向力矩分配策略主要包括电子差速控制、直接横摆力矩控制、差动辅助转向控制等。文献[2]提出一种基于模糊滑模控制器的电子差速控制策略，以转速与电流的加权误差作为滑模控制器输入，以跟踪误差与误差变化率作为模糊控制器输入，以滑模面趋近因子作为模糊控制器输出，通过控制 PWM 输出电压实现差速功能。文献[3]采用无迹卡尔曼滤波器估计车辆的质心侧偏角，根据参考模型与车辆实际状态参数设计模糊控制器计算附加横摆力矩。文献[4]提出了一种基于非线性联合滑模变结构控制的直接横摆力矩控制策略，通过一定程度的质心侧偏角与横摆角速度解耦控制，提升车辆在高速转向工况下的行驶稳定性。文献[5]基于模型预测控制实现对车辆的直接横摆力矩控制，由于模型预测控制具有滚动优化机制，可以提高控制效果，但是计算量大，目前的控制器硬件难以实现实时计算。而滑模变结构控制具有响应迅速、对参数变动不敏感、鲁棒性强等一系列优点，故本文基于力矩分配最优策略，设计滑膜控制器实现对车辆的 DYC 控制，改善分层式纯电动客车在恶劣路面或者高速行驶工况下的横向稳定性，并在正弦输入试验工况与双移线试验工况下进行了仿真验证。

1　基于滑模控制的直接横摆力矩控制策略

对整车施加附加横摆力矩 ΔM，整车二自由度运动微分方程可以写为：

$$\frac{k_1+k_2}{mu}\beta+\left(\frac{ak_1-bk_2}{mu}-1\right)\omega_r-\frac{k_1}{mu}\delta=\beta \tag{1}$$

$$\frac{ak_1-bk_2}{I_Z}\beta+\frac{a^2k_1+b^2k_2}{I_Zu}\omega_r-\frac{ak_1}{I_Z}\delta+\frac{\Delta M}{I_Z}=\omega_r \tag{2}$$

式中：m——整车质量；

u——速度；

a、b——前后轴距；

β——质心侧偏角；

ω_r——横摆角速度；

k_1、k_2——前后轴侧偏刚度；

I_Z——汽车绕质心转动惯量；

δ——前轮转角；

ΔM——横摆力矩。

定义滑模面为：

$$s = c|e_{\omega_r}| + (1-c)|e_\beta| \tag{3}$$

$$s = ce_{\omega_r}\mathrm{sgn}(e_{\omega_r}) + (1-c)e_\beta\mathrm{sgn}(e_\beta) \tag{4}$$

$$e_{\omega_r} = \omega_r - \omega_{ref} \tag{5}$$

$$e_\beta = \beta - \beta_{ref} \tag{6}$$

式中：c——权重因子，$0<c<1$；

β_{ref}——质心侧偏角参考值；

ω_{ref}——横摆角速度参考值；

e_{ω_r}、e_β——质心侧偏角和横摆角速度的误差。

选择滑模面的指数趋近律为：

$$s = -ks - \varepsilon\mathrm{sgn}(s) \tag{7}$$

式中：k、ε——大于0的趋近控制因子；

sgn( )——符号函数。

由式(1)~式(7)可以得到附加横摆力矩的表达式为：

$$\Delta M = -(ak_1 - bk_2)\beta - \frac{(a^2k_1 + b^2k_2)}{u}\omega_r + ak_1\delta - I_Z\left(\frac{1-c}{c}e_\beta\mathrm{sgn}(e_\beta e_{\omega_r}) + \frac{ks}{c}\mathrm{sgn}(e_{\omega_r}) + \frac{\varepsilon}{c}\mathrm{sgn}(se_{\omega_r}) - \omega_{ref}\right) \tag{8}$$

为抑制控制器抖振影响，采用饱和函数 sat( ) 替换式(8)中的符号函数，最终得到附加横摆力矩的表达式为：

$$\Delta M = -(ak_1 - bk_2)\beta - \frac{(a^2k_1 + b^2k_2)}{u}\omega_r + ak_1\delta - I_Z\left(\frac{1-c}{c}e_\beta\mathrm{sgn}\left(\frac{e_\beta e_{\omega_r}}{\xi_1}\right) + \frac{ks}{c}\mathrm{sgn}\left(\frac{e_{\omega_r}}{\xi_2}\right) + \frac{\varepsilon}{c}\mathrm{sgn}\left(\frac{se_{\omega_r}}{\xi_3}\right) - \omega_{ref}\right) \tag{9}$$

式中：ξ_1、ξ_2、ξ_3——饱和函数的边界层厚度。

2 基于附着裕量最大的力矩分配策略

针对纯电动客车前后轮载荷与前后轮毂电机峰值转矩差别较大问题，本文基于前后轮力矩优化分配对上述直接横摆力矩控制策略进行改进。为尽可能提高极限工况下整车稳定性，分配附加横摆力矩时应充分考虑轮胎非线性特性，在满足纵向驱动力矩需求与附加横摆力矩需求的前提下使轮胎附着裕量最大化[6]。通常以轮胎利用率作为优化目标进行直接横摆力矩的分配，定义轮胎综合附着利用率为：

$$\eta = \sum_{i=1}^{4} w_i \frac{F_{xi}^2 + F_{yi}^2}{(\mu_i F_{zi})^2} \tag{10}$$

式中：i——左前、右前、左后、右后，$i=1,2,3,4$；

w_i——权重系数，且 $w_1 = w_2$，$w_3 = w_4$；

F_{xi}——车轮所受纵向力；

F_{yi}——车轮所受横向力；

F_{zi}——车轮所受垂向力；

μ_i——当前车辆路面附着系数。

由轮胎附着椭圆理论可知，η 越大，轮胎附着裕量越少，且力矩分配主要考虑车轮纵向力约束，通过调整

纵向力间接实现对侧向力的调整,因此可以将目标函数简化为:

$$\min J=\min\sum_{i=1}^{4}w_i\frac{F_{xi}^2}{(\mu_i F_{zi})^2} \tag{11}$$

车辆在驱动过程中单个驱动车轮的动力学方程为:

$$J_i\omega_i=T_{di}-F_{xi}r \tag{12}$$

式中:J_i——车轮的转动惯量;

T_{di}——轮毂电机施加在车轮上的驱动力矩;

ω_i——车轮旋转角速度;

F_{xi}——地面作用于轮胎的纵向驱动力。

当车轮出现过度滑转时,采用固定滑转率限制,设置滑转率阈值 λ_{max} 为 0.15,定义系统滑模面为:

$$s=e+c\int e\mathrm{d}t \tag{13}$$

$$e=\lambda_i\lambda_{max} \tag{14}$$

$$s=e+ce \tag{15}$$

式中:λ_i——当前车轮滑转率;

e——控制误差;

c——大于 0 的权重因子。

选择滑模面等速趋近律为:

$$s=-\varepsilon\mathrm{sgn}(s) \tag{16}$$

式中:ε——大于 0 的趋近控制因子;

sgn( )——符号函数。

由式(12)~式(16)可得车轮驱动力矩的表达式为:

$$T_{si}=F_{xi}r+\frac{J_i}{1-\lambda_i}\left[\frac{u}{r}-c\omega(\lambda_i-\lambda_{max})\right]-\frac{J_i\omega_i}{1-\lambda_i}\varepsilon\mathrm{sgn}(s) \tag{17}$$

为抑制控制器抖振影响,采用饱和函数 sat( )替换式(17)中的符号函数,最终得到考虑滑转率约束的电机输出转矩限值的表达式为:

$$T_{smi}=\frac{1}{i_0\eta_{mi}}\left[F_{xi}r+\frac{J_i}{1-\lambda_i}\left(\frac{u}{r}-c\omega_i(\lambda_i-\lambda_{max})\right)-\frac{J_i\omega_i}{1-\lambda_i}\varepsilon\mathrm{sgn}\left(\frac{s}{\xi}\right)\right] \tag{18}$$

式中:ξ——饱和函数的边界层厚度;

η_{mi}——轮毂电机输出效率。

因此,优化问题的约束条件可以表示为:

$$\begin{cases}F_{x1}+F_{x2}=\dfrac{T_{mf}i_0\eta_T}{r}\\ F_{x3}+F_{x4}=\dfrac{T_{mr}i_0\eta_T}{r}\\ \dfrac{B_f}{2}(F_{x2}-F_{x1})+\dfrac{B_r}{2}(F_{x4}-F_{x3})=\Delta M\\ |F_{xi}|\leqslant\min\left|\mu_iF_{zi},\dfrac{T_{imax}i_0\eta_T}{r},\dfrac{T_{smi}i_0\eta_T}{r}\right|\end{cases} \tag{19}$$

式中:B_f、B_r——前后轮距;

r——车轮半径;

i_0——主减速器传动比;

η_T——传动效率。

联立式(11)、式(19),求导可得:

$$\frac{\mathrm{d}J}{\mathrm{d}t}=N(4F_{x1}-2F_{\mathrm{mf}})+P(4BF_{x1}-2H+2M)=0 \tag{20}$$

式中:

$$F_{\mathrm{mf}}=T_{\mathrm{mf}}i_0\eta_{\mathrm{T}}/r$$

$$F_{\mathrm{mr}}=F_{\mathrm{mr}}i_0\eta_{\mathrm{T}}/r$$

$$B=B_{\mathrm{f}}/B_{\mathrm{r}}$$

$$H=(F_{\mathrm{mf}}B_{\mathrm{f}}+F_{\mathrm{mr}}B_{\mathrm{r}}-2\Delta M)/(2B_r)$$

$$W=(F_{\mathrm{mr}}B_{\mathrm{r}}-F_{\mathrm{mf}}B_{\mathrm{f}}\mathrm{f}+2\Delta M)/(2B_r)$$

$$N=w_1[(\mu_1F_{z1})^2+(\mu_2F_{z2})^2]/(\mu_1\mu_1F_{z1}F_{z2})^2$$

$$P=w_3[(\mu_3F_{z3})^2+(\mu_4F_{z4})^2]/(\mu_3\mu_4F_{z3}F_{z4})^2$$

设式(20)成立的解为 F_{x1}^*,则结合不等式约束下的解为:

$$F_{\mathrm{X1}}\begin{cases}F_{x1}^*, & -U<F_{x1}^*<U\\ -U, & F_{x1}^*<-U\\ U, & F_{x1}^*>U\end{cases} \tag{21}$$

其中: $U=\min|\mu_{\mathrm{f}}F_{zi},T_{i\max}i_0\eta_{\mathrm{T}}/r,T_{\mathrm{sm}i}i_0\eta_{\mathrm{T}}/r|$

直接横摆力矩控制下轮毂电机输出转矩为:

$$\begin{cases}T_{\mathrm{m1}}=F_{x1}r/(i_0\eta_{\mathrm{T}})\\ T_{\mathrm{m2}}=F_{x2}r/(i_0\eta_{\mathrm{T}})\\ T_{\mathrm{m3}}=F_{x3}r/(i_0\eta_{\mathrm{T}})\\ T_{\mathrm{m4}}=F_{x4}r/(i_0\eta_{\mathrm{T}})\end{cases} \tag{22}$$

式中:T_{m1}、T_{m2}、T_{m3}、T_{m4}——左前、右前、左后、右后轮的电机输出转矩。

3 仿真分析

基于 AVL Cruise 与 TruckSim 建立整车联合仿真模型,结合 Simulink 实现控制策略联合仿真,选取正弦输入试验工况与双移线试验工况对直接横摆力矩控制策略有效性进行验证。联合仿真模型如图 1 所示。

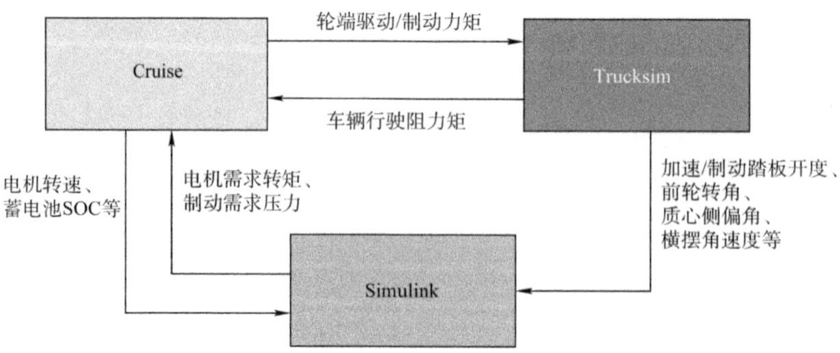

图 1 Cruise-Trucksim 整车联合仿真模型

3.1 正弦输入仿真分析

该工况下前轮转角如图 2 所示,路面附着系数设置为 0.3,行驶车速设置为 70km/h。

仿真结果如图3～图5所示。通过仿真结果可知,由于路面附着系数较低,未采用直接横摆力矩控制的车辆转向时出现侧滑,结合车辆行驶轨迹与质心侧偏角变化可以看出车辆已经丧失转向能力,仿真时间达到8s左右车辆彻底失稳,后轮严重侧滑导致速度急剧下降。而采用直接横摆力矩控制的车辆质心侧偏角始终保持在[-1.2°,1.2°]范围内,横摆角速度始终保持在[-5.4°/s,5.4°/s]范围内,并且转向过程中车速波动较小,车辆能够按照驾驶员转向需求稳定转向,说明直接横摆力矩控制策略有效保证了车辆在低附着路面高速转向时的行驶稳定性。

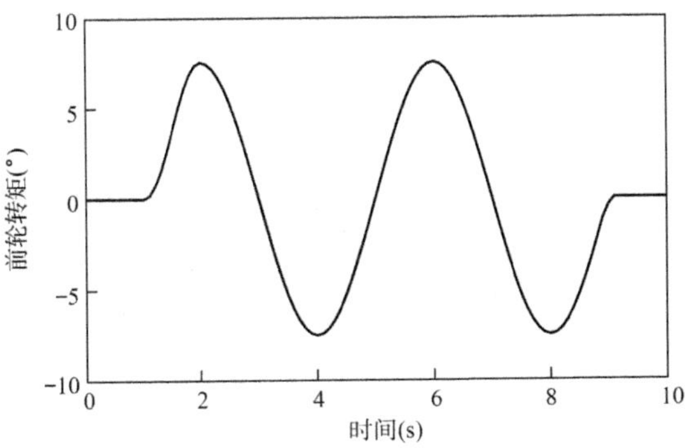

图2 前轮转角

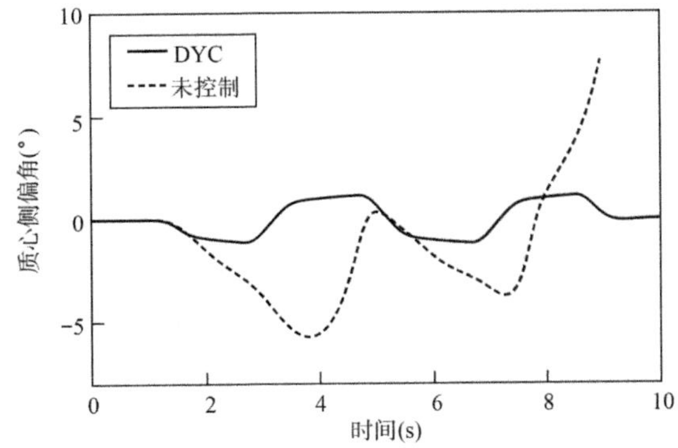

图3 质心侧偏角

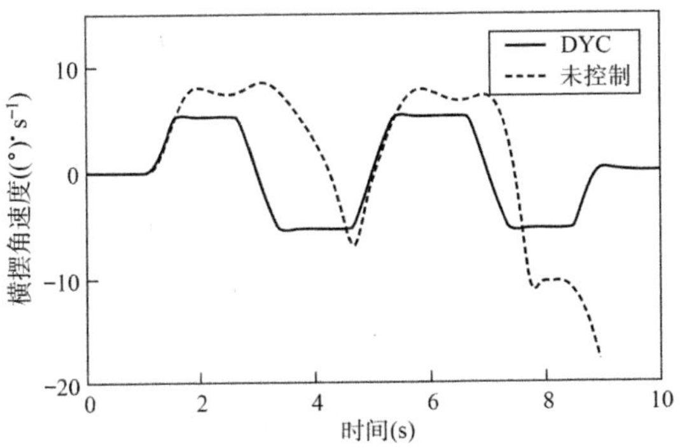

图4 横摆角速度

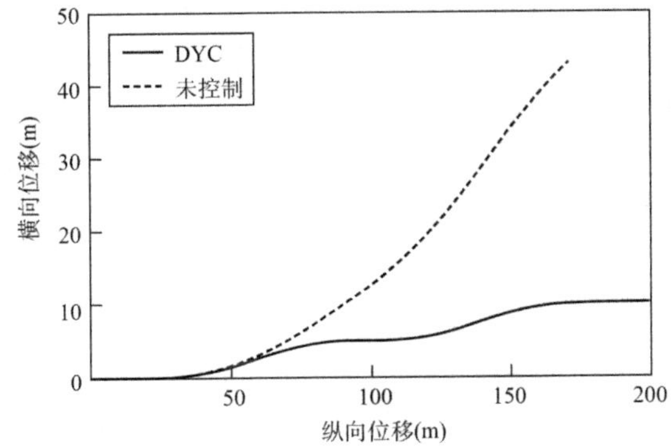

图5 车辆行驶轨迹

3.2 双移线试验仿真分析

参考《乘用车 急速变换车道试验用车道 第1部分:两车道变换》(ISO 3888-1:2018)及Trucksim中双移线工况设置双移线目标轨迹(图6),设置路面附着系数为0.3,纵向行驶车速设置为60km/h,仿真结果如图7～图9所示。

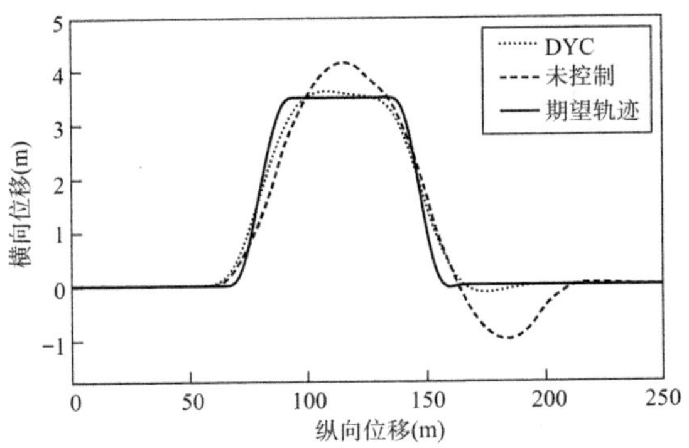

图6 车辆行驶轨迹

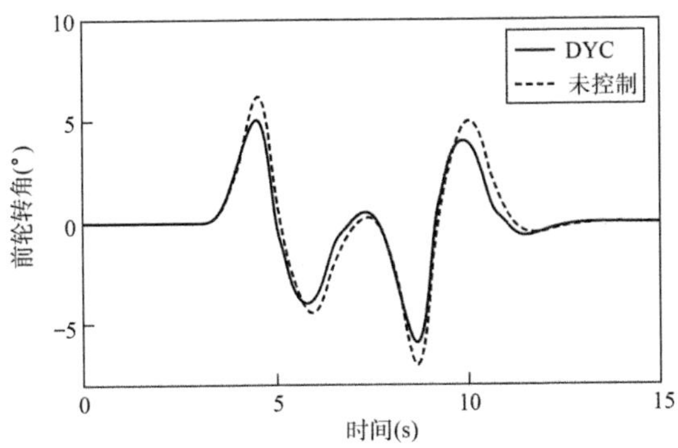

图7 前轮转角

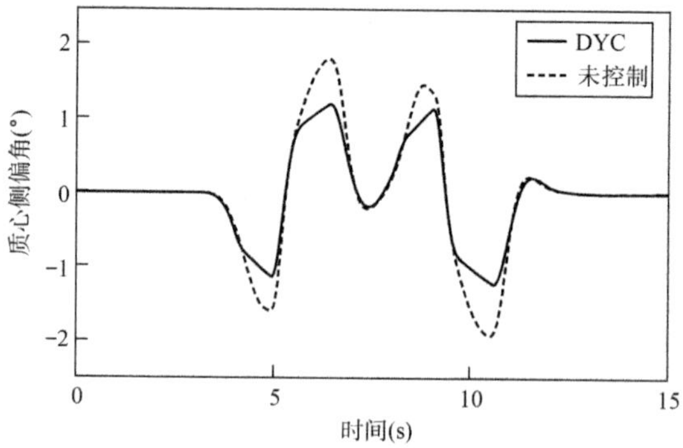

图 8　质心侧偏角

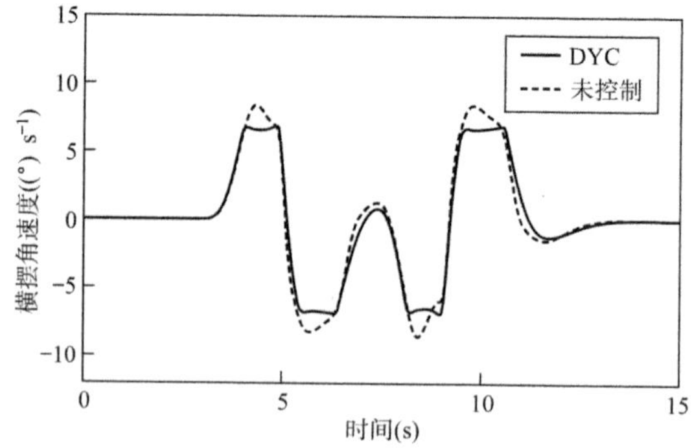

图 9　横摆角速度

由仿真结果可知,对于未施加直接横摆力矩控制的车辆,由于路面附着系数较小,车辆不能很好地跟踪期望轨迹,横向轨迹误差最大可达 1.06m,而采用直接横摆力矩控制的车辆横向轨迹误差始终保持在[−0.15m,0.15m]左右,车辆能够较好地跟踪期望轨迹。同时采用直接横摆力矩控制的车辆为跟踪目标轨迹所需前轮转角更小。说明横摆力矩控制策略可以在转向时有效改善车辆转向特性,保证车辆稳定行驶。

4　结语

本文针对分布式纯电动客车横向力矩分配控制策略进行了研究,设计的滑模控制器输出附加横摆力矩,以轮胎附着裕量最大为目标函数实现了附加横摆力矩的实时优化分配,完善了车速较高或路面附着条件较为恶劣时电子差速控制的局限性,仿真结果表明直接横摆力矩控制能够改善车辆弯道行驶能力,提高车辆的横向稳定性。

参 考 文 献

[1] 邹渊,郭宁远,张旭东,等. 分布式电驱动车辆力矩分配控制研究现状综述[J]. 中国公路学报,2021,34(09):1-25.

[2] OZKOP,ALTAS,OKUMUS,et al. A fuzzy logic sliding mode controlled electronic differential for a direct wheel drive EV[J]. International Journal of Electronics,2015,102(10-12):1919-1942.

[3] ZHANG Y X,LIU X D,He Y I,et al. Yaw Moment Control for Four-in-Wheel-Motor-Driven Electric Vehicle[J]. Frontiers in Artificial Intelligence and Applications, 2019,314.

[4] 王伟达,彭浩楠,黄国强,等. 四轮独立驱动电动汽车行驶稳定性分析与联合滑模变结构主动控制[J]. 机械工程学报,2021,57(04):103-112.

[5] 桂贤勇. 分布式驱动电动汽车直接横摆力矩控制策略研究[D]. 长安大学,2020.

[6] 张一西,马建,唐自强,等. 分布式驱动电动汽车直接横摆力矩控制策略与仿真验证[J]. 甘肃农业大学学报,2018,53(4):10.

关于8.5m城市公交车用直梁的轻量化优化与应用

胡深洋,任晓林,张梓良

(中国公路车辆机械有限公司,北京 100010)

摘 要:对8.5m城市公交车用后空气悬架用直梁结构进行轻量化优化,通过Solidworks进行虚拟仿真应力分析,并对样件产品进行疲劳寿命试验,最终实现了优化且通过批量装车验证。

关键词:空气悬架;轻量化;直梁;Solidworks虚拟仿真;疲劳寿命试验

0 引言

空气悬架因其良好的行驶平顺性,以及可以实现车身高度的自动调节等优点,在近年来得到了广泛的发展及应用。随着城市公交的发展,8.5m城市公交已成为主流,其后空气悬架广泛使用的是直梁结构,如图1所示。

图1 直梁结构后空气悬架

直梁总成是空气悬架系统中核心零部件,通过螺栓与车桥连接,同时连接弹性元件、导向机构等悬架元件。以某客车厂8.5m城市公交车悬架匹配需求为例,其后桥额定载荷达8.5t,为满足直梁总成的承载要求,常规方案直梁总成主体所使用的型材,其断面尺寸为100mm×145mm。

1 直梁总成优化

1.1 优化背景

汽车产业发展的主要方向就是汽车轻量化,这也是一个汽车厂商是否拥有先进技术的主要标志。我国汽车制造业很早就把轻量化作为发展课题,如今面对逐渐提高的环保要求以及不断上涨的原材料价格,积极发展轻量化已经显得至关重要。

1.2 优化思路与方案

本次优化针对上面提到的示例,使用轻量化设计中减少面积、体积的方法,通过CAE分析和疲劳寿命试验,优化设计。在满足客户使用要求的前提下,将直梁总成主体所使用的型材端面尺寸由100mm×145mm优化为80mm×120mm,如图2所示。优化后直梁主体部分减重6kg。

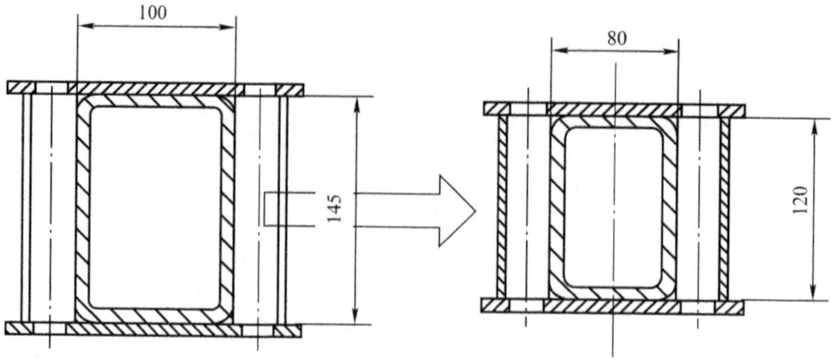

图 2　型材断面尺寸对比(尺寸单位:mm)

2　Solidworks 虚拟仿真分析

直梁总成在空气悬架装置中最重要的作用是承载车身,通过骑马螺栓与车桥连接固定,因此直梁主体受到车身的垂直载荷冲击振动力 P 作用在两处气囊支座位置,如图 3 所示。在此基础上,建立 Solidworks 模型进行虚拟仿真分析,固定约束面及加载说明如下:

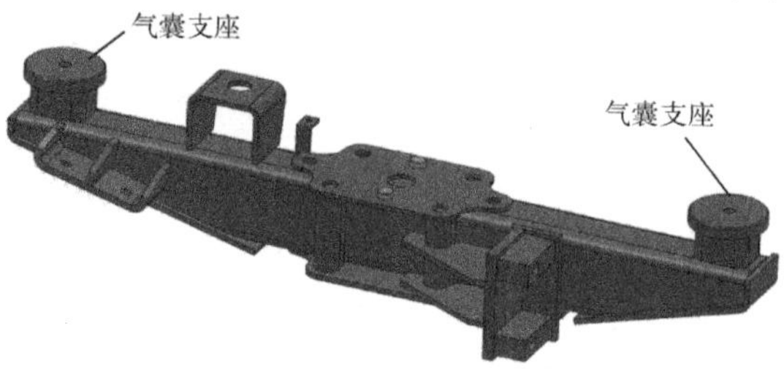

图 3　直梁总成与气囊支座示意

选择直梁总成 4 个骑马螺栓孔作为约束,模拟与车桥固定连接。由于此悬架设计额定承载 8.5t,由左、右 2 根直梁总成,4 个气囊共同承担,则单侧承载 4.25t,分析时按最大冲击载荷的 2.5 倍对模型加载,于是计算出 P = 98500N,另外由于减振器、推力杆及稳定杆的力对承载影响偏小,此次分析忽略不计。

基于以上的条件假设,将直梁总成模型建立完成后,选择 Solidworks Simulation 的静力分析模块,选择约束面,在气囊承载面上分别施加载荷,进行网格划分,仿真分析结果如图 4 所示。

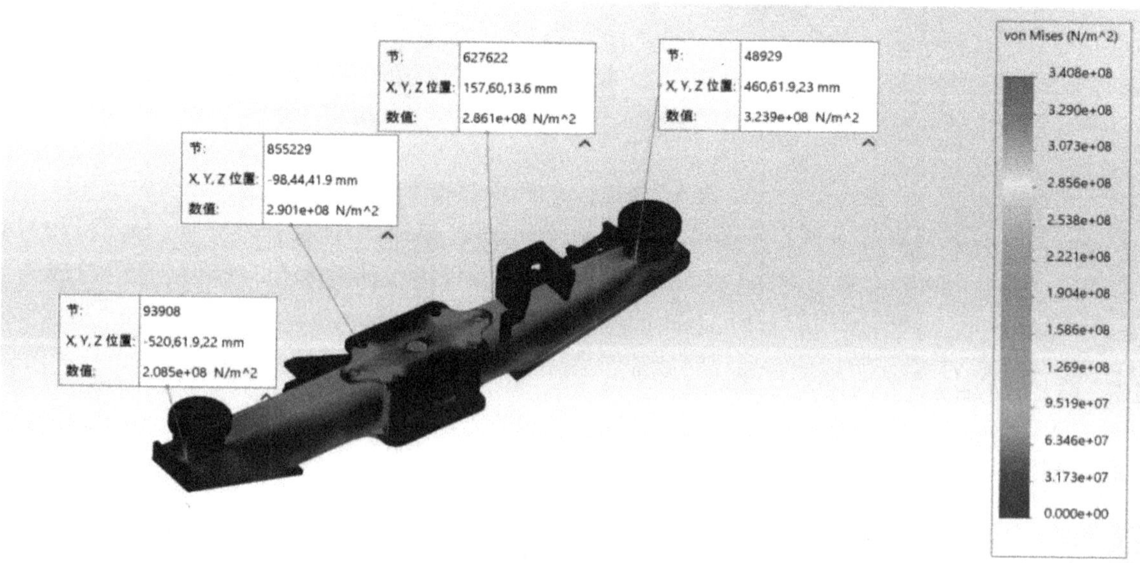

图 4　直梁总成模型虚拟仿真应力分析结果

对图 4 中应力集中区域进行探测,包括气囊支座与直梁主体连接处、半圆管加强筋处、定位板与直梁主体连接处等,最大应力值未超过材料的屈服力极限 345MPa,优化方案可行。

3　疲劳寿命试验

此方案通过 Solidworks 仿真分析后,试验组对样件进行了疲劳寿命试验。

3.1 试验方法与判定依据

依据提供的试验条件、设备、工况，利用现有的双通道电液伺服客车悬架疲劳试验系统进行试验。直梁总成完成循环加载试验后，对重点焊缝进行裂纹及周边区域进行显影或探伤检测，对底部接口焊缝处进行剖解，使用 50 倍放大显微观察是否存在微观裂纹。

3.2 试验条件

具体试验条件见表 1。

试 验 条 件 表 1

试验温度	试验频率	加载方式	F_{max}	F_{min}	循环加载次数	备　　注
室温	2Hz	右侧支座加载正弦波载荷	-22.05kN（垂直向下）	-55.125kN（垂直向下）	25 万次	安装时，右侧支座对应疲劳机一通道，左侧支座对应疲劳机二通道
		左侧支座加载正弦波载荷	-22.05kN（垂直向下）	-55.125kN（垂直向下）	25 万次	

3.3 试验结果

试验过程中，抽取第 1000 次与第 249547 次循环加载情况，通过反映力与时间曲线、位移与时间曲线以及力与位移曲线的关系，确保整个疲劳试验过程是连续有效的，相关参数如图 5 所示。

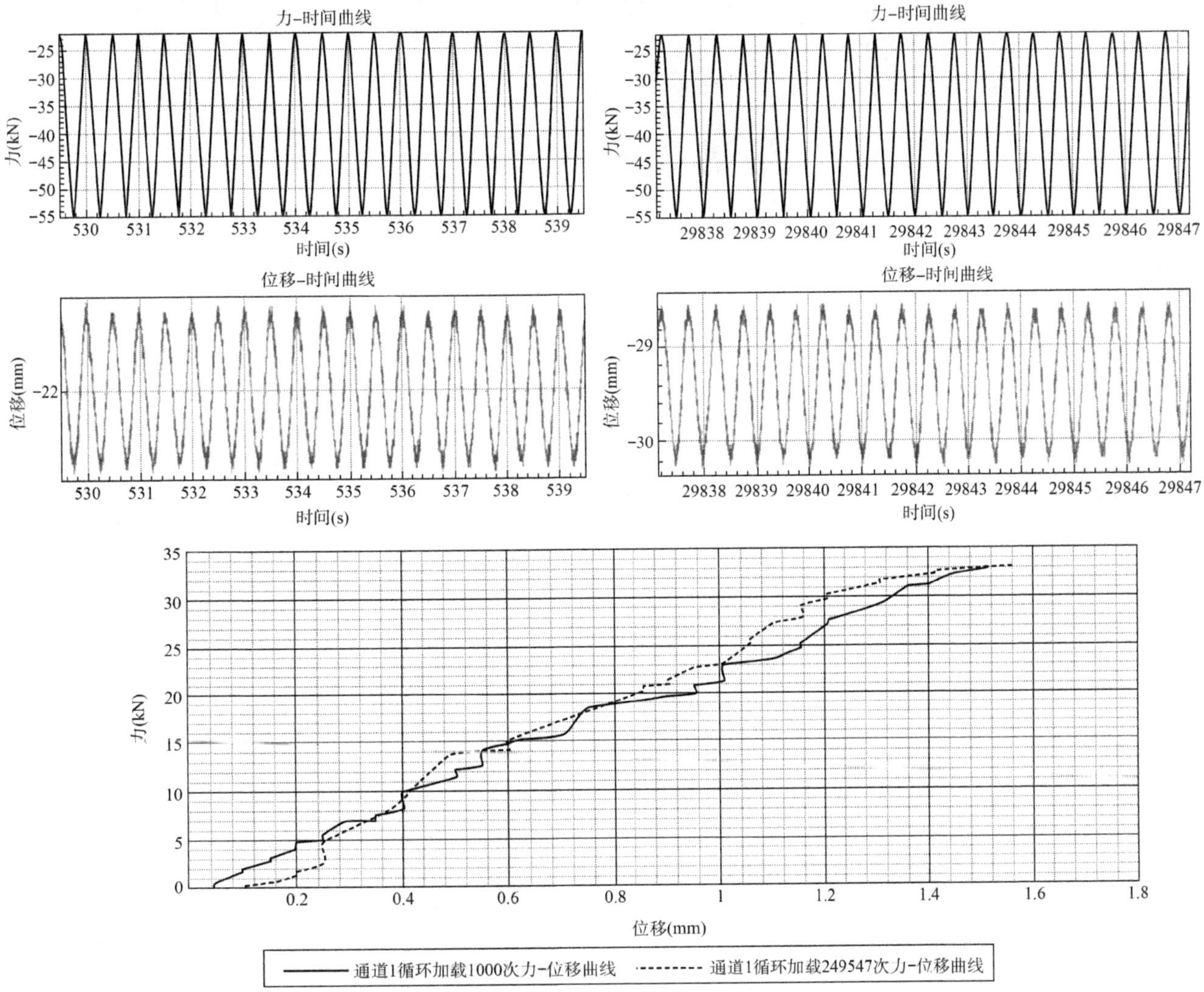

图 5　竖直冲击工况疲劳寿命试验曲线（第 1000 次与第 249547 次）

疲劳试验结束后,检验重点焊缝区域情况。按照试验要求对直梁主体与前封板连接处(图6中位置①)、直梁主体与前气囊支座两侧连接处(图6中位置②、③)、直梁主体与后封板连接处(图6中位置④)、直梁主体与后气囊支座两侧连接处(图6中位置⑤、⑥)进行剖切。

图6 剖切位置示意

剖切后在50倍放大显微镜下观察切口,如图7所示。

图7 剖切、放大显微镜下观察现象图

最终得到试验结果:此直梁总成进行25万次竖直冲击工况疲劳寿命试验后,未发现裂纹。疲劳试验通过,此优化直梁可以满足使用要求。

4 结语

根据上述Solidworks虚拟仿真分析结果与疲劳试验结果,在25台8.5m公交车后悬架上试装此直梁总成,装载该悬架的公交车在重庆、浙江等地已运输近10万km,未接到任何有关直梁问题的反馈,进一步说明了此结构的可靠性。

直梁主体在客车用空气悬架中属于核心零部件,也占据了直梁结构40%左右的质量比重。本文从减少主体面积和体积的角度对直梁进行优化,通过结构分析及试验,验证了优化方案,达到了减重的要求,也为今后类似方案优化的分析提供参考。

参考文献

[1] 陈佳瑞. 汽车构造[M]. 北京:人民交通出版社,1996.
[2] 刘惟信. 汽车设计[M]. 北京:清华大学出版社,1996.
[3] 陈永当,任慧娟,武欣竹. 基于Solidworks Simulation的有限元分析方法[J]. CAD/CAM与制造业信息化,2011(9):4.

基于 CATIA 参数化设计的客车转向传动装置运动校核

李章军，余坤章

（成都广通汽车有限公司，成都 611430）

摘　要：文章运用 CATIA 的参数化设计功能，对客车转向传动装置的运动进行校核，节省不同配置的车型重复建模的时间，提高工作效率。

关键词：CATIA；参数化设计；转向传动装置；运动校核

0　引言

转向系统设计是客车底盘设计中很重要的环节之一，它关系着客车的安全性、操纵舒适性和可靠性。基于客车行业的配置多样化特性，在进行转向系统运动校核时，就需要根据配置重复建模，效率低下。本文利用 CATIA 的参数化设计功能对转向传动装置各硬点进行参数化建模，避免了重复建模的过程，极大地提高了工作效率。

客车转向传动装置主要部件包括转向器、转向垂臂、转向直拉杆、转向节臂等[1-3]。大型客车转向机构常用布置图如图 1 所示[4]

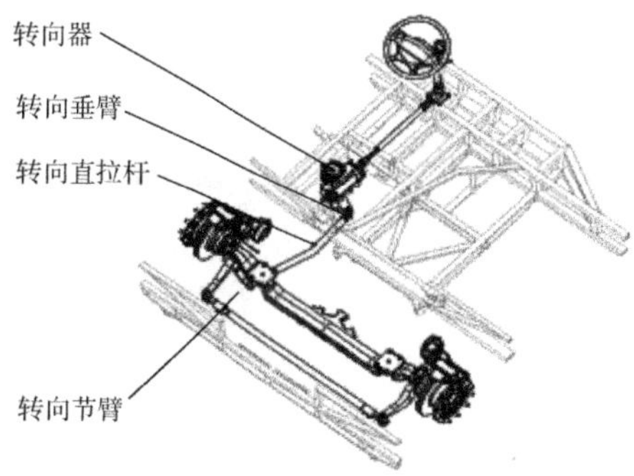

图 1　大型客车转向机构布置图

1　转向传动装置运动分析

转向传动装置的运动主要有两个：一是左右转动转向盘时的运动，随驾驶员左右转动转向盘的过程中，转向垂臂绕转向器输出轴摆动，转向垂臂带动转向直拉杆运动，直拉杆带动转向节臂绕主销摆动；二是转向直拉杆及转向节臂随前悬上下跳动的运动。本文主要针对第一种运动进行参数化设计。

2　零部件参数化建模

这里所谓的建模，并不是零部件的真实模型，而是一个替代模型，它可以只是一个点、线或面。在进行具体车型的运动校核时，我们只需要导入真实模型并与对应的替代模型进行刚性连接就可以了。进行零部件的参数化建模需要考虑两个方面：一是各零部件的设计硬点坐标；二是 CATIA DMU 模块建立运动副所需要的点、线、面。

首先对转向传动装置各部件连接点的运动进行分析，其中包含了：转向器固定不动、主销固定不动、转向器输出轴与主销无相对运动、转向垂臂绕转向器输出轴摆动、转向垂臂与直拉杆球销无相对运动、直拉杆与两端球销做球铰运动、转向节臂与直拉杆球销无相对运动、转向节臂绕主销摆动。

2.1　创建参数

根据上述运动分析，需要建模的零部件有转向器输出轴、转向垂臂、两个球销、直拉杆、转向节臂、主销。则需要提取的硬点坐标有转向器输出轴中心点，直拉杆两端球销的旋转中心、主销中心，其中创建主销模型用到的参数还有主销倾角。各硬点参数见表 1，此处以车型 6126C02 为例。

在 CATIA 装配模块中点击 f(x) 图标[5-6]，弹出参数对话框，按图中所示顺序创建参数如图 2 所示，有多个参数时只需要重复第 2 ~5 步。当所有参数创建完成后再进行第 6 步即可。

硬 点 参 数　　表 1

硬点名称	X 坐标	Y 坐标	Z 坐标	备注
转向器输出轴中心	-965	-790	-56	Z 坐标取转向垂臂上端面
直拉杆球销中心 1	-853	-550	-128.5	
直拉杆球销中心 2	50	-665	-115.5	
主销中心	0	-915	90	主销内倾角 8°、后倾角 3.5°

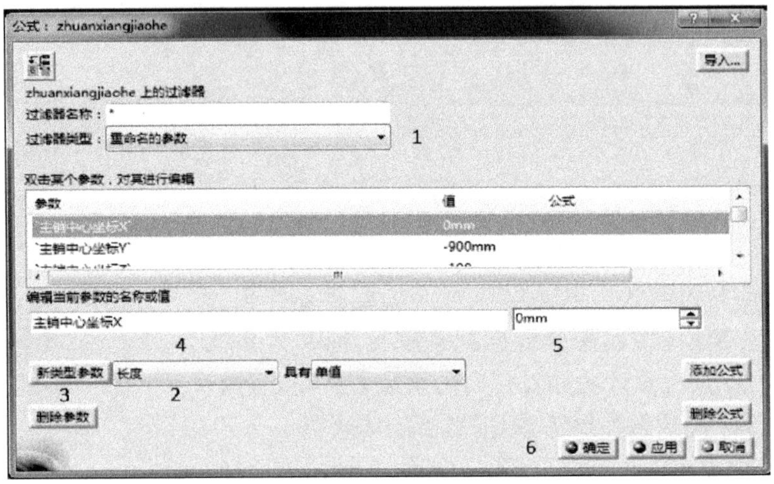

图 2　参数创建对话框

参数创建完成后，点击▦图标，创建参数设计表，方便后续根据车型调整各参数(图 3)。点击确定弹出参数选择对话框，选择所有创建的参数(图 4)并保存，在弹出的编辑对话框(图 5)中选择编辑表按钮跳转到 Excel。在第一列之前插入一列，并将抬头改为 PartNumber，在下面输入序号或者车型号，保存表格，回到图 5 对话框，点确定，完成参数表的创建。注意创建的参数应为全局参数，即在 Product 目录下建立参数，才能为各部件调用。

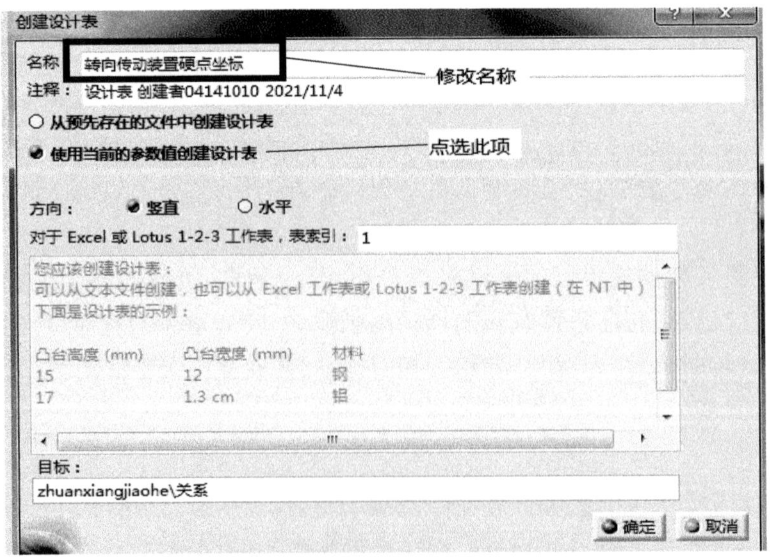

图 3　创建参数表对话框

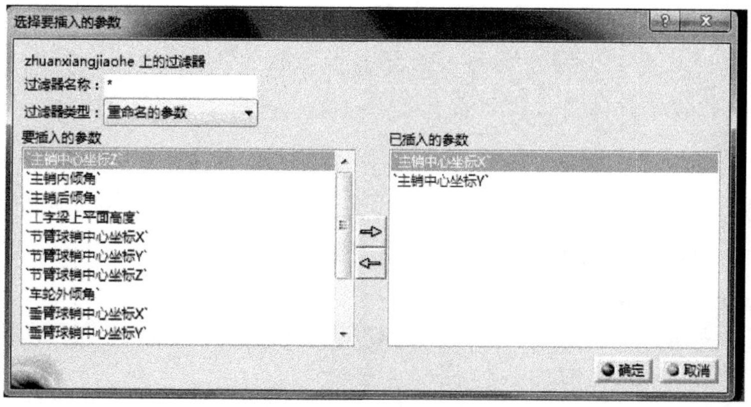

图 4　参数选择对话框

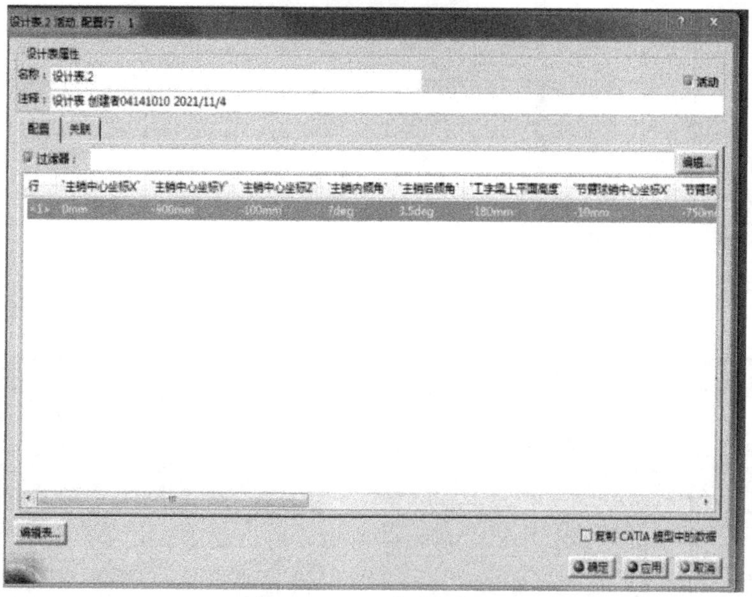

图 5　参数表编辑对话框

2.2　零部件建模

参数设置完后，对各部件进行替代模型创建。替代模型必须与相邻部件连接点的硬点坐标关联，同时要包含根据 CATIA DMU 模块建立运动副时所需要的点、线、面，无相对运动的两个部件放在一个 Part 中。由于转向直拉杆两端都是球铰运动，在 CATIA DMU 中会出现约束不足需要将一端的球销更改为十字轴万向节，因此模型中还需要将一个球销用十字叉的替代，十字叉的中心与转向垂臂端球销中心重合。各部件需要包含的元素见表 2。

各部件包含元素　　表 2

部件名称	包含元素	模　型
转向器输出轴	转向器输出轴中心	过中心建圆柱模型，与输出轴同轴
转向器垂臂	转向器输出轴中心，直拉杆球销中心 1	分别过两中心建圆柱模型，轴线与转向器输出轴平行
十字叉	直拉杆球销中心 1	过中心建相互垂直的两个圆柱
直拉杆	直拉杆球销中心 1，直拉杆球销中心 2	连接两中心画一直线段
球销	直拉杆球销中心 2	过中心建一个点
转向节臂	直拉杆球销中心 2，主销中心	过直拉杆球销中心 2 建一个点，过主销中心建一个圆柱，圆柱轴线与主销同轴
主销	主销中心	过中心建一个圆柱，与主销同轴

下面以转向节臂为例进行建模[7-10]。

在装配模块中插入零件并命名为转向节臂。根据表 2,转向节臂的替代模型应包含主销中心点、直拉杆球销中心点 2。双击转向节臂零件体进入零件设计模块,首先建两个点主销中心点和直拉杆球销中心点 2。点击 命令,插入点,在点定义对话框坐标输入框处点击鼠标右键,选择编辑公式,如图 6 所示。在公式编辑器对话框中选择前面建立的主销中心的坐标,如图 7 所示。再过主销中心建一圆柱与主销同轴。转向节臂替代模型完成后如图 8 所示。所有零部件替代模型完成后如图 9 所示。

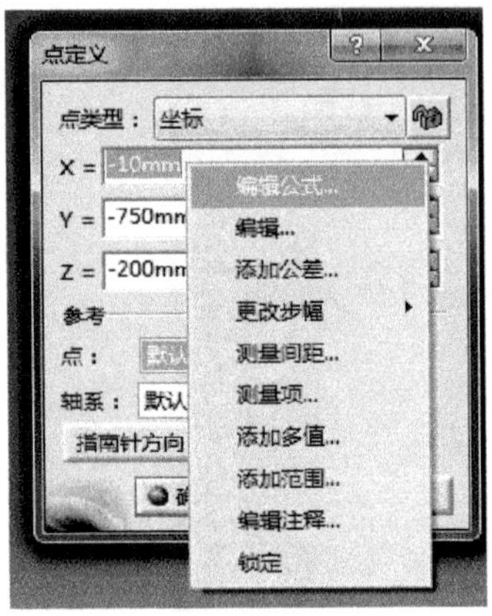

图 6 点定义

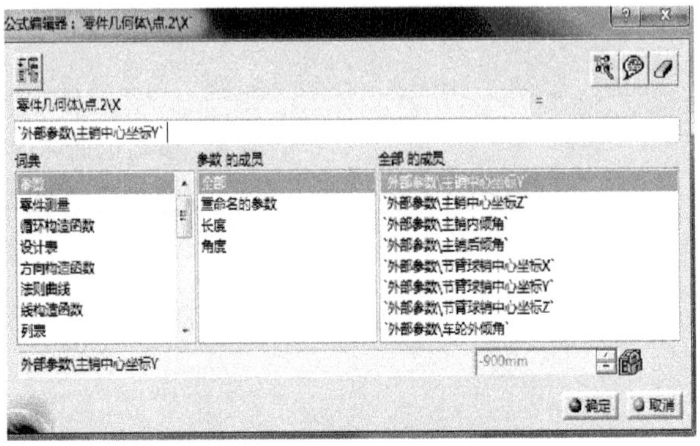

图 7 参数选择

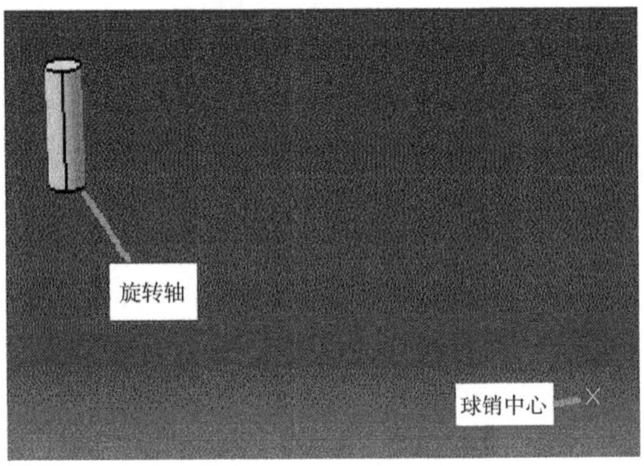

图 8 转向节臂模型

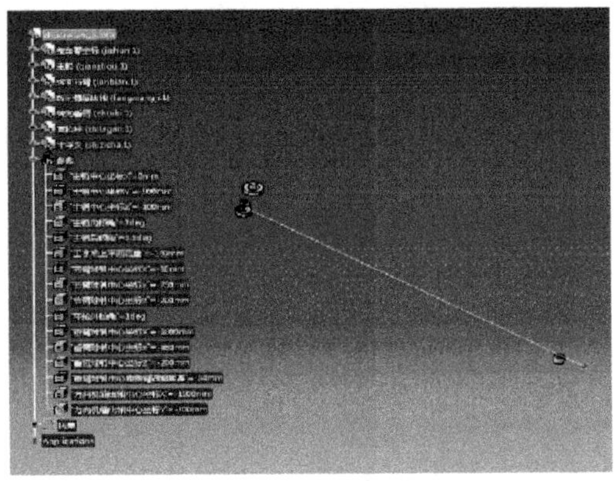

图 9 转向传动机构模型

3 DMU 约束建立

进行 DMU 约束的建立,需要进入 CATIA DMU 模块[4],根据前文运动分析,将各零部件用 DMU 中的运动接合命令进行关联。本文所应用的接合命令见表 3。

零部件之间的接合命令 表 3

零 件	运 动	运动结合命令
主销	固定零件	固定
主销与转向节臂	旋转运动	旋转接合
转向节臂与直拉杆	球铰运动	球面接合
直拉杆与十字叉	旋转运动	旋转接合
十字叉与转向垂臂	旋转运动	旋转接合
转向垂臂与转向器输出轴	旋转运动	旋转接合
转向器输出轴与主销	无相对运动	刚性接合

以主销与转向节臂的接合为例，点击命令，弹出旋转接合命令对话框，如图 10 所示。先选择主销和转向节臂旋转轴的轴线，再选择主销和转向节臂的端面，点击确定完成。在转向传动装置运动校核中，我们以转向轮的转角为驱动命令，所以在这里我们还需要选中驱动角度，接合限制输入转向轮内外转角。

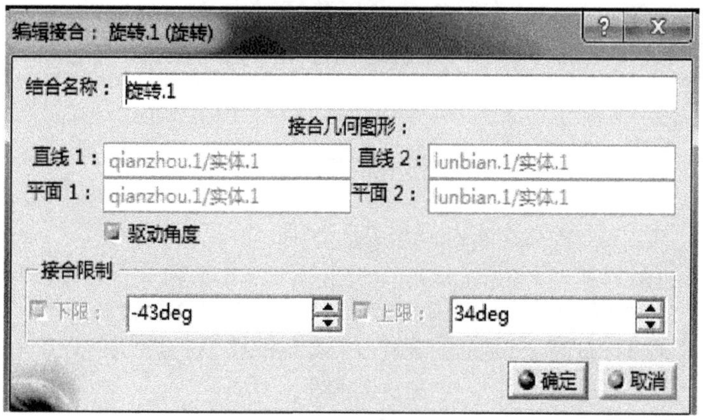

图 10　旋转接合命令对话框

待所有接合命令添加完成后，点击模拟命令进行运动模拟。拖动命令条，整个传动装置即能按设计进行运动，如图 11 所示。修改参数表中数据，再次进行运动模拟，传动装置仍然能按设计进行运动。

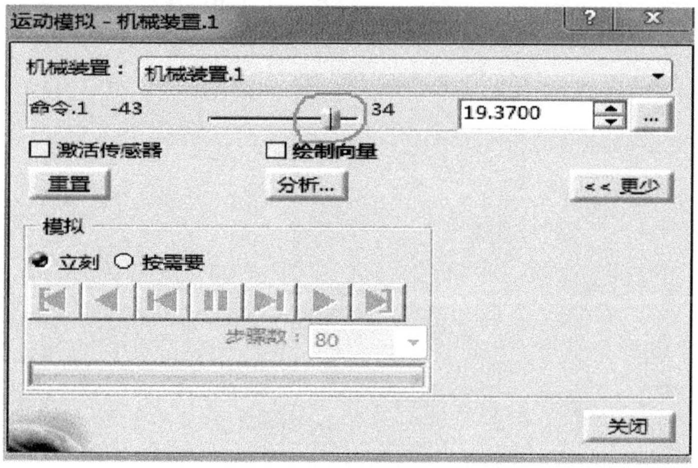

图 11　运动模拟

4　实例分析

以本公司新开发的 6126C02 车型为例进行实例验证。将转向传动装置各零部件的真实数模及车架数模按实际位置导入装配体中，并与相应的替代数模用刚性接合命令进行刚性连接，如图 12 所示。经模拟验证，本文的建模方法切实可行。

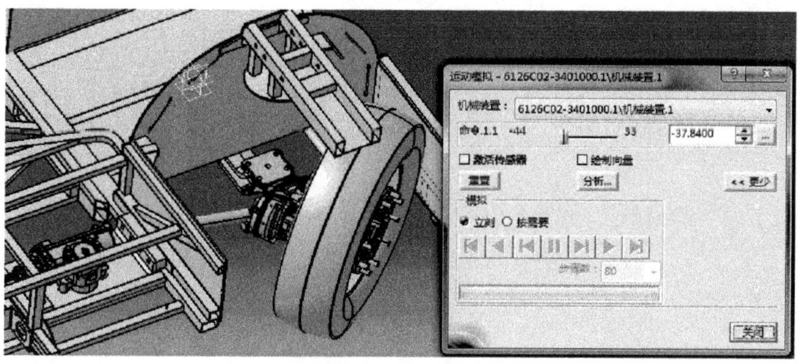

图 12　实例分析

5 结语

本文阐述了一种基于 CATIA 参数化设计的客车转向传动装置运动校核的方法。根据不同车型转向传动装置的布置,只需要修改参数表中的硬点数据就可以验证转向传动装置的运动及与周边零件的间隙。该方法可以根据客车转向传动装置的布置形式,普遍应用于转向传动装置的运动校核,避免了重复建模的过程,极大地提高工作效率。

参 考 文 献

[1] 闵海涛,王建华. 汽车设计[M]. 5 版. 北京:机械工业出版社,2021.
[2] 国家标准化管理委员会. 汽车转向系 基本要求:GB 17675—2021[S]. 北京:中国质检出版社,2021:2.
[3] 姚为民. 汽车构造(下册)[M]. 7 版. 北京:人民交通出版社股份有限公司,2021.
[4] 唐培云. 客车动力转向系统的设计布置与常见问题分析[J]. 客车技术与研究,2006,3:37-40.
[5] 李春光. CATIA 知识工程入门与实战[M]. 北京:中国铁道出版社,2021.
[6] 张学文. CATIA 机械零件参数化设计[M]. 2 版. 北京:机械工业出版社,2017.
[7] 李明新. CATIA V5R21 中文版基础教程[M]. 北京:人民邮电出版社,2013.
[8] 齐从谦. CATIA V5R21 产品创新设计与机构运动仿真[M]. 北京:中国电力出版社,2014.
[9] 北京兆迪科技有限公司. CATIA V5R20 完全自学宝典[M]. 北京:机械工业出版社,2019.
[10] 刘宏新,郭丽峰. CATIA 数字样机运动仿真技术[M]. 北京:机械工业出版社,2021.

客车驾驶模拟器转向系统控制策略

孙照翔，刘晶郁，李世豪，李嘉轩，何　通，付子扬

（长安大学汽车学院，西安　710064）

摘　要：为使驾驶模拟器在模拟客车行驶时能够提高其在转向上的逼真程度，本文基于路感模型提供的转向阻力矩，设计了驾驶模拟器转向系统控制策略；设计了转向模式判断逻辑以及各模式下的控制策略。在转向控制策略中，参考EPS实现理想力特性的方法，基于折线形助力曲线设计了助力控制，并针对转向系统无限位装置和高速路感容易不清晰问题，增加了限位控制和阻尼控制。并对该策略利用Trucksim/Simulink联合仿真予以检验，结果说明该策略能够有效地改善客车驾驶模拟器的转向系统。

关键词：客车；驾驶模拟器；转向助力；转向系统

0　引言

客车驾驶模拟器中的路感模型能够模拟出机械式转向系统的转向阻力矩，该转向阻力矩对于大多数驾驶员来说会过于沉重，驾驶员操作一定时间后容易感到疲惫。本文以路感模型为基础，设计驾驶模拟器转向系统控制策略，包括转向模式判断逻辑、基于理想路感的转向控制策略，从而去解决这个问题。

1　客车驾驶模拟器转向系统控制总框架

客车驾驶模拟器转向系统控制策略的总体框架如图1所示。根据转向系统的特性进行模式识别共有直行、转向和撒手回正三种模式，分别对应三种不同的控制策略，即直流控制策略、转向控制策略和主动回正控制策略。利用控制策略得出的力矩值和模式计算电机电流，并对路感电机进行电流控制最终输出期望力矩，使驾驶员感受到相应的转向阻力矩。

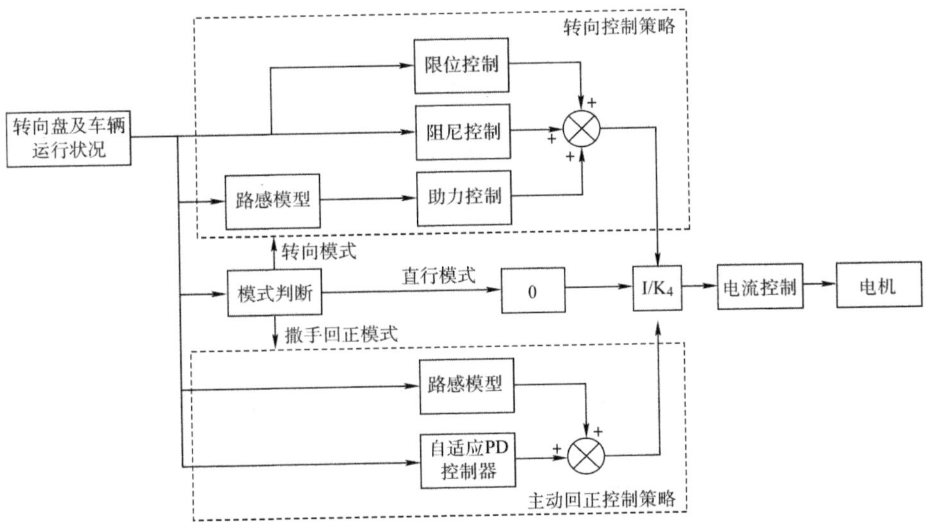

图1　客车驾驶模拟器转向系统控制策略总体框架

2 模式判别

模式判别的逻辑如图 2 所示。

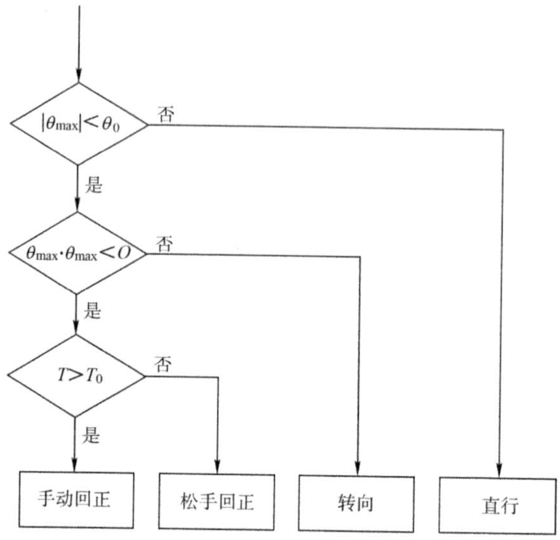

图 2 模式判别逻辑图

本文针对转向模式、松手回正模式和直行模式分别设计了转向控制策略、主动回正控制策略和直行控制策略。其中直行模式控制策略较为简单,其目标电流始终为 0,后文不再对其进行叙述。

3 基于理想路感的助力设计

3.1 助力特性分析

客车转向助力曲线的设计会影响到转向盘力特性,记忆容易对驾驶感受产生影响。它具体的设计要求如下[1]:

(1)原地或车速较低转向时,转向盘转向阻力矩较大,为避免转向过于沉重,应提供较大数值的转向助力。随着车速的上升,为了保证车辆的操稳性和行驶安全性,转向盘力应随车速的增加而增加,助力则相反,当车速较高时,甚至可以不提供助力。

(2)在转向阻力较小时,由于驾驶员能够轻易转向,不提供转向助力。当转向盘力大于一定值时,才提供转向助力。同时,在转向盘转角相对较小时,为了提供清晰的路感,助力应较小;在转向盘转角较大时,为保证转向轻便性,助力应较大。

(3)为避免"打手"现象,转向盘转向助力不能大于转向阻力。

助力特性曲线按线形分类有:直线形、折线形和曲线形三种[2]。因直线形助力特性曲线在转向盘力较大或较小时不能很好地满足增益需求,曲线形助力特性曲线需要很多的实验数据,故本文选择折线形助力特性曲线。折线形助力特性曲线可表示为:

$$T_a\begin{cases}0, & 0\leqslant T_d<T_0\\ K_1(u)(T_d-T_0), & T_0\leqslant T_d<t_1\\ K_1(u)(T_d-T_0)+K_2(u)(T_d-T_1), & t_2\leqslant T_d<T_{max}\\ K_1(u)(T_{max}-T_0)+K_2(u)(T_{max-T_1}), & T_d>t_{max}\end{cases}\tag{1}$$

式中:$K_1(u)$、$K_2(u)$——助力增益;

T_0——初始提供助力的转向盘力矩;

T_1——二次增益开始提供的转向盘力矩值；

T_{max}——最大助力开始时的转向盘力矩；

T_d——转向盘力矩输入值。

3.2 助力特性曲线的设计

3.2.1 T_{max}、T_1及T_0的选取

在参考大量文献资料后取 $T_0=1N\cdot m$。参照《汽车转向系 基本要求》(GB 17675—2021)，正常情况下转向盘力通常为20~50N，而在原地转向时转向盘力一般不能超过245N[3]。结合本驾驶模拟器的参数，最终选择 T_{max}为5N·m。T_1取2N·m。

3.2.2 $K_1(u)$和$K_2(u)$的选取

根据通用公司做的驾驶员偏好转向盘力矩[4]实验，驾驶员在侧向加速度为0.3g时的偏好转向盘力矩见表1。

通用公司驾驶员偏好力矩实验结果　　表1

车速(km/h)	21	40	65	80	97	113
驾驶员偏好力矩(N·m)	2.6	3.1	3.4	3.8	3.9	4.2

为计算$K_1(u)$，通过 Trucksim 查出在无助力情况下各种车速下的转向盘力矩，利用 Event 功能设置转向盘转角随时间均匀增加至侧向加速度为0.3g，记录各车速下的转向盘力矩，见表2。

无助力转向盘力矩　　表2

车速(km/h)	21	40	65	80	97	113
驾驶员偏好力矩(N·m)	14.4	12.12	10.91	10.04	9.59	9.45

此时，转向盘力矩平衡方程为：

$$T_d = T_f - T_a \tag{2}$$

式中：T_d——转向盘力矩；

T_f——转向盘转向阻力矩；

T_a——助力矩。

本文中$K_1(u)=K_2(u)$。根据式(1)和表1，驾驶员偏好力矩处于折线形助力曲线的第二段助力增益，有$T_a=K_1(u)(2T_d-3)$。结合上式可得：

$$K_1(u)=\frac{T_f-T_d}{2T_d-3} \tag{3}$$

利用MATLAB的cftool工具对$K_1(u)$进行拟合，可得：

$$K_1(u)=8.069e^{-0.02192v} \tag{4}$$

最终得到折线形助力曲线公式为：

$$T_a=\begin{cases}0, & 0\leqslant T_d<1\\ 8.069e^{0.02192v}\cdot(T_d-1), & 0\leqslant T_d<2\\ 8.069e^{0.02192v}\cdot(2T_d-3), & 2\leqslant T_d<5\\ 56.483e^{0.02192v}, & T_d\geqslant 5\end{cases} \tag{5}$$

3.3 基于路感模型的转向控制策略

3.3.1 考虑理想路感的助力控制

结合上一小节中设计的助力曲线，当转向盘$T_d<T_0$，即$T_d<1$时，有$T_d=T_f$。

当 $T_0 < T_d < T_1$ 时,即 $1 < T_d < 2$,有:

$$T_d = \frac{T_f + K_1(u)}{K_1(u) + 1} \tag{6}$$

当 $T_1 < T_d < T_{max}$ 时,即 $2 < T_d < 5$,有:

$$T_d = \frac{T_f + 3K_1(u)}{2K_1(u) + 1} \tag{7}$$

当 $T_d \geqslant T_{max}$ 时,即 $T_d \geqslant 5$,有:

$$T_d = T_f - 7K_1(u) \tag{8}$$

最终得到经助力控制后的转向盘力矩 T_d 的数学模型:

$$|T_d| = \begin{cases} |T_f|, & 0 \leqslant |T_f| < 1 \\ \dfrac{|T_f| + K_1(u)}{K_1(u) + 1}, & 1 \leqslant |T_f| < 2 + K_1(u) \\ \dfrac{|T_f| + 3K_1(u)}{2K_1(u) + 1}, & 2 + K_1(u) \leqslant |T_f| < 5 + 7K_1(u) \\ |T_f| - 7K_1(u), & |T_f| \geqslant 5 + 7K_1(u) \end{cases} \tag{9}$$

式中:$K_1(u) = 8.069e^{-0.02192v}$;

T_f——转向盘的总转向阻力矩,为路感模型的输出。

3.3.2 限位控制

当前的驾驶模拟器的转向盘限位控制方法主要有两种:机械限位法和电机限位法[5]。本文中采用电机限位法。当转向盘的转角大于某一设定的转角后,电机产生一个较大的限位力矩,用来警示驾驶员转向盘已经达到极限位置,具体计算公式为:

$$T_{lim} = \begin{cases} 0, & |\theta_{sw}| < \theta_{lim} \\ k_{lim}(\theta_{lim} - \theta_{sw}), & |\theta_{sw}| \geqslant \theta_{lim} \end{cases} \tag{10}$$

式中:θ_{sw}——转向盘转角;

θ_{lim}——转向盘极限位置转角,$\theta_{lim} = 540°$;

k_{lim}——限位力矩系数,经过多次调参,最终选择改值为 0.4N · m。

3.3.3 阻尼控制

阻尼控制力矩的大小与车速相关,高速时阻尼力矩也随之增大,可以避免因为驾驶员转向过快而造成的车辆失稳[6]。高速工况下,这种控制方法可以有效地提升转向盘的操纵稳定性。具体的阻尼控制力矩计算公式为:

$$T_{damp} = C(u) \cdot \dot{\theta}_{sw} \tag{11}$$

式中:T_{damp}——阻尼补偿力矩;

$C(u)$——一个与车速相关的分段函数。

$$C(u) = \begin{cases} 0, & u \leqslant v_1 \\ k_{damp}(u - v_1), & u > v_1 \end{cases} \tag{12}$$

式中:k_{damp}——阻尼调节系数,本文取为 0.2;

v_1——速度阈值,本文取 25m/s。

4 仿真实验

本文设置中心区域操稳性实验验证该转向控制策略的效果。具体的实验方法为:车速 100km/h,在水平无风的路面上做频率近似于0.2Hz正弦曲线的蛇行实验工况，侧向加速度为0.2g；基于此做Trucksim/Simulink的联合仿真，将车辆的转向控制设置为开环控制，转向盘转角幅值设置为15°；在Simulink中搭建助力控制模块。根据联合仿真结果作转向盘力矩随侧向加速度变化的曲线如图3所示，各项评价指标见表3。

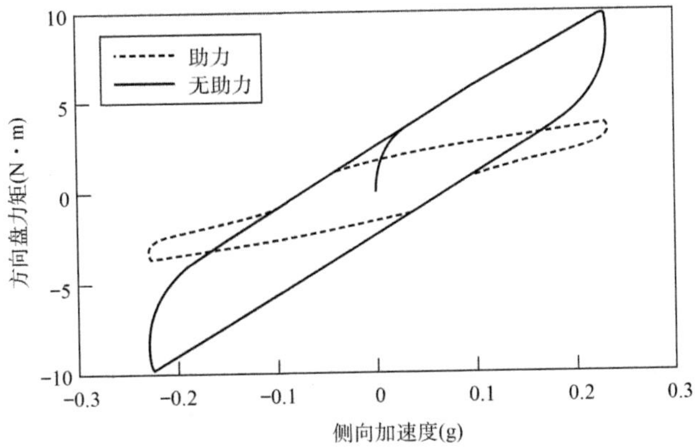

图3 转向盘转矩-侧向加速度曲线

评 价 指 标 表3

评 价 指 标	本 文	参考车辆
转向盘转矩为0处的侧向加速度(g)	-0.075	-0.054
0g处的转向盘转矩(N·m)	1.53	0.95
0g处的转向盘力矩梯度(N·m/g)	17.3	18.5
0.1g处的转向盘力矩(N·m)	2.638	2.27
0.1g处的转向盘力矩梯度(N·m/g)	8.696	8.4

表3中各种评价指标分别表征车辆转向系统回正性能、库伦摩擦力矩、路感、转向盘力矩以及刚离开直线行驶的路感。

5 结语

本文的参考车辆来源于参考文献[7]。仿真数据说明，本文设计的转向系统控制策略转向盘路感是比较理想的，在侧向加速度较小时，可提供线性的转向盘反馈力矩；当侧向加速度较大时，可提供增速减缓的转向盘反馈力矩，以避免驾驶员转向沉重。

参 考 文 献

[1] 陈灿奇.某乘用车REPS系统助力曲线设计及其性能评价分析[D].广州：广东工业大学，2021.

[2] 张永辉，王栋.EPS助力曲线设计[J].机械制造与自动化，2019.48(6):3.

[3] 王望予.汽车设计[M].4版.北京：机械工业出版社，2004.

[4] BERTOLLINI G P, HOGAN R M. Applying Driving Simulation to Quantify Steering Effort Preference as a Function of Vehicle Speed[J] Sae Technical Papers, 1999.1.

[5] 王艺淇.汽车线控转向系统路感模拟控制方法研究[D].淄博：山东理工大学，2021.

[6] 曹振东.汽车电动助力转向系统的开发及实验验证[D].大连：大连理工大学，2017.

[7] 余志生.汽车理论[M].5版.北京：机械工业出版社，2009.

空气悬架的力学特性及平顺性研究

徐　萌

(中国公路车辆机械有限公司,北京　100010)

摘　要:配备非线性悬架的车辆具有较低的车轮动载荷,使其具有更好的乘坐舒适性、操纵性和安全性。以一种新型空气悬架客车为例,对其力学性能进行了分析,建立了一种非线性的数学模型。根据所建立的模型,得到了结构的刚度、减振性能曲线,然后利用 AR 模型对 B、C 的随机输入进行了仿真。利用道路平整度曲线及不同车速对七自由度公交车进行了振动加速度仿真。通过模拟计算,发现公交车在 70km/h 内有很大的振动,这对未来的公交车减振有一定的借鉴作用。

关键词:空气弹性悬架;平顺性;非线性;七自由度模型

0　引言

公交车的稳定性主要是为了保证公交车在运行时所引起的振动和碰撞对乘坐舒适性的影响。道路的不平和车速的变化会使公交车产生振动,最终通过轮胎、悬架和座椅等弹性和减震部件到达人体。在这个过程中,悬浮是最重要的因素。客车一般采用空气弹簧悬架,这种悬架结构的非线性性能能够很好地提高客车的舒适性。然而,公交车是一个多自由度的复杂系统,为了对其进行定量评估,有必要建立合理的车身和轮胎模型。根据以往的研究成果,首先分析了空气悬架结构的力学性能,并对其进行了实验,得到了其刚度和阻尼的非线性特性曲线,给出了模型参数。通过仿真获得的 B 类和 C 类路面的不平整度和车速,为七自由度车辆建立七自由度公交车模型,并计算不同路面和不同车速下的座椅振动情况。

1　空气悬架的力学特性分析

1.1　空气弹簧及其力学性能试验

采用橡胶薄膜空气弹簧进行测试,如图 1 所示。

标准设计高度 195mm,最大设计压力 0.7MPa。测试时,在膜空气弹簧测试的测试冲程(−130~50mm)之间,以 5mm/min 的速率施加一个位移负载,记录过程中空气弹簧的力学性能(位移负载曲线),如图 2 所示。

图 1　空气弹簧试验样件

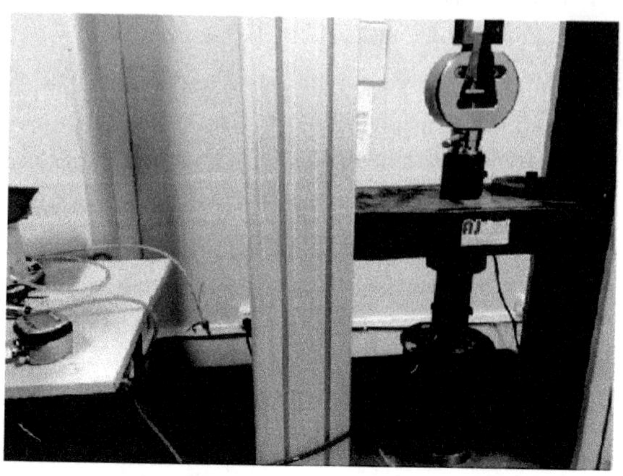

图 2　空气弹簧力学特性测试现场

1.2 空气弹簧有限元建模

通过综合比较,选用 ABAQUS 软件对空气弹簧进行物理建模和离散仿真。在该模型中,采用拉格朗日公式的增量分析和修正方法来模拟大变形和旋转。

1.2.1 网格的划分

空气弹簧的离散模型主要包括上盖板、橡胶袋、活塞和空气弹簧四个主要部件,如图 3 ~ 图 5 所示。

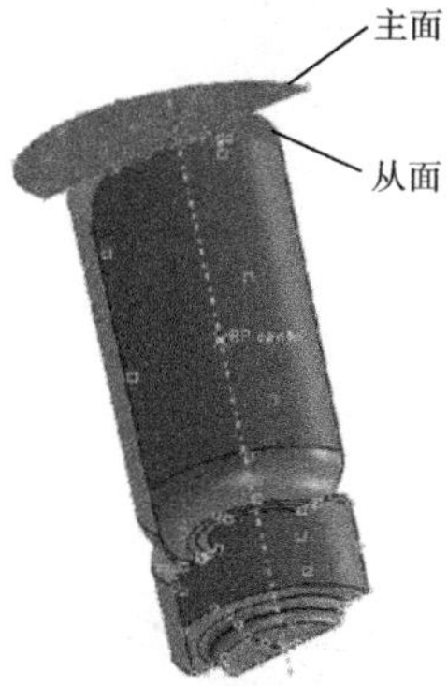

图 3 皮囊与上盖板接触定义图

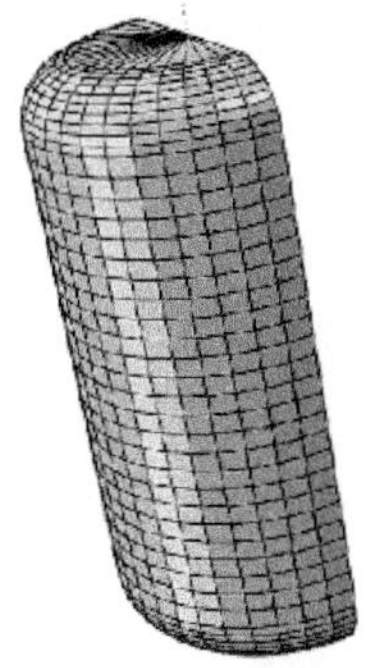

图 4 橡胶皮囊模型图

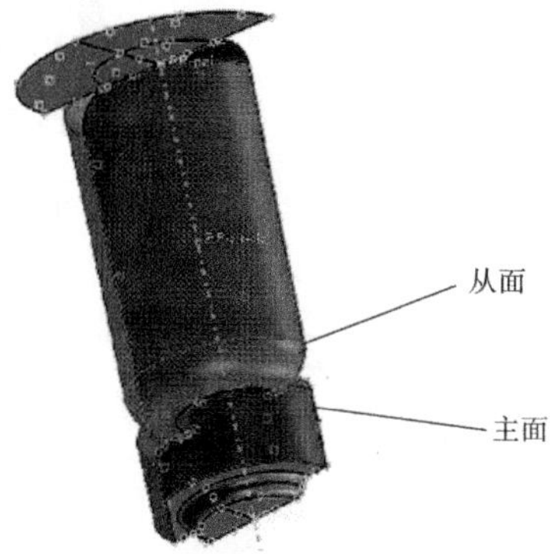

图 5 皮囊与活塞接触定义图

仿真结果显示,$C_{10}=3.2$MPa,$C_{01}=0.8$MPa,其中,橡胶基础外壳单元厚度为 6mm;电缆层是加强单元,参数为杨氏模量 2000MPa、泊松比 0.3,电缆直径 0.332mm,缆线间距为 2mm,电缆层夹角 -45° ~ 45°,电缆层间距 -1 ~ 1mm;顶部和活塞采用 3.5mm 厚的 45 号钢板制造。在橡胶气囊中,压力气体由流体室限定。汽缸、橡胶气囊和活塞共用一个接头来限定和密封气室。

1.2.2 接触和边界条件

在离散仿真中,选择点到点接触形式,将接触中心的主曲面和从曲面作为目标模型。

1.3 结果分析

该薄膜空气弹簧的应力-应变曲线示意图如图 6、图 7 所示。

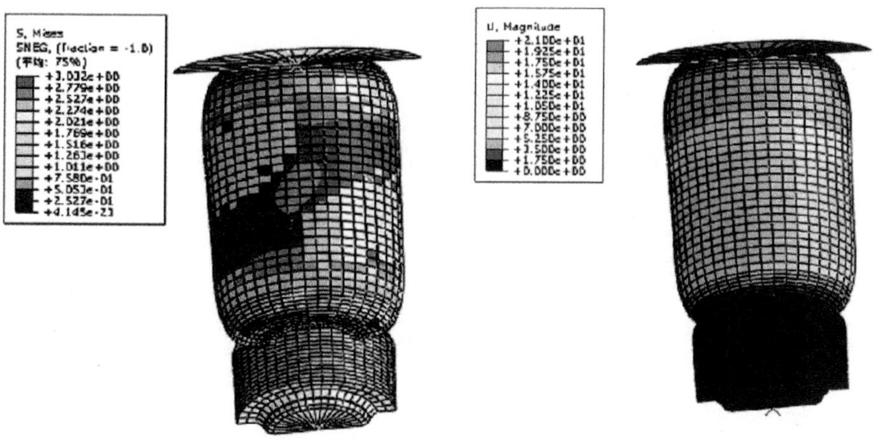

a) 应力-应变图(0.5MPa)　　b) 应力-应变图(0.7MPa)

图 6 空气弹簧的张紧力-应变曲线

当薄膜空气弹簧的初始内压为 0.5 ~ 0.7MPa 时,对其进行模拟分析,并与实测数据进行比较,如图 8 所示,橡胶空气弹簧的最大偏差在 10% 以内。

通过试验、建模和有限元仿真,证明了本文提出的空气弹簧离散有限元模型是可行有效的,可用于未来的动态刚度计算和设计。

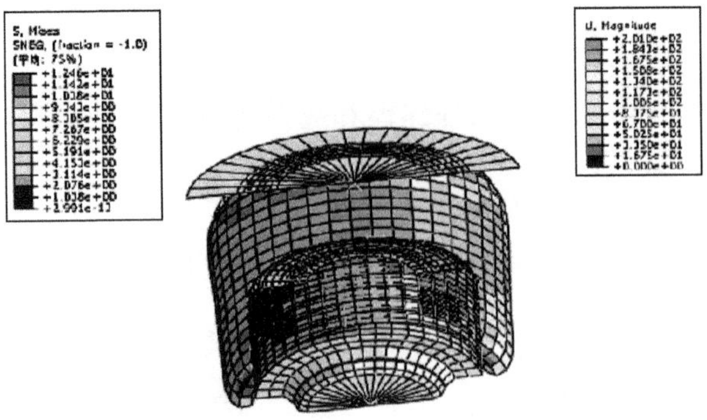

a) 应力应变图(0.5MPa)　　b) 应力应变图(0.7MPa)

图 7　气压弹塑性变形的应力-应变曲线

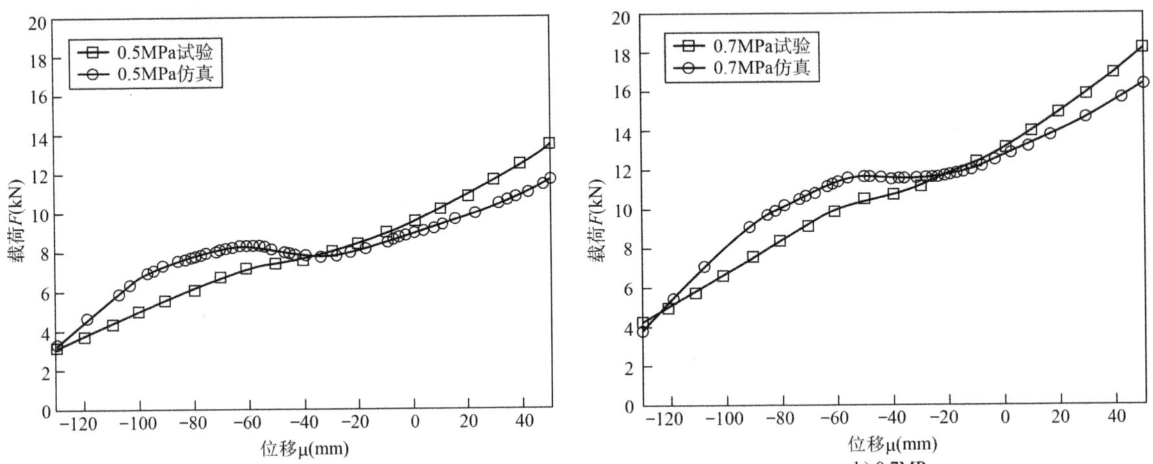

a) 0.5MPa　　b) 0.7MPa

图 8　空气弹簧在不同压力下的静力性能与试验结果的比较

2　空气悬架的大型客车平顺性研究

2.1　整车模型的建立

采用七自由度车辆模型进行仿真，分析车辆乘坐舒适性。在建立模型时，假设四个车轮为质点，并将悬架系统简化为四个单独的悬架。在图 9 中，$B_1 \sim B_4$是独立悬架和车身之间的连接点。

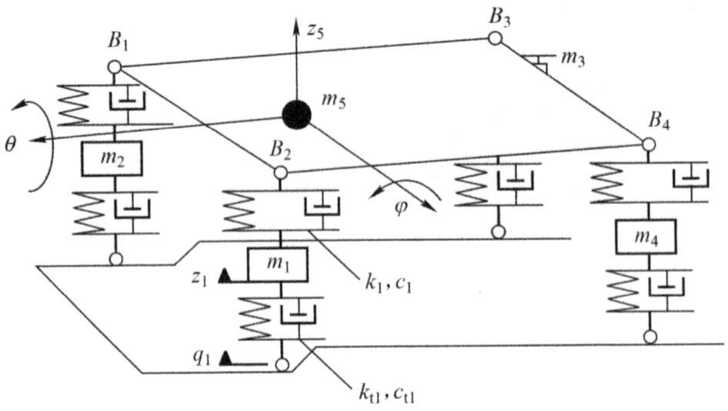

图 9　七自由度整车模型

模型七个自由度分别为纵向位移 z_c，车身滚动角 φ，车身高度 θ，四个车轮纵向位移 z_1、z_2、z_3、z_4。将其写入矩阵 **Z**：

$$\mathbf{Z} = [z_c \quad \varphi \quad \theta \quad z_1 \quad z_2 \quad z_3 \quad z_4]^T \tag{1}$$

表 1 显示了用于该模型的参数定义。

七自由度整车模型建模参数　　表1

参数名称	符　号	单　位
质心距前轴距离	a	m
质心距后轴距离	b	m
车身质量	m_s	kg
车身质心垂直位移	z_s	m
车身侧倾角	θ	°
车身俯仰角	φ	°
车轮质量	$m_i(i=1,2,3,4)$	kg
空气弹簧刚度	$k_i(i=1,2,3,4)$	kN/m
空气弹簧阻尼	$c_i(i=1,2,3,4)$	kNs/m
轮胎刚度	$k_{ti}(i=1,2,3,4)$	kN/m
轮胎阻尼	$c_{ti}(i=1,2,3,4)$	kNs/m
车身绕 x 轴转动惯量	J_x	kg · m²
车身绕 y 轴转动惯量	J_y	kg · m²
1/2 前轴轮距	l_1	m
1/2 后轴轮距	l_2	m
车轮的垂直位移	$z_i(i=1,2,3,4)$	m
路面不平激励	$q_i(i=1,2,3,4)$	mm

模型质量可分为两个方面，即：

$$\boldsymbol{M}_{\mathrm{b}}=\begin{bmatrix} m_s & 0 & 0 \\ 0 & I_y & 0 \\ 0 & 0 & I_n \end{bmatrix} \quad \boldsymbol{M}_{\mathrm{n}}=\begin{bmatrix} m_1 & 0 & 0 & 0 \\ 0 & m_2 & 0 & 0 \\ 0 & 0 & m_3 & 0 \\ 0 & 0 & 0 & m_4 \end{bmatrix}$$

悬架弹簧的刚性矩阵和减振矩阵 $\boldsymbol{C}_s$ 可由以下公式表达：

$$\boldsymbol{K}_{\mathrm{s}}=\begin{bmatrix} k_1 & 0 & 0 & 0 \\ 0 & k_2 & 0 & 0 \\ 0 & 0 & k_3 & 0 \\ 0 & 0 & 0 & k_4 \end{bmatrix} \quad \boldsymbol{C}_{\mathrm{s}}=\begin{bmatrix} c_j & 0 & 0 & 0 \\ 0 & c_2 & 0 & 0 \\ 0 & 0 & c_3 & 0 \\ 0 & 0 & 0 & c_4 \end{bmatrix}$$

悬架弹簧的刚性矩阵 $\boldsymbol{K}_t$ 及阻尼矩阵 $\boldsymbol{C}_s$ 可由以下公式表达：

$$\boldsymbol{K}_{\mathrm{t}}=\begin{bmatrix} k_{i3} & 0 & 0 & 0 \\ 0 & k_{t2} & 0 & 0 \\ 0 & 0 & k_{t3} & 0 \\ 0 & 0 & 0 & k_{i+} \end{bmatrix} \quad \boldsymbol{C}_{\mathrm{t}}=\begin{bmatrix} c_{i1} & 0 & 0 & 0 \\ 0 & c_{t2} & 0 & 0 \\ 0 & 0 & c_{t3} & 0 \\ 0 & 0 & 0 & c_N \end{bmatrix}$$

2.2　平顺性分析中的非线性因素

通过对七自由度车辆模型的分析，发现该模型的参数（如悬架刚度、阻尼、轮胎刚度和阻尼）是非线性的。在公交车舒适性分析中必须充分考虑上述非线性效应。

2.2.1　悬架刚度的非线性

气动悬架是一种典型的非线性结构。相关文献分析得出，空气弹性体的非线性作用力为其位移的三次函数。由此，公交车的舒适度可以由多项式立方来进行。

$$F=a_0+a_1x+a_2x^2+a_3x^3 \tag{2}$$

式中：　F——弹簧力；

x——悬架位移；

a_0、a_1、a_2、a_3——待定系数，由试验获得。

2.2.2　悬架阻尼的非线性

公交车悬架装置需要合理的减振功能以提高公交车的舒适性。大阻尼可以快速降低振动，但也会对车辆产生更大的冲击；低阻尼对振动效果影响很大，冲击后的振动持续时间较长，给乘客带来不适感。因此，在车身的共振部分选择大阻尼，以提高车辆的舒适性；在中频区域，选择较低的阻尼；选择具有大阻尼的车轮共振区域。一些学者提出了分段非线性方程，并给出了方程组的数学模型，如图10所示。

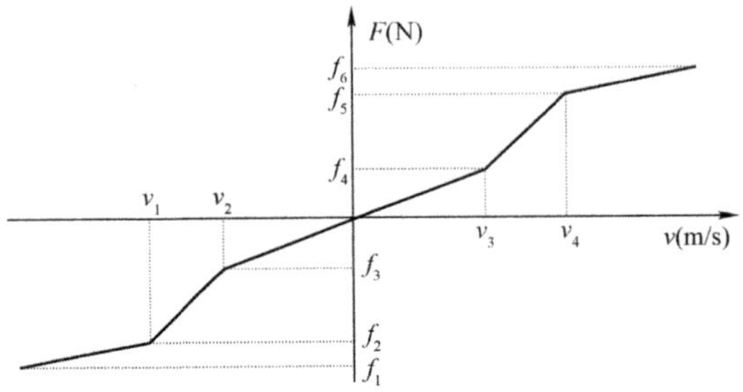

图10　悬架阻尼非线性模型图

$$F=\begin{cases}\dfrac{f_2-f_1}{v_1+1000}(v+f_1+9000), & -1000\leqslant v<v_1\\[2mm] \dfrac{f_3-f_2}{v_2-v_1}(v-v_1)+f_2, & v_1\leqslant v<v_2\\[2mm] \dfrac{f_3}{v_2}v, & v_2\leqslant v<0\\[2mm] \dfrac{f_4}{v_3}v, & 0\leqslant v<v_3\\[2mm] \dfrac{f_5-f_4}{v_4-v_3}(v-v_3)+f_4, & v_3\leqslant v<v_4\\[2mm] \dfrac{f_6-f_5}{1000-v_4}(v-v_4)+f_5, & v_4\leqslant v\leqslant 1000\end{cases}\tag{3}$$

2.2.3　轮胎减振与刚性的关系

车辆在行驶过程中会受到的各种力，这些力由轮胎传递到车辆上，所以，公交车的刚性与减振特性直接关系到公交车的舒适度。轮胎的刚性和减振性能与振动频率、振动速度、变形和充气压力密切相关。因此，可以用多项式来表达轮胎刚度与频率的非线性关系，如式(4)所示：

$$k_d=a_0+a_1f+a_2f^2\tag{4}$$

式中：k_d——动刚度，N/m；

f——振动频率，Hz。

从相关文献中可以看出，轮胎减振的非线性还取决于振动频率，所以用式(5)来表达轮胎减振与频率的关系。

$$c=\alpha f^{-\beta}\tag{5}$$

式中：c——阻尼系数，N·s/m；

α、β——待定系数，由试验获得。

2.3　路面平整度仿真

2.3.1　路面平整度模型

路面平整度是影响公交车舒适性的重要因素。常用的方法是根据道路方向改变纵断面曲线，一般使用路面的能谱密度函数。建议使用式(6)作为功率谱密度的拟合公式。

$$G_q(n)=G_q(n_0)(n/n_0)^{-w} \tag{6}$$

式中：n——空间频率，m^{-1}，表示每米长度中包含的波长数；

n_0——参考频率，$n_0=0.1m^{-1}$；

$G_q(n_0)$——参考频率 n_0 下的路面功率谱密度值，m^3；

w——频率指数，为双对数坐标上斜线的斜率，它决定路面功率谱密度的频率结构。

式(6)为能够在时空上和时间上模拟道路平整度的空间频率路径平整度的能量密度。在时间域，功率谱密度函数 $G_x(f)$ 与空域功率谱密度函数 $G_q(n)$ 的关系是：

$$G_y(f)=G_q(n)/v=G_q(f/v)/v \tag{7}$$

式中：v——车辆行驶速度。

在时域中，对路面平整度的模拟研究已经很多，也有很多结果。采用 AR 建模方法对道路平整度进行空间模拟。

2.3.2 AR 模型方法在道路平整度模拟中的应用

AR 是随机信号处理中的标准模型。结果表明，道路平整度可以视为每个状态经历的平稳随机信号，因此使用 AR 模型来模拟道路的平整度。国家标准规定道路网络的空间频率 n 为 $0.011\sim2.83m^{-1}$。因此，在模拟之前，必须根据式(8)将道路网络的功率谱密度函数视为整个空间域的连续函数。

$$G_{ui}(n)=\begin{cases}G_q(n_0)(n/n_0)^{-1n}, & n_1\leqslant n\leqslant n_2\\0, & \text{其他}\end{cases} \tag{8}$$

为避免出现重叠和吉布斯效应，取 $n_1=0.006m^{-1}$，$n_2=3m^{-1}$。由于国家标准中规定的道路功率谱密度函数为单侧谱，因此将单侧谱转换为双向谱以备将来计算。

$$G_{q2}(n)=\begin{cases}G_{q1}(n)/2, & n\geqslant0\\G_{q1}(-n)/2, & n<0\end{cases} \tag{9}$$

通过式(9)得到空间域中路面的自相关函数：

$$R_4(\tau)=\int_{-\infty}^{+\infty}G_{42}(n)\exp2\pi n\tau i\mathrm{d}n=\int_{-\pi_2}^{+n_2}G_{42}(n)\exp2\pi n\tau i\mathrm{d}n \tag{10}$$

假定空间域上的路面平度 $q(I)$ 的 AR 模型为：

$$q(m)+a_1q(m-1)+a_2q(m-2)+\cdots+a_Nq(m-N)=w(n) \tag{11}$$

式中：$w(n)$——均值为 0，方差为 σ_w^2 的平稳白噪声序列。

AR 模型的雅尔-沃尔克方程可从式(10)、式(11)获得

$$\begin{bmatrix}R_q(0) & R_q(1) & \cdots & R_q(N)\\R_q(1) & R_q(0) & \cdots & R_q(N-1)\\\vdots & \vdots & & \vdots\\R_q(N) & R_q(N-1) & \cdots & R_q(0)\end{bmatrix}\times\begin{bmatrix}1\\a_1\\\vdots\\a_N\end{bmatrix}=\begin{bmatrix}\sigma_w\\0\\\vdots\\0\end{bmatrix} \tag{12}$$

求解式(12)，将得到的 $a_1,a_2,\cdots,a_N,\sigma_w$ 代入 AR 模型[式(11)]。利用该方法可以进行道路平整度的空间随机化模拟。

由于公交车主要在 B 级和 C 级路面上行驶，选择 B 级和 C 级道路作为仿真对象，B 级路面功率谱密度函数为 $G_0(n_0)=64/(10^{-6}m^3)$。其仿真结果如图 11 所示。

2.4 车辆平顺性仿真与结果分析

以具有空气悬架功能的观光客车为例，进行了仿真计算和分析，这为今后的防振措施提供了理论基础。通过模拟得到的道路表面粗糙度作为乘积函数，对七个自由度公交车进行了模拟，得到了非线性刚度、悬架和空气阻尼利用率的试验数据。试验速度为 30km/h，每次增加 10km/h，直到 110km/h 为止，并计算车辆的加速度振动特性。表 2 显示了具体的模拟参数。

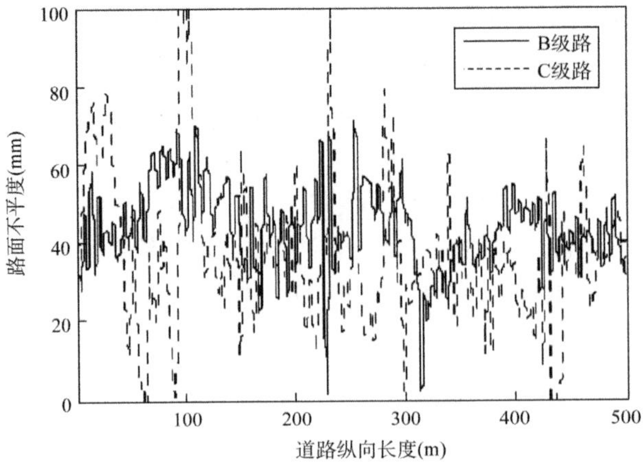

图 11　空间域路面平整度仿真结果

仿真车辆参数

表 2

参数名称	参数值	参数名称	参数值
质心距前轴距离(m)	4.1	后车辆质量(kg)	1200
质心距后轴距离(m)	2.0	1/2 前轴轮距(m)	1.025
车身质量(kg)	9800	1/2 后轴轮距(m)	0.905
车身质心垂直位移(m)	1.07	车身绕 x 轴转动惯量($kg \cdot m^2$)	23113
前车轮质量(kg)	900	车身绕 y 轴转动惯量($kg \cdot m^2$)	83625

由实验所得的悬架系统的刚度及减振性能曲线如图 12、图 13 所示。

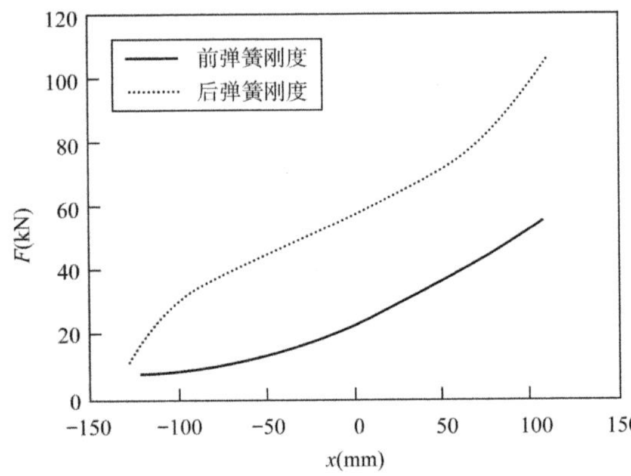

图 12　空气弹簧刚度特性曲线

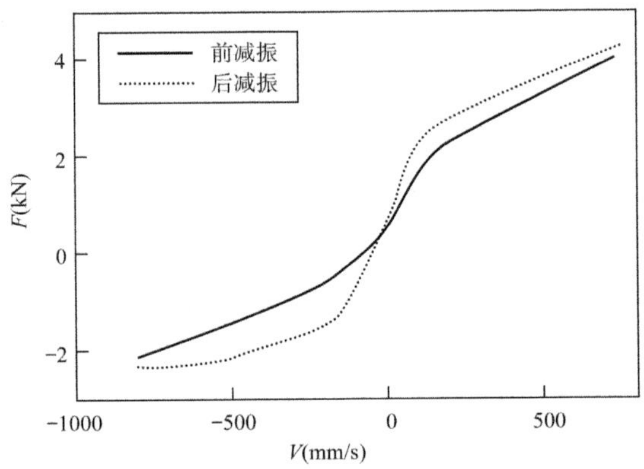

图 13　阻尼特性曲线

通过实验得到了轮胎的模型，其刚度模型中的各参数如下：

$$a_0 = 47520, a_1 = 1137.4, a_2 = -441.43$$

该阻尼模型具有以下几个参数：

$$\alpha = 2536.7, \beta = 0.9107$$

《公交车平顺性试验方法》(GB/T 4970—2009)是以公交车座椅上部、背部和脚底加速度的均方根值用作测量公交车平顺度的基础，因此，作者评估车辆的乘坐舒适性时建立的车辆模型具有 7 个自由度、没有座椅，且仅分析地面加速度。在公交车舒适性的研究中，前后位置最具代表性。由于篇幅有限，为了便于后面的描述，仅分析了驾驶室和后座的加速度响应。图 14 和图 15 分别是 B 级公路上速度为 50km/h 时，A 和 B 两个方向上加速度反应的能量谱密度函数。

从图 14 可以看出，A 点在 X 和 Y 方向上的振动主要集中于 2 ~ 3Hz，18 ~ 24Hz 和 35 ~ 40Hz 频段。Z 方向的振动主要集中在 0 ~ 5Hz 和 16 ~ 18Hz 频段。在 X、Y 方向上，中频的频率较高，而在 Z 方向上则较低。

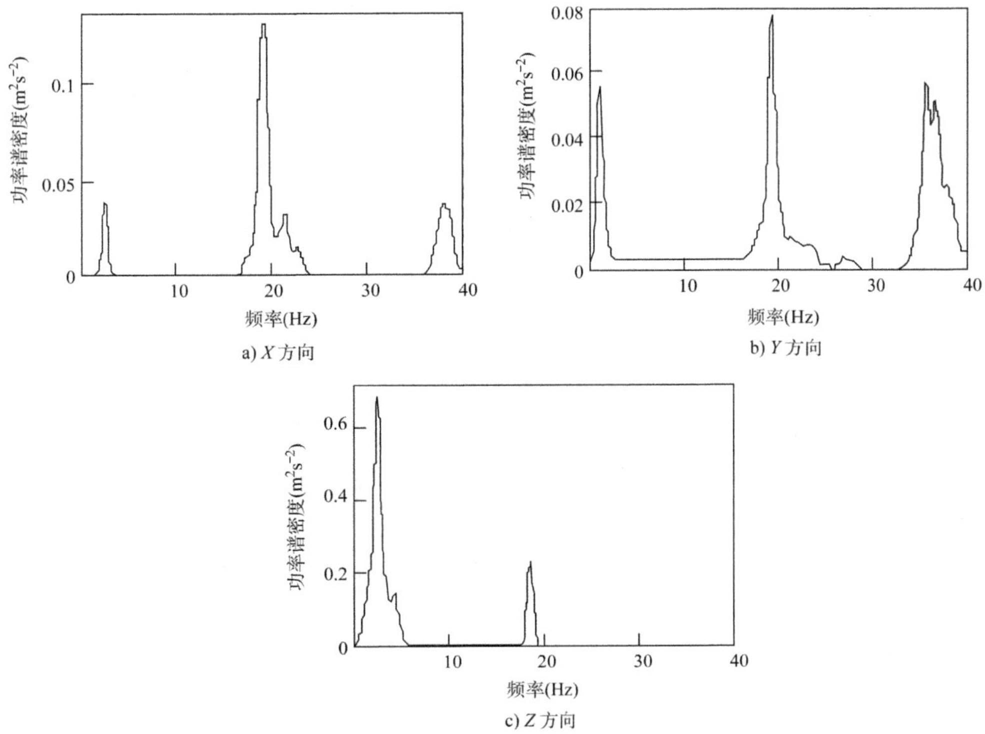

a) X 方向　b) Y 方向　c) Z 方向

图 14　A 点加速度功率谱密度

如图 15 所示，在点 B 的 X 方向上，中频的振动主要集中在 12～13Hz 和 21～24Hz。Y 方向的振动集中在 2～5Hz、10～28 Hz 和 20～30Hz 频段。Z 向振动集中在 0～4Hz 和 16～18Hz 频段。总体上 Z 方向的振动要大于其他两个方向。

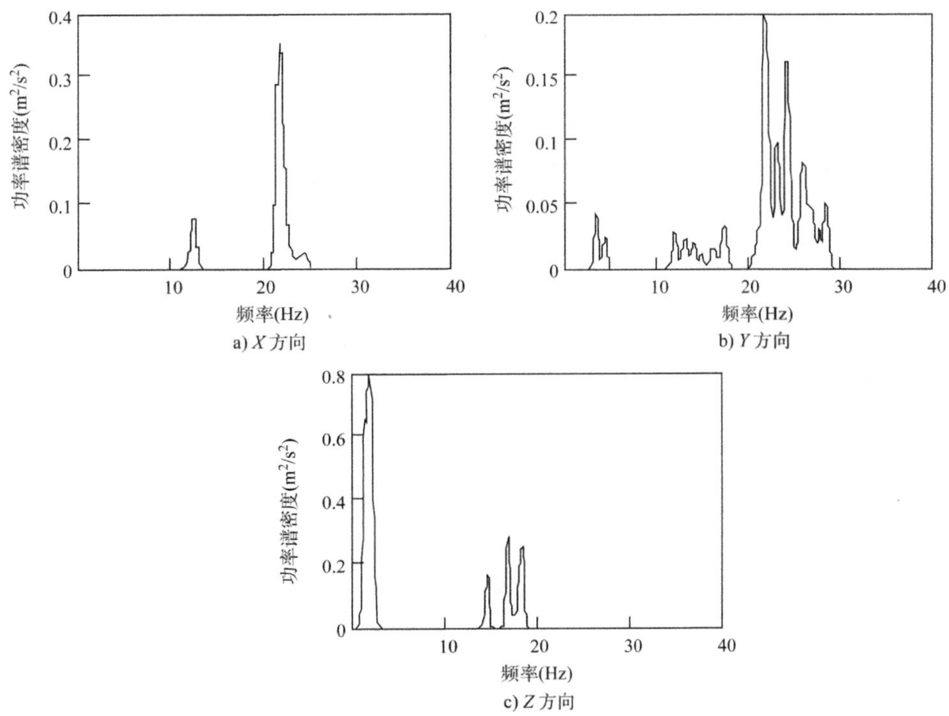

a) X 方向　b) Y 方向　c) Z 方向

图 15　B 点加速度功率谱密度

由于空间有限，不会给出 B 级道路上其他车速和 C 级道路上车速下 A 点和 B 点的功率谱分布。不同条件下的均方根加速度及评价结果见表 3。从国家标准可以看出，在 A 点和 B 点的三个轴上，每个点的权重系数为：

$$k_x = 0.25, k_y = 0.25, k_z = 0.40$$

各车速下各点均方根值 表3

路面类型	车速(km/h)	加权均方根值(m/s^2)	舒适性
B级路面	30	0.2851	没有不舒服
	40	0.3205	有些不舒服
	50	0.3516	有些不舒服
	60	0.4264	有些不舒服
	70	1.0839	不舒服
	80	0.8264	不舒服
	90	0.8575	不舒服
	100	0.982	不舒服
	110	1.0174	不舒服
C级路面	30	0.3857	有些不舒服
	40	0.4936	有些不舒服
	50	0.5821	比较不舒服
	60	0.7618	比较不舒服
	70	1.8654	很不舒服
	80	1.7021	很不舒服
	90	1.7227	很不舒服
	100	1.8125	很不舒服
	110	1.8314	很不舒服

从表3中可以看出,车辆的整体舒适性较差。当车速增大时,A、B 点的加速度加权平均值也随之增大。C级公路在不同车速下的加权均方根值均比B级公路的大。B、C段的振动比A大,在70km/h处出现最大振动。造成这种情况的原因有两点:一是该车速下的公交车所产生的振动频率接近某一谐振频率;二是悬架装置的刚度和减振协调存在一些问题。

3 结语

本文对空气悬架装置的力学性能进行了研究,在此基础上,建立了空气悬架装置与轮胎的非线性数学模型,并进行了实验研究。在七自由度车辆模型中,使用B级路面和C级路面的平整度和速度等参数模拟七自由度的车辆,并获得不同路面水平和不同速度下的加速度均方根值。通过仿真计算和分析,验证了该方法可以定量评价车辆的舒适性。

参考文献

[1] 施天玲. 商用车准零刚度空气悬架动力学建模与特性分析[D]. 镇江:江苏大学,2021.

[2] 刁怀伟. 横向互联空气悬架客车平顺性与操稳性研究[D]. 镇江:江苏大学,2017.

[3] 程崇. 空气弹簧的力学特性及空气悬架的主动控制策略研究[D]. 哈尔滨:东北林业大学,2016.

主动式汽车空气悬架的控制技术探究

杜松旌，徐　萌

（中国公路车辆机械有限公司，北京　100010）

摘　要：随着国内汽车行业的发展与进步，主动式汽车空气悬架的控制技术在公交领域的应用逐渐深入，然而，随着社会整体水平的进一步提升，人们对公交的安全性和舒适性要求逐渐变得更加严格，因此对汽车空气悬架进行更进一步的控制研究势在必行。鉴于此，文章从主动式汽车空气悬架的相关概念入手，通过分析空气悬架的基本特点和系统构成等对控制技术的实际应用进行具体分析。

关键词：主动式；汽车；空气悬架；控制技术；研究

0　引言

就当前的公交行业发展情况来看，推动主动式空气悬架的应用普及非常必要。在实际的研究发展过程中，工作人员应该结合主动式空气悬架的系统构成，从系统输入输出以及控制模块的具体工作等方面出发合力推进研究工作落实，从而有效优化整体汽车空气悬架的结构，为控制技术的应用打下良好的基础。当然，对控制技术本身进行深入分析和优化同样至关重要，从业者需要充分重视当下控制技术的实际作用效果，通过合理操作，充分发挥技术优势，为公交车的进一步发展提供有利条件。

1　主动式汽车空气悬架的基本概念简述

1.1　显著特点

总体而言，主动式汽车空气悬架的特点在于其负载能力的可调性，同时弹性系数能够随着负载能力的调节发生变化，而在负载能力的调节过程中空气悬架的振动固有频率却可以保持在较低的状态。在主动式汽车空气悬架应用过程中，系统中的空气弹簧所具备的运动特性，使空气悬架本身具有舒适性和平顺性，乘客在乘坐公交车的时候能够更加舒适，同时车辆行驶过程中的平顺程度也更高[1]；同时在主动式汽车空气悬架的作用下，负载发生变化的时候公交车本身的高度不会受到过多影响，所以整体车身高度能够保持恒定状态，行驶过程中轮胎接地能力也会得到完善，整体公交车行驶安全性得到显著提升。

1.2　系统构成

归根结底，主动式汽车空气悬架的系统构成主要包括输入和输出以及控制模块三个部分。

系统的输入部分主要采集汽车行驶情况和路面状况相关信息，具备较多的传感器构件，例如高度传感器可以根据路况对车辆车身进行升降；车速传感器可根据车轮旋转速度测量车辆的实际车速，节气门位置传感器可以动态判断车辆加速状态。此外，输入部分还包括制动器压力开关以及点火开关等相关开关部件。

与输入部分相对应的，空气悬架装置中的输出部分主要是将信息处理结果合理输出，进而有效控制车身情况[2]。通常情况下，输出部分主要包括一些电磁阀和继电器，其中，压缩机排气阀和高度控制阀以及调压步进电机等对于该阶段的工作影响相对更大。

最后，系统中的控制模块是维持主动式空气悬架装置正常运行的关键所在，顾名思义，控制模块的主要工作是对系统传感器中的相关信息进行整合处理，从而根据具体的工作内在逻辑程序将信息整合后所得的指令输送到执行机构,从而实现高效的主动控制。

1.3 工作原理

主动式空气悬架控制模块可根据辅助传感器传输的各项信号,经过主板模块算法分析,对悬架执行机构发出指令,通过开闭电磁阀开关调整进气量,同步调整车身高度。同时还可通过调整步进电机的转速,进而调整进气室压力,调节悬架的刚度和阻尼系数,动态调整车身高度和刚度在合理的范围内。就主动式汽车空气悬架的实际控制功能原理而言,减振力和弹簧高度以及汽车高度的具体控制情况能够直接影响主动式汽车空气悬架的工作效果。以减振力和弹簧的控制情况为例,在实际运行过程中防侧倾、防制动侧头控制、防后坐等控制要点,能够直接对整体控制有效性造成影响,比如防制动侧偏可按照汽车行驶过程中的实际速度对制动开关信号和汽车高度的变化进行电波信号的搜集,进而能够根据路况将前悬架的减振力和弹簧刚度逐渐提高,同时将后悬架的调节形态变得更加柔和,最大限度有效抑制汽车制动阶段栽头现象的发生[3]。

2 主动式汽车空气悬架的控制技术具体分析

2.1 整体控制流程

根据上文内容可知,在主动式空气悬架整体系统运行过程中,主要利用了反应式的状态映射控制方式实现完善的控制,具体来看,在控制技术落实过程中,控制模块可以预先按照差异性的传感器数值及参数范围明确车身状态和其他目标状态,由此可以明确不同情形下的目标状态基准和控制输出方式。基于此,对具体的传感器输入值进行分析,相关数值能够有效反映出现阶段车身的实际状态,进而由传感器所映射出的实际状态对当下系统的实时状态基准和输出指令加以明确,在之后的运行过程中根据传感器的反馈信息对输出相关工作进行校正调整,从而有效地形成完美的控制闭环[4]。

在主动式空气悬架控制技术运行过程中,整体的控制过程主要分为状态定义和状态映射两个步骤,在对公交车主动式汽车空气悬架控制进行优化时,从这两个层面开展具体的研究工作能够事半功倍。

2.2 状态定义运作方式

在状态定义的推进过程中,首先需要根据控制模块的具体功能需求,对汽车的行驶状态进行明确定义。比如,结合上文内容可知,在控制技术应用过程中,对减振力和弹簧刚度以及车身高度等的控制属于重点核心内容,所以在状态定义的第一阶段,对防侧倾防、栽头高速控制等进行充分落实非常必要[5]。具体来看,应该按照详细的控制要求在分析传感器中输入具体的特点,进而按照传感器输入组合对控制状态和规律加以科学定义,在对目标状态的基准进行定义的时候也是如此,需要结合气路压力和车身高度进行综合衡量。以实际运行过程中的高速行驶状态定义实际情况为例,相比其他类型的状态定义而言,高速行驶定义本身难度相对较低,在实际定义过程中需要考虑的因素比较少,仅仅需要对车速传感器的输入进行合理规划,在后续行驶过程中实际车速在达到特定数值的时候高速行驶状态定义自然能够得到认定。当然,在确定高速行驶目标状态基准的时候,还应该适当对传感器的实际数值进行妥善分析,从而保障状态定义本身的科学性和合理性。在对状态定义进行优化处理的时候可以借助实验的方式对各传感器数值范围和基准数值加以实验分析,在此基础上结合状态基准在空气悬架装置当中有的放矢地输出指令,从而有效实现定义优化。

2.3 状态映射控制情形

推进状态映射控制落实,首先需要从系统输入开始。准确地在传感器中输入数据信息来推进微处理控制阶段的数据分析,进而通过状态映射推断状态基准,最后通过系统的输出部分传递相关指令,从而完成具体动作。之后需要对实际的动作过程进行反馈校正,应将反馈结果重新投入到状态基准步骤,从而对相关信息进行有效的调节优化,使状态映射整体控制过程更加井然有序。以实际的状态映射过程控制为例,在对行驶速度进行判断的时候状态映射流程将会瞬时打开，一旦系统检测到的速度超过60km/h，那么制动压力开关将会发出信号，更新为联通状态，系统控制模块也将会有效发挥作用，开启状态定义工作流程，结合实际规则，将当下行驶状态定义为紧急制动，在此基础上，状态优设流程将会启动，按照车速的变化情况对目标状态基准进行设定。在后续行驶过程中，车速下降至60km/h以下之后，空气悬架装置将会逐渐退出目标状态，从而有效完成切换控制。

状态映射控制属于控制技术中非常关键的内容，在公交车的实际运行过程中，主动式汽车空气悬架控制技术能够借此优势，真正为公交车的安全行驶提供有力保障。

3 结语

结合上文叙述不难看出，通过提高主动式汽车空气悬架控制技术应用有效性来进一步促进公交行业发展与进步非常可行，相关人员在研究过程中应该立足于主动式汽车空气悬架的实际概念内容，结合空气悬架可调可变性和舒适性的特点，对空气悬架装置控制技术进行更深入的研究与分析，进而从控制技术具体流程和运作方式等层面开展研究工作，为公交车空气悬架控制进一步发展保驾护航。

参考文献

[1] 刘斌，徐晖.某轿车空气悬架PID控制系统仿真研究[J].农业装备与车辆工程，2022，60(04)：152-156.

[2] 罗淼，佘丽华，曹书苾.汽车起重机第五桥空气悬架气囊压力控制系统[J].工程机械，2022，53(02)：1-6.

[3] 徐晨.浅析ECAS电子控制技术及其发展趋势[J].科技视界，2015(28)：101+159.

客车电气
与车身附件

地板座椅梁轻量化和结构拓扑优化设计

张　晗,杜生亚,戚海玲,袁刘凯,刘剑雄
(南京依维柯汽车有限公司,南京　211800)

摘　要:在国家法律法规日益严格、轻量化需求越来越高的大环境下,各大主机厂都在思考白车身结构件的优化设计。本文根据《客车座椅及其车辆固定件的强度》(GB 13057—2014)对座椅及其连接件的强度要求,基于M2类商用车,从材料、厚度、截面形式三个方面对座椅连接梁进行拓扑优化设计。最终得出满足法规强度且更加轻量化的双轨截面座椅连接梁结构,并从理论、仿真、实测三个方面对方案进行研究验证。

关键词:梁结构;断面优化;满足法规;轻量化

0　引言

随着汽车工业的飞速发展,节能减排成为各个汽车企业形成竞争力的重要手段,传统车型以轻量化的形式实现节能减排显得尤为重要。目前,车企对于轻量化的认知更多仍停留在材料的轻量化上,即在减少料厚和更换底材等领域,对于结构设计上的轻量化研究较少。本文主要对M2类商用客车座椅固定梁结构设计突破优化设计,在满足座椅安全强度要求下进行进一步的轻量化分析。

1　结构设计突破

1.1　地板结构现状

目前商用客车的座椅安装点结构[1]由座椅安装板、地板本体和座椅加强板组成。根据焊接关系有座椅安装板直接与地板本体焊接、座椅加强板与地板本体形成总成后与座椅安装板焊接、座椅安装横梁与地板本体焊接三种形式。目前大部分车企会选择第三种形式。梁布局有分体式(图1)和整体式(图2)两种。

图1　自带座椅安装框架式分地板总成

图2　整体式座椅安装框架

其中,各地板总成自带座椅安装支架的形式为目前主流的形式,这种地板形式的特点在于对整车焊接工艺的影响较少,所有座椅安装支架都是合成供货,但是其缺点也很明显,即整体性较差,且与地板的连接强度分散于各个地板总成,座椅受到拉力作用时,力完全作用于框架和地板焊接处,对焊接强度要求较高。整体式座椅安装框架的形式主要用于整车下线改制,优点在于整体强度大大增强,框架分摊部分座椅受到的拉力,但是缺点是整体式框架重量大、操作难度大,且工艺无法实现,必须通过改装实现,固现生产中使用较少。

综合上述两种结构形式,本文选择简化整体式结构梁的重量和形式,实现整体强度提升和轻量化的目标。

1.2 设计突破过程

作为汽车座椅固定梁,在实验过程中主要测量其弯曲正应力,这里给出了弯曲正应力的强度条件:

$$\sigma_{max} = \frac{M_{max}}{W} \leqslant [\sigma] \tag{1}$$

从这个条件可知提高梁的承载能力可以从两方面考虑:一是改善梁的受力情况,降低 M_{max} 的值;二是采用合理的截面形状,以提高 W 的值,即断面优化。

1.2.1 结构模型设计

以目前普遍的 M2 类客车座椅布局来讲,一般除驾驶员座椅外有 3 ~4 排座椅,侧视图如图 3 所示。

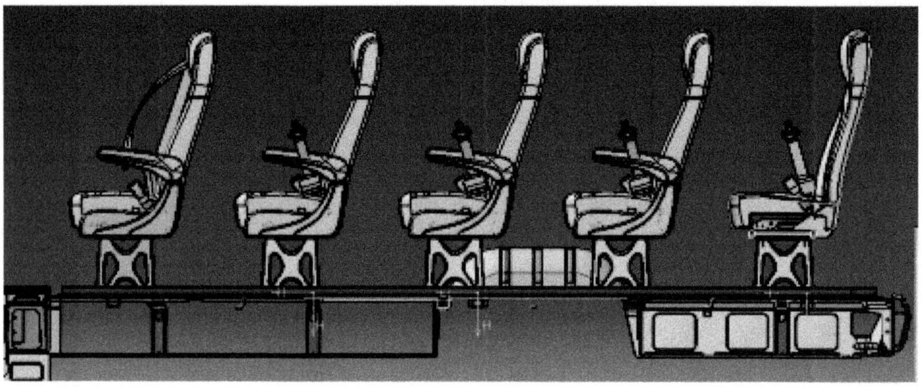

图3 某商用车座椅布置侧视图

1.2.2 结构断面设计

对瓦楞板结构进行断面改善,瓦楞板结构具有以下特点[2]:①重量轻,用材小,在消耗同等质量材料的情况下,瓦楞板相比于其他结构有着较高的强度。②强度高,稳定性好,瓦楞板具有较高的抗弯曲和抗扭转能力,使得结构具有相当卓越的稳定性,不会轻易发生变形。③抗冲击,缓冲性能好,瓦楞板可以看成多个角钢或工字钢的组合,具有较高的吸能性能,且可以通过改变瓦楞空腔的大小来实现不同的吸能效果。考虑到地板梁的批量加工可行性,相比于常见的几字形梁结构,仅增加单个轨道变为双轨结构,如图 4 所示,基于此断面形式进行强度计算。

a) 普通几字形梁截面　　b) 双轨形梁截面

图4 几字形梁结构

给定限制条件如下。

(1)材料截面积总数不变。单筋结构截面尺寸 $L \times 2T = 160\text{mm} \times 2\text{mm}$,则双轨结构的截面尺寸为 $2L \times T = 320\text{mm} \times 1\text{mm}$;

(2)保证整体高度相同,即 $h = 40\text{mm}$;

(3)与地板焊接面尺寸长度相同,即 $X = 30\text{mm}$。

根据静矩公式:

$$S_z^* = \int_{A_1} y_1 \mathrm{d}A \tag{2}$$

分别测算出两种结构截面对中性轴的静矩：$S_{z_1}^* = 2991.24$；$S_{z_2}^* = 2356.68$。

根据应力公式：

$$\tau = \frac{S_z^* F_S}{I_z b} \tag{3}$$

可以得到 $\tau \propto S_z^*$。由此可知，双轨结构能够大幅减少材料的应力。

1.3 优化结果计算分析

根据初步计算结果可以表明，当座椅的前后固定点都不在主梁上时，此时梁和地板的受力是极限值，需要测算此时的强度能否满足要求，同时优化截面，即从双轨结构形式代替单轨结构、增强地材和增加厚度这三个方向进行优化，在满足法规类强度要求基础上，实现减重、轻量化的目标。基于某宽体轻型客车梁结构形式：HC340 材质，厚度为 2mm，按照上述构想设计了三种增强方案。

2 仿真校验

根据《客车座椅及其车辆固定件的强度》（GB 13057—2014），对 M2 类客车座椅进行仿真实验，模拟座椅受到 16500N 力时的情况。仿真实验要满足的要求为：

（1）上拉的座椅固定端最大应变≤ln（1 + 材料延伸率）；

（2）导轨不允许撕裂。

共有三种方案：

（1）断面为单轨结构，选择热轧钢 BR1500HS，厚度为 2mm；

（2）断面为单轨结构，选择 HC340/590DP，厚度为 2.5mm；

（3）断面为双导轨结构，选择 HC340/590DP，厚度为 1.5mm。

每种方案的应变结果见表 1，应变图分别如图 5 ~ 图 7 所示。

材质优化方案应变结果 表 1

座椅位置	轮包前		轮包上		轮包后	
位移/应变	座椅靠背位移（mm）	地板导轨应变	座椅靠背位移（mm）	地板导轨应变	座椅靠背位移（mm）	地板导轨应变
BR1500HS（2mm）	158.9	0.040	131.5	0.041	97.4	0.041
HC340/590DP（2.5mm）	153.6	0.074	190.5	0.101	169.4	0.109
HC340/590DP（1.5mm）	30.9	0.030	24.2	0.027	55.4	0.022

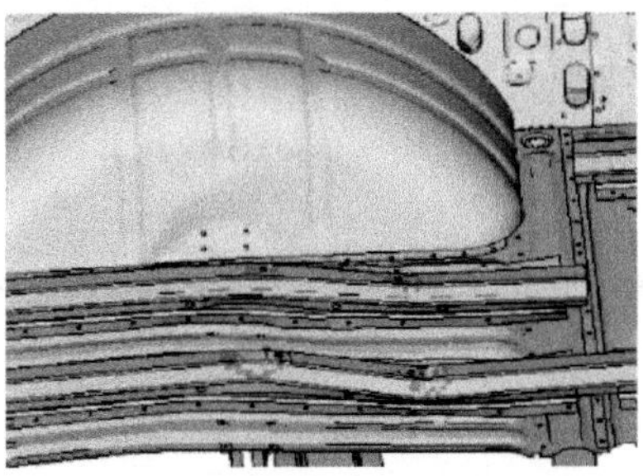

图 5 方案 1 导轨应变图

图 6 方案 2 导轨应变图

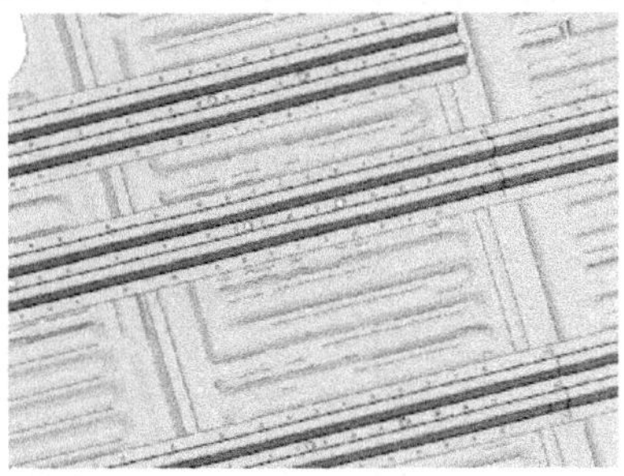

图 7 方案 3 导轨应变图

根据表 1 结果，以上三种结构都能够满足 M2 类客车新法规的强度要求，且从座椅靠背的位移和导轨应变两方面来分析，可以得出双导轨截面结构对于梁的整体强度提升效果最佳。

3 试验验证

为进一步验证 CAE 分析结果，试验组组织了白车身的法规摸底碰撞试验。按照法规模拟碰撞要求：

（1）台车模拟的碰撞速度应不小于 49km/h；

(2)碰撞模拟过程中,台车的减速度/加速度应在30ms内达到至少20g,且持续作用时间不少于20ms;台车的减速度/加速度应保持在如图8所示的限定曲线上方(持续作用时间小于1ms的峰值除外)。

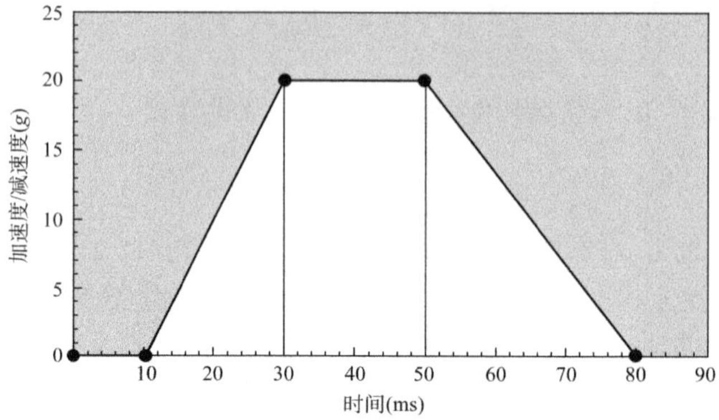

图8 台车减速度/加速度下限的时间历程

此次摸底试验对座椅进行强度和损伤试验。试验车上布置了两排双人座椅,将家人放置于后排座椅,不系安全带,考核前排座椅、安装点固定件和车身的强度。试验现场布置如图9所示。

a)试验台架图 b)试验梁实物(试验前) c)试验梁实物(试验后)

图9 试验现场布置

从试验后座椅安装点实物得出初步判断:双导轨结构梁无明显变形和开裂现象,座椅连接板轻微弯曲变形,地板无变形产生,双导轨结构能够满足新法规要求的弯曲应力要求。

因此可以得出结论:地板双导轨结构基本满足新法规的强度要求;安装点加强板需加厚加长处理以保证力能分散传递至双导轨结构梁上。

4 轻量化分析

某商用客车现采用分体式座椅安装支架的形式,长轴距车型安装座椅所用的梁结构总质量达到44kg。在满足新法规强度要求的三种方案中,双轨结构的方案轻量化效果最好,能够达到46.4%,详见表2。

各方案减质量比例 表2

方 案	截 面 图	截面尺寸(mm)	质量(kg)	轻量化比例(%)
方案1		0.14×0.002	30.81	30.6
方案2		0.14×0.0025	38.5	13.3
方案3	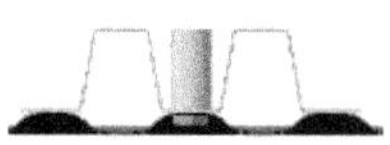	0.27×0.0008	23.77	46.4

由此可以看出,双导轨截面结构梁在提升结构强度的同时,在产品轻量化上也有显著效果。结构梁的

断面优化设计对于产品平台化、轻量化、合理化革新均起到推进作用。

5 结语

面对日益严格的商用车强度要求，各车企应该进一步探寻整体结构的优化，不能仅在现有模式上简单加强。本文基于法规要求对梁断面结构进行深入研究，开拓多种结构加强思路，深入研究材料、料厚、截面形式等方面对结构强度的影响程度，进行优化设计，为企业和产品提升竞争力打下基础。

参考文献

[1] 徐国强，路忠锋. 后地板座椅安装点结构优化设计[J]. 汽车实用技术，2013(2)：4.

[2] 樊涛. 帽型薄壁梁结构轴向压溃理论研究与结构优化[D]. 长沙：湖南大学，2016.

某车型 EPB 无法释放问题研究及改进

付永泉，秦　宬，刘　强

(比亚迪汽车工业有限公司，深圳　518118)

摘　要：本文主要介绍了某车型偶发电子驻车制动(Electronic Parking Brake，EPB)系统无法释放问题的分析和处理过程，探讨了 EPB 无法释放的可能原因。通过对 EPB 驻车制动系统、EPB 线束、EPB 电机插接件、EPB 电机及软件策略等排查分析，明确了故障原因，并制定了改进措施，经验证改进效果良好。

关键词：EPB；EPB 电机；插接件；软件策略

0　引言

随着电子驻车制动器技术的发展和成熟，电子驻车制动系统在乘用车上广泛应用。在商用车领域，在电子驻车制动系统逐步市场化应用的同时，也出现了一些特有的故障模式。

某车型在推向市场后，偶有 EPB 无法释放的情况，仪表显示“请检查电子驻车系统”报警，有时重新插拔电机插接件故障可恢复。本文通过对该故障及各零部件的分析，对该故障的影响因素及改进措施进行了简要探讨。

1　EPB 系统介绍

电子驻车制动(Electric Park Brake，EPB)系统，是由开关或逻辑信号触发，电机驱动，机械驻车机构执行，从而实现驻车和解驻功能的驻车制动系统。EPB 系统是汽车线控制制动系统类型之一，也是汽车驻车制动系统未来的发展方向[1]。

EPB 系统按照结构形式主要分为拉索式和集成式。拉索式根据连接拉索的数量又分为单拉索式和双拉索式两种；集成式根据 ECU 是否独立又分为电动机集成式和电动机集成 &ECU 集成式两种。

EPB 系统较传统机械驻车具有较多优点[2]：

(1)提高了驾驶舒适性与便利性，系统由开关操作，驾驶人不必费力拉驻车制动手柄，简单省力。

(2)为车内留出更多的空间，仪表台原驻车制动区域可用来设计装饰部件或杯架储物等。

(3)整车布置更方便，集成式 EPB 可取消拉索，仪表台设计自由度更高。

(4)坡上自由起步，可通过策略直接通过踩加速踏板释放驻车制动器。

(5)不同驾驶人的力量大小有别，机械驻车制动可能由此对制动力的实际作用不同。而 EPB 是操作开关，不因个人力量的差异出现偏差，更加方便女性驾驶人。

EPB 系统的安全性也更高：

(1)可自动根据坡道大小施加合适的驻车力。

(2)电子模块具有自我诊断功能。

(3)EPB 作为应急制动时具有防抱死制动功能。

(4)EPB 系统可以设计为车辆熄火后自动施加驻车制动。

另外，由于更加的电气化 EPB 更容易受到 EMC 干扰或者电气方面的影响，还无法做到 100% 可靠，这一方面弱于传统的机械驻车制动系统。

2 EPB 无法释放的影响因素

2.1 人为因素

2.1.1 驾驶操作

为保证车辆安全,EPB 系统在车辆熄火时或车辆起动但挡位在驻车挡(P 挡)时,或者在车辆起动后非 P 挡释放 EPB 时未踩制动踏板,此类工况操作 EPB 释放开关都是无法释放驻车制动的。

2.1.2 装配问题

EPB 驻车制动器、制动盘或摩擦片装配不良,或者错误装配与设计状态不一致的产品也可能导致故障发生。

2.2 系统因素及其他外围因素

2.2.1 EPB 系统工作电压过低或过高

故障车所搭载的 EPB 驻车制动系统采用的是额定 24V 工作电压,其正常工作电压在 18 ~ 32V 之间。当系统工作电压过低时,无法正常驱动相应的元器件及电机正常运行;当工作电压过高时,为保护系统不发生过载或烧坏,系统 ECU 会启用保护机制停止工作并发出报警信息。

2.2.2 EPB 开关异常

EPB 开关故障或开关与 ECU 之间的连接线束连接不良、开路或短路等,导致信号发出异常或传输异常时,ECU 可能无法正常接收驾驶人的操作命令,导致系统无法正常工作,同时 ECU 也会在检测到开关异常后发出报警信息。

2.2.3 EPB 电机或制动器卡滞

EPB 驻车制动器内部的电机、电机齿轮或丝杆减速机械结构发生卡滞时,可能会导致驻车无法正常释放,ECU 在检测到无法正常释放后也会发出报警信息。

2.2.4 摩擦片卡死无法回位

当 EPB 驻车制动器的驻车电机在施加驻车制动的时候,电机驱动机械结构,将旋转运动转换为推盘的横向移动,压紧在摩擦片上,将摩擦片压紧制动盘,释放的时候则为相反过程,当释放过程中,摩擦片发生卡死,摩擦片则无法解除对制动盘的压紧力,此时驻车制动则无法解除。

2.2.5 电机回路开路或短路

当 EPB 驻车制动器的驻车电机回路发生开路或短路故障时,ECU 驱动驻车制动电机可能驱动失败,无法正常执行响应功能,此时 ECU 也会在检测到故障后发出报警信息。

2.2.6 系统软件故障

由于故障是偶发性,可排除是控制器硬件故障,但不排除系统软件偶发性的驱动故障或偶发性的异常信息监测故障导致系统无法正常工作。

3 实车故障排查

3.1 初步排查确认

与售后确认,不存在 2.1.1 中驾驶人操作不当方面的原因,并确认故障时电压无异常,车辆起动后 24V 供电 DC 已正常启动,故也不存在 2.2.1 中所述的供电异常。

由于故障是正常使用一段时间后发生,非出厂故障,可基本排除 2.1.2 中所述的装配问题。

根据故障的偶发特性及可自我恢复性,可排除 2.2.2 中的开关故障、2.2.3 的制动器卡滞异常及 2.2.4 中的摩擦片卡死故障原因。

实车故障里程从几百到几千千米不等,里程较短,可排除机械部件耐久导致的故障。

用电脑诊断软件连接故障车,读取故障车 ECU 记录的故障码显示如图 1 所示,记录有“左侧电机或线路故障”或“右侧电机或线路故障”信息。

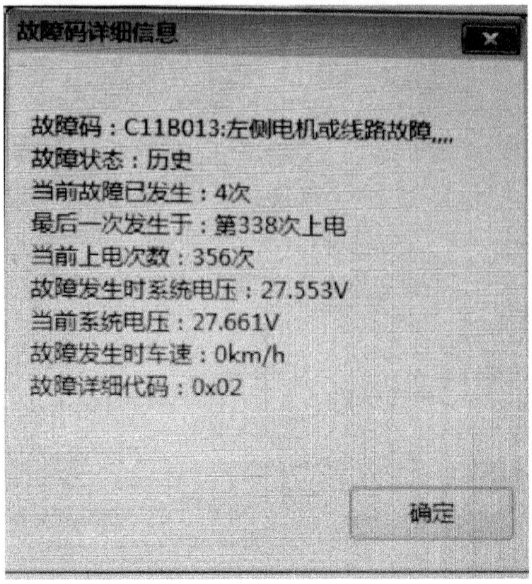

图 1　故障车 ECU 记录的故障信息

3.2　故障分析

根据以上初步排查分析,可排除大部分可能原因,将故障原因初步锁定在 EPB 电机线束及其回路或 EPB 电机本身。将故障车的 ECU 历史故障清除,继续观察到下一次故障发生,再次读取故障码发现 ECU 新记录了相同的电机回路故障信息,回路的具体故障点和原因需要进一步排查。

3.2.1　故障点及原因排查

故障发生故障时,有时候重新插接 EPB 电机线束即可恢复,怀疑故障点发生在电机线束接头部位。

检查故障车电机线束,发现线束有紧绷现象,线束根部弯折严重且无防护,如图 2 所示。同批次无故障车线束有防护,安装良好,如图 3 所示。

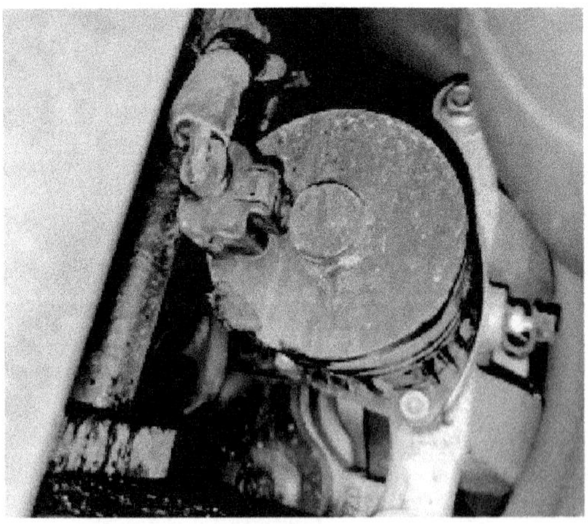

图 2　驻车制动器线束根部弯折

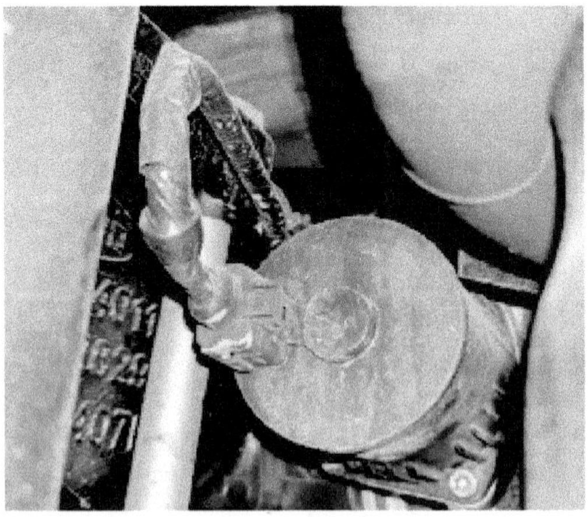

图 3　无故障车线束根部良好

检查故障车的电机线束端子,发现端子有一定的松弛现象,旧端子相比新端子开口略大一些,新端子基本无开口,旧端子夹紧力相比新状态会有下降,怀疑导电性能受影响,如图 4 所示。

拆解故障车端子,测量旧端子尺寸,旧端子间隙为 0.2 ~ 0.3mm,电机配合端子厚 0.8mm,端子张开有 0.5 ~ 0.6mm,公母端子的相互配合情况如图 5 所示,分析显示端子有松弛现象,但还有一定夹紧力,没有完全松弛。

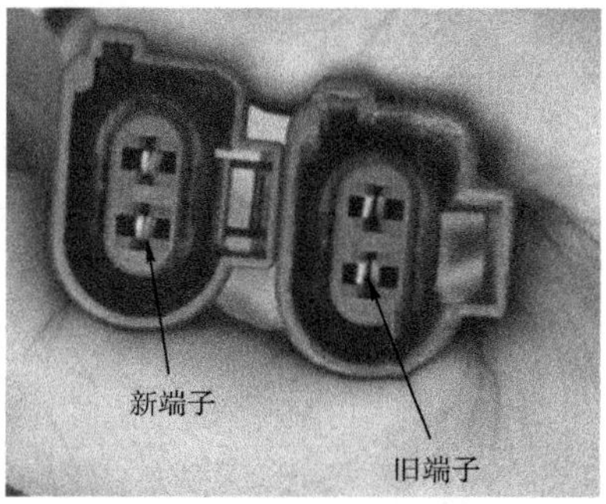

图4 新旧端子对比

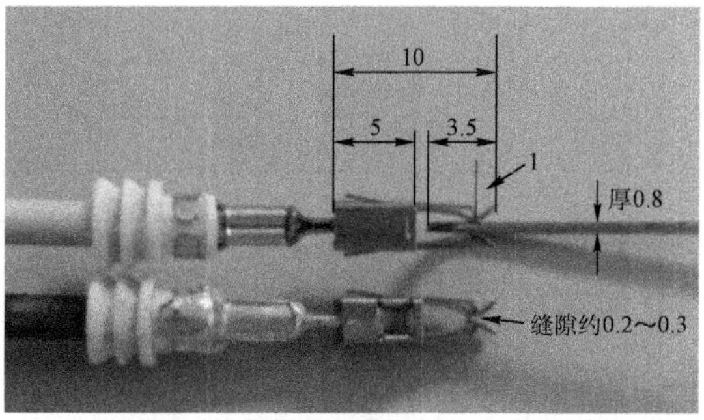

图5 公母端子配合情况(尺寸单位:cm)

现有端子护套为泰科1717692,端子型号JPT2.8,材质为铜,表面镀锡,电机端子表面镀银处理,锡材质较银软一些,导电性和抗震性能一般,插接后与端子具有两个接触点,同时该型号端子夹紧力较大,振动情况下易加大磨损情况。该电机布置在轮端,振动较大,且实车线束安装有拉扯,振动会对线束产生较大的拉力,易传递到端子部位,导致端子磨损表面涂层,影响导电性,如图6所示。

3.2.2 故障原因分析验证

为验证以上分析的疑点,对故障车更换同规格的新端子和护套,并保证线束预留足够余量,线束根部保持顺畅,无拉扯现象。结果显示更换新端子后故障即可消除,可知故障原因与端子变松和磨损有关,如图7所示。

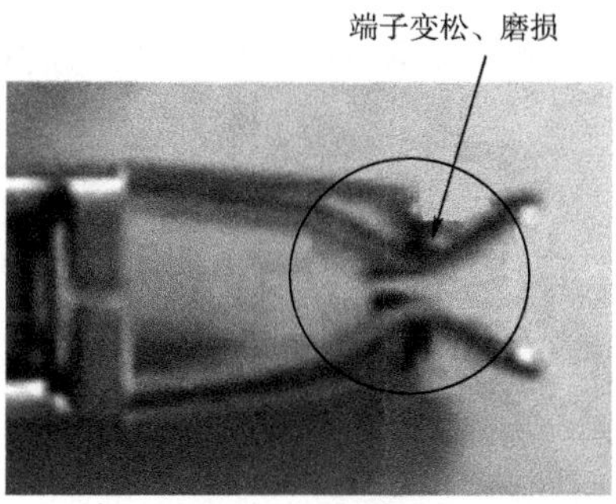

图6 端子触点松弛、磨损

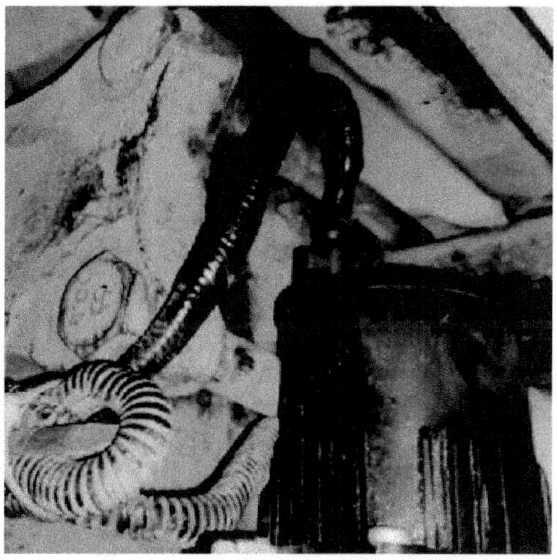

图7 更换新护套端子进行验证

对其中五台故障车更换新端子后,连续三个月故障未再次发生。但方案在验证1年后,市场反馈偶发性的故障再次复现,故障概率相比最初更低。据此判断方案有效,初期无故障,总体故障率有明显下降,使用一段时间后,端子磨损及夹紧力衰退后,仍有可能导致系统偶发性地判断为开路,只是线束未拉扯,故障率明显更低。

检测故障插接件的接触电阻及电压降,测试结果(表1、表2)仍在要求范围内。据此怀疑软件对回路的判断也存在过于敏感的情况。

接触电阻测试 表1

样品编号	要求值(mΩ)	检测结果(mΩ)		
		黄线	黑线	结果
1	<10	1.60	1.69	符合
2	<10	1.49	1.50	符合
3	<10	0.85	1.03	符合
4	<10	1.14	1.16	符合

电压降测试 表2

样品	试验电流(A)	检测结果(mV)				
		端子至线 75mm	线至线 75mm	要求值	实测值	结果
1号黄线	30	22.4	18.1	≤16	4.3	符合
1号黑线	30	27.7	22.4	≤16	5.3	符合
2号黄线	30	21.9	17.8	≤16	4.1	符合
2号黑线	30	18.5	13.0	≤16	5.5	符合
3号黄线	30	26.3	21.5	≤16	4.8	符合
3号黑线	30	25.3	19.3	≤16	6.0	符合
4号黄线	30	22.1	18.9	≤16	3.2	符合
4号黑线	30	18.1	15.0	≤16	3.1	符合

3.3 故障分析总结

根据以上排查验证和分析,可确认是驻车电机插接件的端子导电性能下降和系统软件判断较为敏感综合导致偶发性判断回路开路,最终驻车无法解除,系统报故障。

4 故障改进

4.1 端子性能改进

现有端子护套为泰科 1717692,端子型号 JPT2.8,材质铜,表面镀锡,导电性和抗震性一般,振动等级只能满足 LV214 SG2,若改进使用镀银端子时,振动等级能满足 LV214 SG4,如图 8 所示。但 JPT2.8 插接后仅有两个接触点,同时夹紧力较大,夹紧力较难持续保持且易磨损。

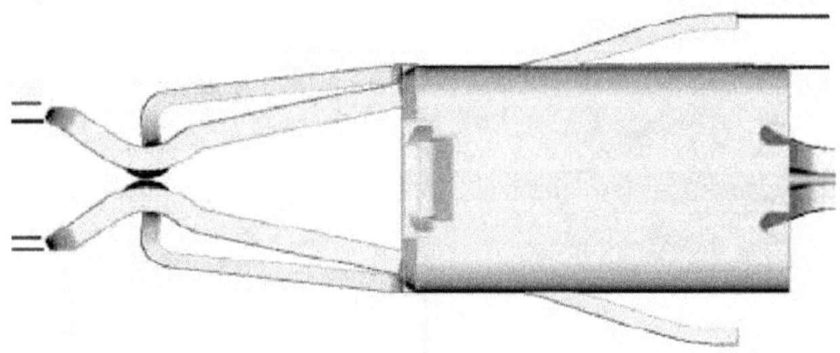

图8 JPT 端子

据此对端子结构进行优化,改良型为新的 MCP 端子,如图 9 所示,匹配 1-1355200 护套。MCP(CuNiSi)端子相比 JPT(CuSn4)端子有更好的导电性能,原因包括:

(1)端子有 4 个触点(2.8mm),JPT 端子仅有 2 个触点(图 10);

(2)端子对公端有更小的正压力,更易保持夹紧力并可减小磨损;

(3)端子采用镀银材质,相比镀锡可进一步提升导电性能及抗震性能。

图9 MCP 端子

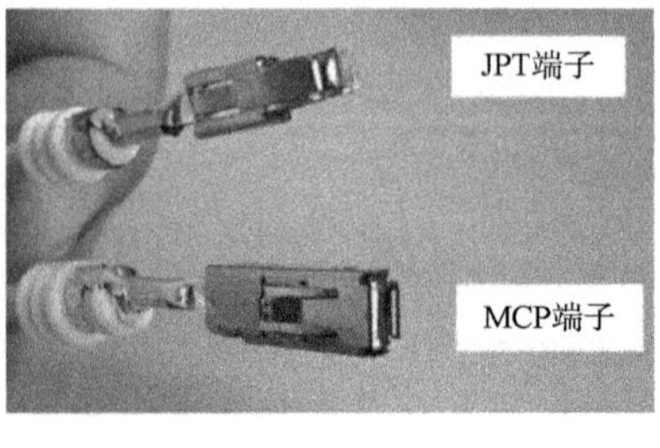

图10 JPT 和 MCP 端子

经验证,新端子结构在各方面均具有更好的导电性能,在线束安装良好的情况下,可进一步提升系统稳定性。

4.2 软件升级

根据实车故障表现来看,JPT 端子在使用一段时间后系统易被判断为开路,但实际端子导电接触性能还在设计范围内,据此优化软件对回路开路条件的判断,在读取芯片判断为开路故障时,对判断结果复位后再判断 3 次,避免偶发性的误判导致系统不工作。同时优化软件执行策略,在每次驾驶人操作开关或系统自动执行驻车或释放驻车制动器时,自动刷新一次系统判断后再驱动 EPB 电机,可进一步增加系统可靠性。

4.3 效果验证

将以上方案实车应用后,故障未发生。

5 结语

EPB 系统具有越来越广泛的应用,驻车也涉及车辆安全,对系统的可靠性要求也越来越高,本文通过对某车型 EPB 无法释放问题的分析和处理过程,探讨了 EPB 无法解除的影响因素,并通过对线束、电机插接件及软件策略等排查分析,明确了故障原因,并制定了改进措施,经验证改进效果良好,可为后续设计中规避和改善此类问题提供一定的参考。

参考文献

[1] 秦颖,李学楠. 汽车电子驻车制动(EPB)控制系统浅析[J]. 中国设备工程,2019(2):127-128.

[2] 沈庆绪. 电子驻车制动控制系统设计[D]. 天津:天津大学,2019(04):1-2.

无障碍客车轮椅区设计研究

林建明,邹家健,王大海
(比亚迪汽车工业有限公司, 深圳 518118)

摘　要:本文主要研究无障碍客车轮椅区的设计。通过介绍不同地区的客车轮椅区法规对轮椅区的要求,重点分析了各地区法规针对轮椅约束系统的相关要求,收集分析不同类型的约束装置,为后续客车轮椅区设计提供了很好的方向指引。

关键词:无障碍;客车;轮椅区;约束装置

0　引言

无障碍设计概念产生于1974年,旨在营造一个充满爱与关怀、切实保障人类安全、方便舒适的现代生活环境。随着时代发展和人民生活水平不断提高,人性化的设计需求已经成为趋势,对客车行业而言,无障碍客车也越来越成为行业的主流发展方向。

为方便轮椅使用者安全乘车,轮椅空间和轮椅约束装置成为轮椅区设计的主要考虑因素。本文主要研究无障碍客车轮椅区空间要求以及轮椅约束装置的设计,为后续无障碍客车轮椅区设计提供了一些指引。

1　轮椅区空间要求

1.1　轮椅大小

轮椅区是给轮椅使用的空间,《客车结构安全要求》(GB 13094—2017)给出轮椅的尺寸要求如图1所示。

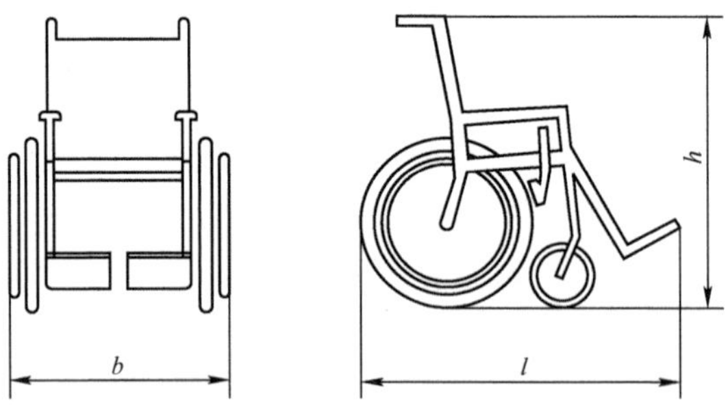

l=1200mm; b=700mm; h=1090mm

图1　轮椅尺寸

1.2　轮椅区空间

《客车结构安全要求》(GB 13094—2017)附录A和《关于就一般结构方面批准M2、M3类车辆的统一规定要求》(欧标ECE R107)中对轮椅区空间规定:应为每位轮椅使用者在乘客舱内提供一个至少宽750mm、长1300mm的专用区域,其长边应是前后方向,地板表面应防滑,且向上的坡度均不应超过5% 。对面向后的轮椅,纵轴方向的坡度不应超过8% ,该坡度应从专门区域的前端到后端向上倾斜。为前向轮椅使用者设计的轮椅空间,其前面座椅的靠背顶部可突入轮椅区空间,但突入后剩余的轮椅使用空间应满足图2所示的要求。

在《美国残疾人法(ADA)》(该要求为美国市场强制强制要求)中规定:长度大于22ft(6.7056m)的车辆,至少应配置2个轮椅区,且至少有一个轮椅区方向朝前,另一个可以朝前也可以朝后。轮椅区尺寸为30in×48in(762mm×1220mm);这个区域应该靠墙,靠近入口,可临近也可以重叠进出通道;如果从地板到座椅最底部之间有至少9in(228.6mm)的空间,那么在另一座椅下方可为搁脚板留出不超过6in(152.4mm)的空间,如图3所示。

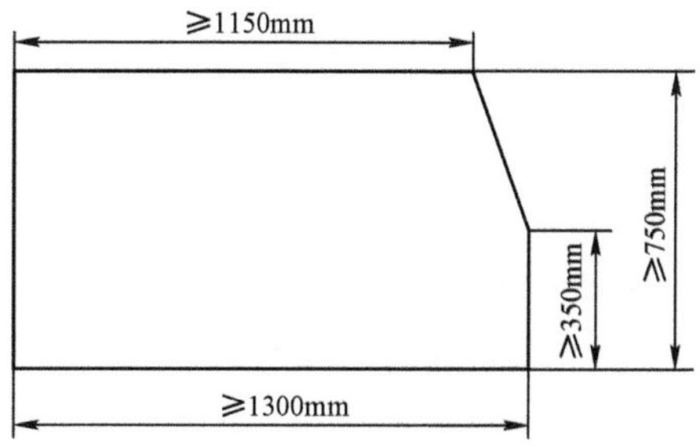

图2 国内及欧洲轮椅区空间要求

美国推荐性法规《APTA 客车采购指南》(非强制要求)规定轮椅空间:

(1)车内布置两个符合ADA要求的前向轮椅固定区域;

(2)轮椅放置好之后,过道最少保证有20in(508mm)的宽度;

(3)车内应提供方便轮椅从导板到达固定区的路径,路径宽度≥34in(863.6mm),轮椅固定在轮椅停放区之后,不能有任何结构突出到过道内。该区域要求有一个弧度不少于45in(1143mm)的区域用以实现轮椅的90°旋转。要实现轮椅180°旋转要求且有一个直径60in(1524mm)的区域,如图4所示。在旋转区域之外需要离地高度12in(304.8mm)的脚掌放置空间。

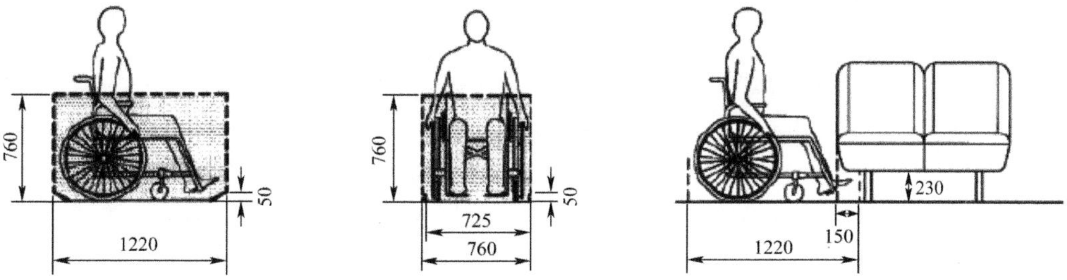

图3 美国轮椅区空间要求(尺寸单位:mm)

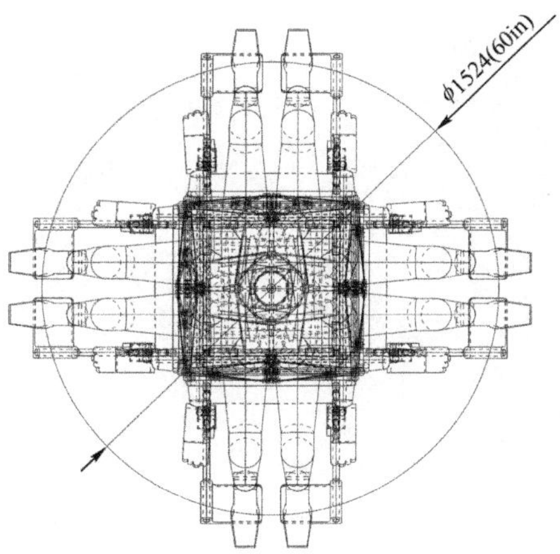

图4 实现180°旋转的空间

2 轮椅及其使用者的约束系统要求

2.1 欧洲及国内要求

针对轮椅区约束系统,欧标 ECE R107 与 GB 13094—2017 要求一致。总体要求如下:

对于要求配备乘员约束系统的客车,轮椅空间的设计应使轮椅使用者面朝前方,且应配备符合前向轮椅区要求的约束系统。

对于不要求配备乘员约束系统的客车,轮椅空间可配备符合前向轮椅区或者后向轮椅区要求的约束系统。

2.1.1 前向轮椅区约束系统要求

每一个轮椅空间都应配备轮椅和轮椅使用者约束系统。约束装置需满足表1所示静态测试要求,且静态测试应按如下要求完成:

(1)力应按向前和向后方向分别且直接施加到约束系统上;

(2)力的维持时间不应低于0.2s;

(3)约束系统能承受(前向及后向施力)测试。如果在规定条件下承受了所需的力,那么永久变形不应视为约束装置失效。如果采用手动装置,当测试力撤销后,应能手动操作装置,使轮椅离开客车。

前向轮椅约束装置受力要求 表1

<table>
<tr><th>约束部位</th><th>约束系统的类型</th><th colspan="2">车辆类型:施力值(N)</th><th>施力方向</th><th>施力部位</th></tr>
<tr><td rowspan="6">轮椅使用者约束系统</td><td rowspan="2">腰带式</td><td colspan="2">M2类:11100±200</td><td>如果约束系统附没有着在客车地板上,朝向车前的方向且水平</td><td rowspan="2">腰带</td></tr>
<tr><td colspan="2">M3类:7400±200</td><td>如果约束系统附着在客车地板上,朝向车前的方向且与水平面呈45°±10°</td></tr>
<tr><td rowspan="4">三点式</td><td rowspan="2">腰带部分</td><td>M2类:6750±200</td><td rowspan="2">朝向车前的方向且水平</td><td rowspan="2">腰带部分</td></tr>
<tr><td>M3类:4500±200</td></tr>
<tr><td rowspan="2">躯干部分</td><td>M2类:6750±200</td><td rowspan="2">朝向车前的方向且水平</td><td rowspan="2">躯干带部分</td></tr>
<tr><td>M3类:4500±200</td></tr>
<tr><td>轮椅约束系统</td><td>—</td><td colspan="2">M2类:7150±200</td><td>朝向车前的方向且与水平面呈45°±10°</td><td>轮椅约束系统</td></tr>
</table>

后向施力测试要求:应朝向车后的方向且与客车水平面呈45°±10°,将8100N±200N的力施加到轮椅约束系统上,如图5所示。

图5 约束装置后向测试图

对轮椅使用者约束系统的后向加力测试,应按GB14167—2013规定的方法对轮椅使用者约束系统加力,见表2。

后向轮椅约束装置受力要求 表2

<table>
<tr><th>约束系统的类型</th><th>部位</th><th>车辆类型:施力值(N)</th></tr>
<tr><td rowspan="3">腰带式</td><td colspan="2">M1/N1类:22250±200</td></tr>
<tr><td colspan="2">M2/N2类:11100±200</td></tr>
<tr><td colspan="2">M3/N3类:7400±200</td></tr>
</table>

续上表

约束系统的类型	部位	车辆类型:施力值(N)
三点式	肩带部分	M1/N1 类:13500 ±200
		M2/N2 类:6750 ±200
		M3/N3 类:4500 ±200
	腰带部分	M1/N1 类:13500 ±200
		M2/N2 类:6750 ±200
		M3/N3 类:4500 ±200

2.1.2 后向轮椅区约束系统要求

轮椅空间的设计应满足:有一个支撑装置或后靠背供后向轮椅依靠,轮椅使用者的活动不受约束。支撑装置或后靠背的用途是停靠轮椅车轮或靠背以避免翻倒,支撑装置或后靠背(安全靠背)的设计,应符合图6所示要求。

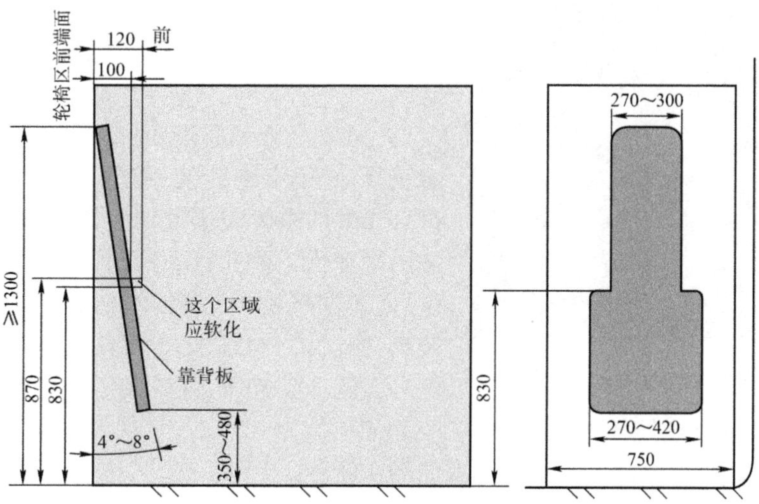

图6 安全靠背尺寸要求(尺寸单位:mm)

后靠背或支撑装置(安全靠背)需满足如下静态试验要求(通过难度较小):

轮椅空间设置的后靠背应与客车的纵轴相垂直,且能承受施加于靠背表面支撑中心点处的大小为2500 N ±200 N、持续时间不少于1.5s的载荷,该中心点位于轮椅空间地板垂直向上600~800mm范围内,载荷通过200mm×200mm的板,水平朝向客车前方施加。靠背的移位不应超过100mm,也不应出现永久变形或损坏,如图7所示。

图7 安全靠背静态试验

后向轮椅区扶手设置要求:①扶手或把手应设置在便于轮椅使用者抓握的客车的侧围或立墙上或隔板上;扶手不应突入轮椅空间的垂直投影区内。若凸入的宽度不超过90mm,且位于距轮椅空间地板850mm高以上的空间内,则视为满足此要求。②为了限制轮椅的横向移动,在轮椅空间的另一侧应设置一个可收起的扶手或等效的刚性装置,以便轮椅使用者方便地抓握。

2.1.3 欧洲及国内轮椅约束系统要求总结

从上文中可以看出,前向轮椅区约束装置的要求远高于后向轮椅区。因此,国内、欧洲等市场对于不要求配备乘员约束系统的客车一般布置为后向轮椅区。

2.2 北美市场要求

北美地区对轮椅区约束系统要求很高,且有些为强制性法规。

《美国残疾人法案(ADA)》(强制性法规)要求:

(1)轮椅固定装置:最大总质量3万lb(磅,约13.6t)以上的车辆,固定系统和它的附件每个固定脚或箝位装置应能承受纵向朝前达到2000lb(约907.2kg)的力,或者能承受每个行动辅助设备最小4000lb(约1814.4kg)的力。最大总质量小于3万lb(约13.6t)的车辆,固定系统和它的附件每个固定脚或箝位装置应能承受纵向朝前达到2500lb(约1134kg)的力,或者能承受每个行动辅助设备最小5000lb(约2268kg)的力。

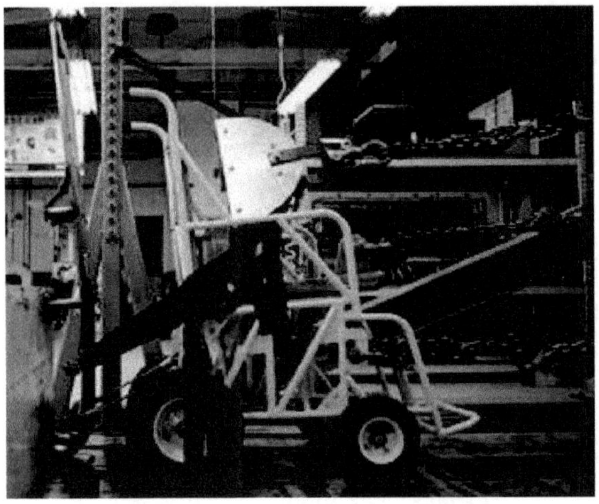

图8 美国ADA轮椅约束装置测试

(2)固定装置要拆装方便、灵活轮椅。固定之后,车在运行情况下,轮椅沿任何一个方向的运动不超过2in(英寸,50.8mm)。当固定装置没有使用时,或者被站立乘客使用时,固定系统不能妨碍乘客的移动,不能出现危险的情况,而且应该有适当的防破坏功能,还应该方便进出轮椅固定区。

(3)安全带和肩带要求:对于轮椅和行动辅助装置的固定装置,必须给轮椅使用者和行动辅助装置的使用者提供符合要求的乘客安全带和肩带。该座椅安全带和肩带不能被用来替代轮椅和行动辅助设备的固定装置。

《美国残疾人法案(ADA)》针对轮椅约束装置的要求较高,测试按FMVSS210&207要求测试,如图8所示。

美国《机动车内轮椅束缚和乘员约束系统》(SAE J2249—1999,为推荐性法规)对轮椅约束系统有详细规定:

(1)轮椅使用者约束腰带固定点的位置要求如图9所示。

(2)轮椅使用者约束肩带固定点的位置要求如图10所示。

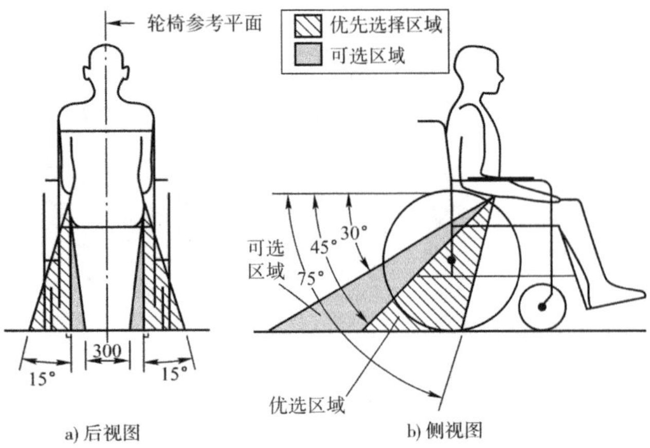

图9 腰带固定点设置区域(尺寸单位:mm)

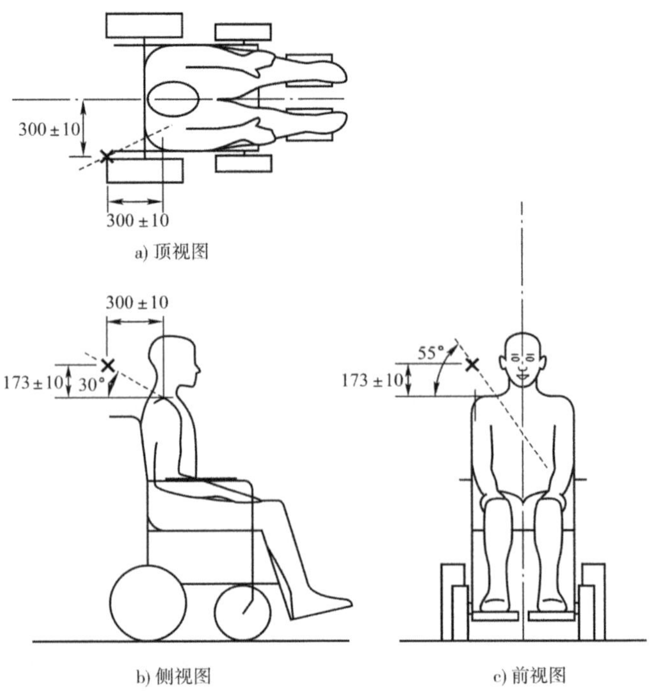

图10 肩带固定点设置区域(尺寸单位:mm)

(3)约束装置前后位置设置要求如图11所示(阴影部分区域)。

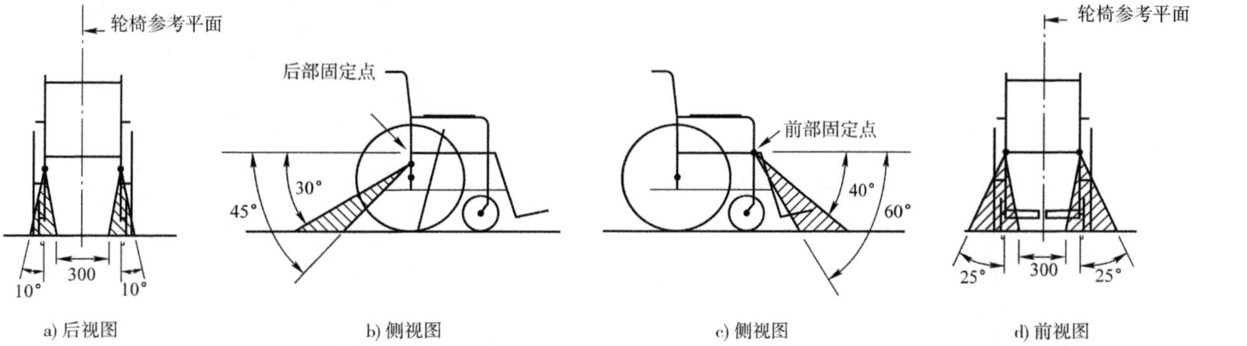

图11 约束装置前后位置要求(尺寸单位:mm)

北美市场约束装置供应商通常在满足法规要求的基础上,为方便轮椅的进出,设置约束装置位置如图12所示。

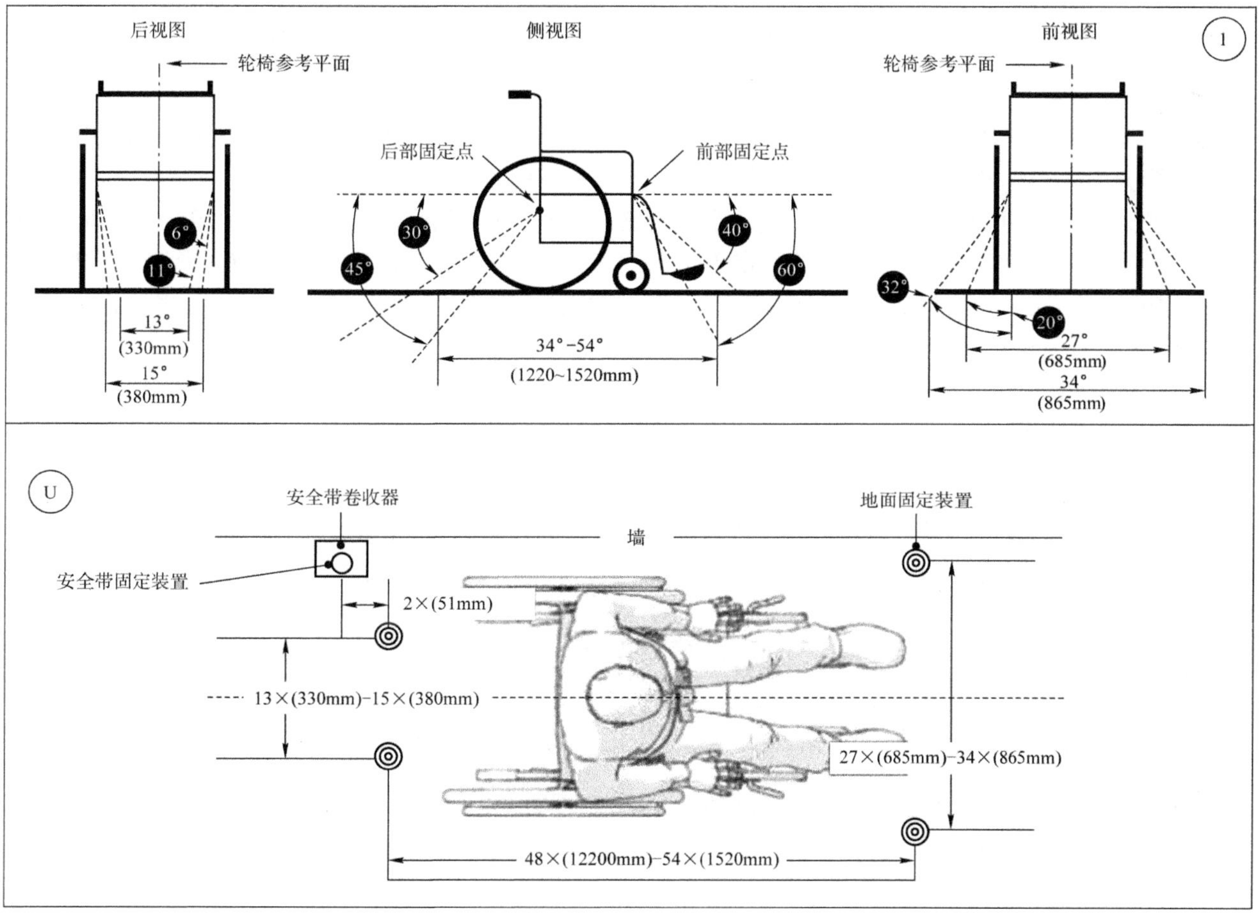

图12 北美供应商推荐约束装置布置要求

2.3 轮椅约束装置

2.3.1 国内及欧洲约束装置

国内及欧洲市场对轮椅区为前向或后向布置并无法规要求,基本上布置后向轮椅区,约束装置为轮椅安全靠背。安全靠背设置一般不是独立的结构,大多集成安装在扶手结构上,如图13、图14所示。

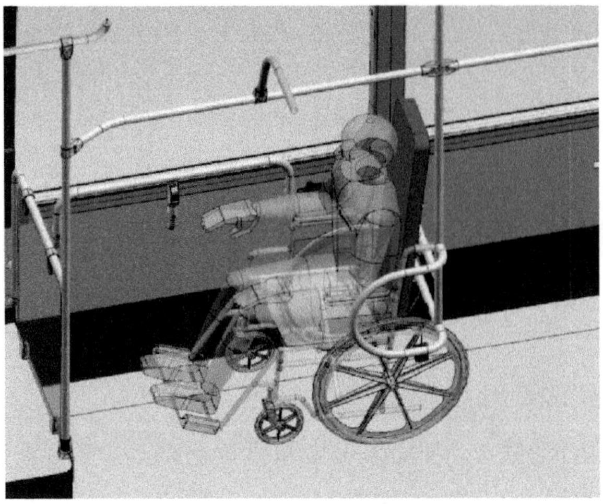

图 13　国内轮椅区设置

图 14　欧洲轮椅区设置

2.3.2　北美约束装置

北美市场对前向轮椅区有法规强制要求，轮椅约束装置要相对复杂且种类较多。根据固定方式，将轮椅约束装置分为 4 类，分别为地板固定式、挡板式、电动式及后向安全靠背。

（1）地板固定式约束装置是将约束装置固定在地板上，通过挂钩固定轮椅，而且需要单独在侧墙设置肩带固定点，如侧墙位置因玻璃等因素肩带固定点无法直接固定于侧墙上，则需要增加安全带安装梁。因锁地固定结构的不同又分为快拆式、折叠式、旋转式、抽拉式（注意：其中折叠式、旋转式、抽拉式为北美不同供应商专利结构，不可相互混用，但都可以与快拆式一起使用）。

快拆式结构由 4 个安全带挂钩、4 个锁地固件、残疾人安全带及肩带等组成。其优点是结构简单，不使用时可快拆，不占用车内空间。缺点是使用时复杂，需要安装的部件较多；不使用时需要将地上的安全带挂钩取下置于工具箱内；设置时需注意工具箱是否预留有足够的空间。

为方便安全带挂钩安装使用，一般地板安装固件如图 15 所示。

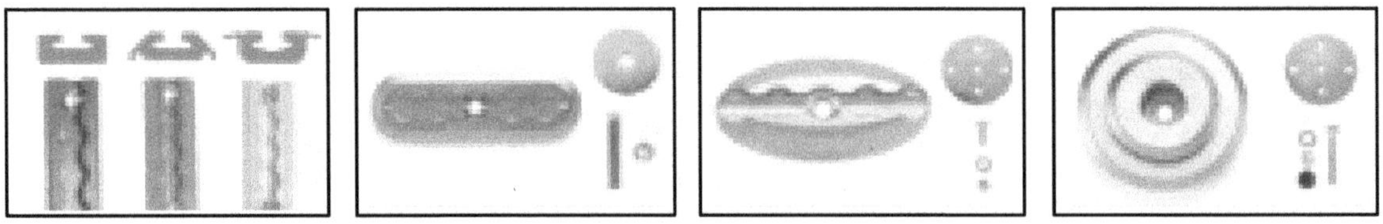

图 15　快拆式锁地固件

安全带挂钩一般样式统一，且自带锁紧结构，可以很好地勾住轮椅，如图 16 所示。

图 16　安全带挂钩

折叠式结构的特点是将安全带挂钩等集成在可折叠的固定装置上，无须拆卸及安装约束装置，方便使用；不使用时可折叠打起，不占用车内空间，如图 17 所示。

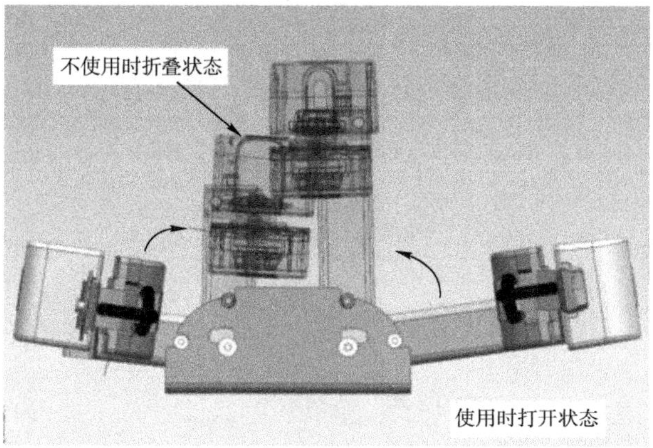

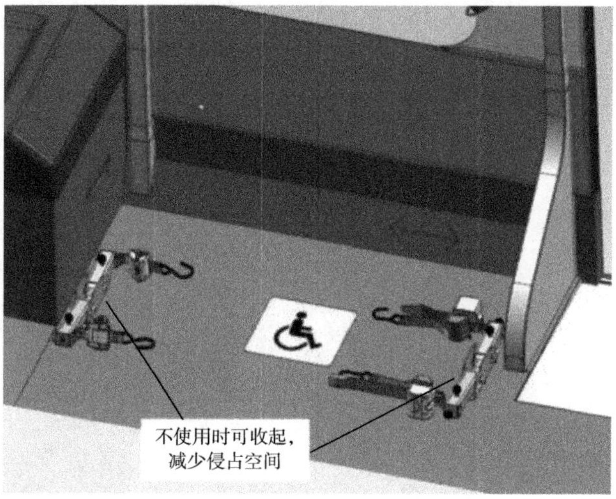

图 17　折叠式约束装置

旋转式结构是将安全带挂钩等集成在可旋转的固定装置上，无须拆卸及安装约束装置，方便使用；约束装置不使用时可旋转至内侧收起，不占用车内空间，如图 18 所示。

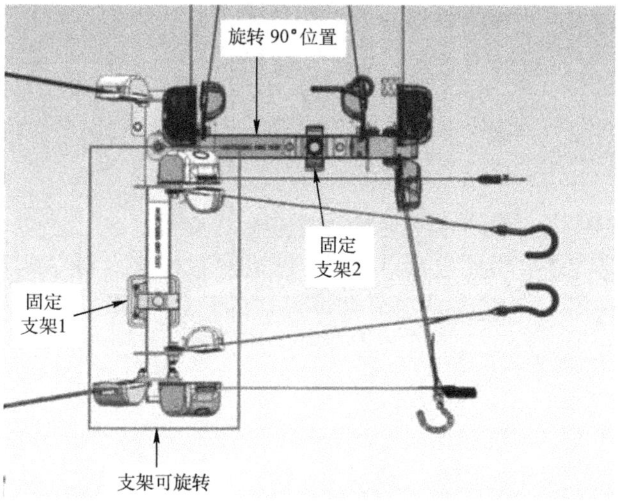

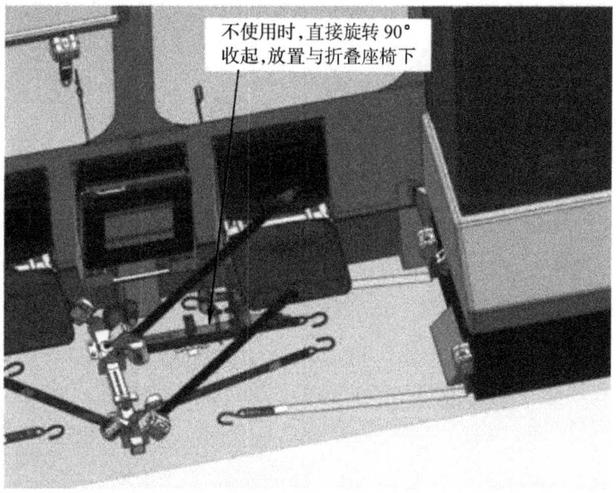

图 18　旋转式约束装置

横杆式结构是将安全带挂钩等集成在可抽拉的固定横杆装置上，无须拆卸及安装约束装置，方便使用；外侧约束装置不使用时可推进至内侧收起，减少占用车内空间，如图 19 所示。

(2)挡板式约束装置有机械式和电动式两种(两者均为控制安全带挂钩的锁紧与松开的方式)，其集成了三点式安全带，不需要另外在侧墙上布置安全带。该结构如图 20 所示，一般配合侧向三人折叠座椅一起使用。

(3)电动式约束装置通常用于后向轮椅区，中间位靠背类似国内安全靠背，左右侧为电动摆臂，使用电动摆臂夹紧固定电动轮椅车。电动摆臂控制有按钮控制，仪表台上有其使用的总开关及控制摆臂的开关，如图 21 所示。

轮椅区也设有控制摆臂的按钮，方便轮椅使用者直接操作使用，如图 22 所示。

该结构一般为加拿大市场需求结构，整套装置价格昂贵，约束主体为电动轮椅车，残疾人安全带可有可无，具体看市场特殊要求选择。

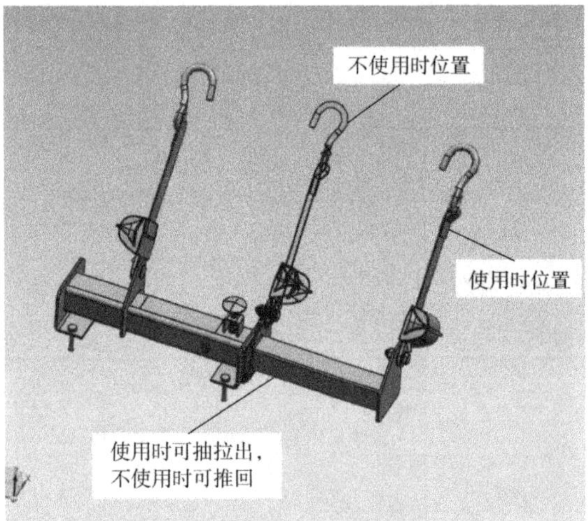

图19 横杆式约束装置

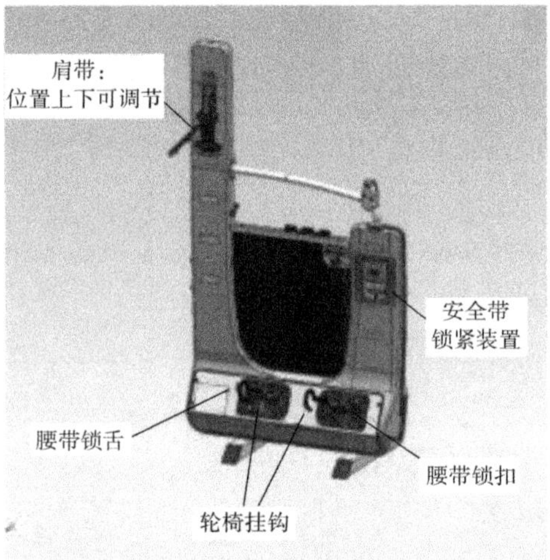

图20 结构示意

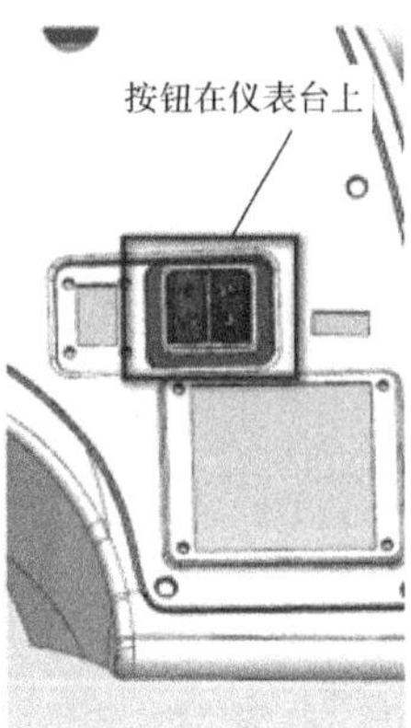

图21 仪表台控制按钮

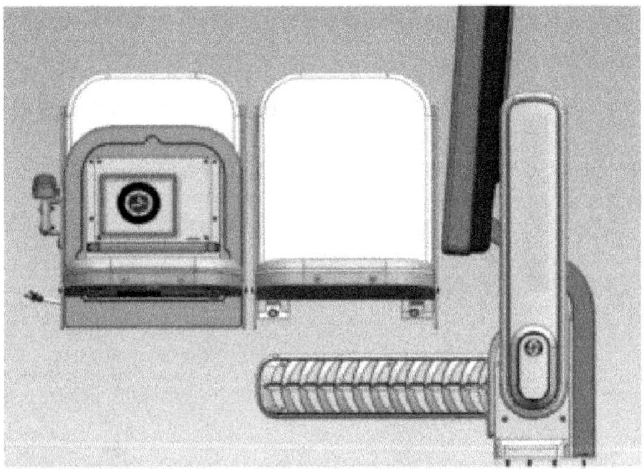

图22 轮椅区控制按钮

(4)后向安全靠背约束装置一般也为加拿大市场需求结构,相比电动式而言,价格便宜很多。该结构与国内安全靠背类似,但其结构独立,直接附带有约束装置,不与扶手等结构组合设置,如图23所示。

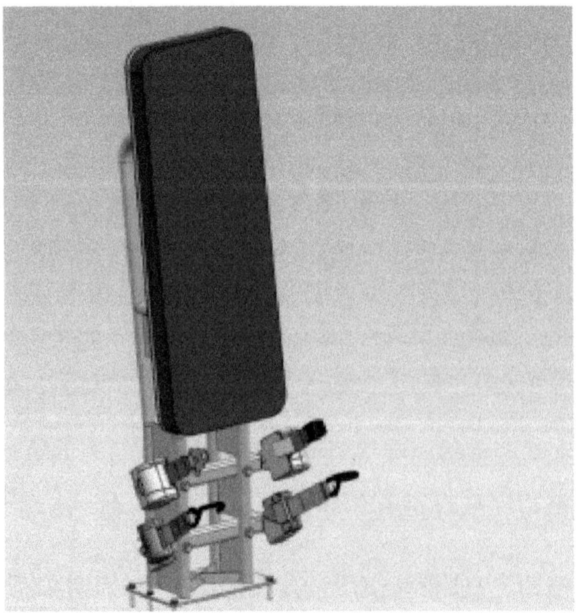

图23 后向安全靠背

3 结语

对于无障碍客车轮椅区的设计,欧美等国家和地区无疑是走在世界的最前列。目前,我国客车关于轮椅区的设计也主要借鉴欧美。本文通过分析欧美及国内法规对客车轮椅区空间及约束系统的要求,以及各地区不同类型的约束装置,指引国内客车轮椅区的设计方向。

随着无障碍设计不断成为客车行业的主流,国内客车在无障碍设计的领域也会越来越成熟,出口市场也终将为中国客车企业打开。

参考文献

[1] 工业和信息化部. 客车结构安全要求:GB 13094—2017[S]. 北京:中国标准出版社,2017.

[2] 工业和信息化部. 汽车安全带安装固定点、ISOFIX 固定点系统及上拉带固定点:GB 14167—2013[S]. 北京:中国标准出版社,2013.

制造工艺
与质量管理

关于客车空气悬架气囊支座断裂的质量分析

张　良,高　煜,张劭宁

(中国公路车辆机械有限公司, 北京　102600)

摘　要: 针对某型号客车在汽车试验场做综合路试时气囊支座生断裂,从材料、热处理和 CAE 有限元分析等方面进行分析得出问题成因。

关键词: 空气悬架;金相分析;气囊支座;ZG40cr

0　引言

某型号客车车辆在海南试验场强化不良道路运营 3397km 后,出现气囊支座(左)件断裂,随即引起左侧气囊皮破损(图 1)、减振器、气囊支座(右)产生裂纹(图 2)等早期失效故障问题。实验室检查故障处表面的破坏痕迹,经过取样进行化学分析、金相检测、布氏硬度、委外第三方检测。悬架作为车身与车桥连接的重要总成,对汽车的行驶平顺性、操纵稳定性、通过性、燃油经济性等有着直接的影响,同时作为汽车悬架的重要结构件,气囊支座应保证达到最长使用寿命,在车辆整车使用过程中都不能出现任何问题。本文从材料、热处理和 CAE 有限元分析等方面,分析质量问题产生的原因。

图 1　左气囊支座断裂故障照片

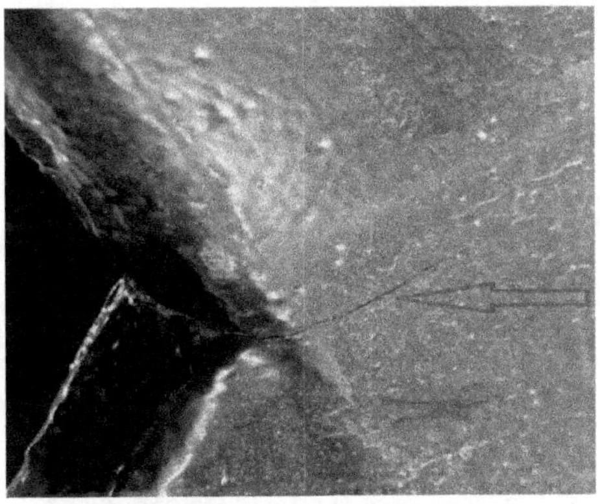

图 2　右气囊支座裂纹照片

1　CAE 分析

针对以上故障表征情况,对气囊支座进行极限工况下的有限元分析。

1.1　气囊支座载荷工况计算

1.1.1　2.5 倍垂直冲击载荷工况(安全系数≥1.0)

按照轴荷 7500kg,非簧载质量 900kg 计算,则单侧簧载质量:

$G_3 = 6600\text{kg}/2 \times 9.85\text{N/kg} = 32505\text{N}$

按照 2.5 倍极限冲击载荷,则该工况下作用于气囊上平面的垂直载荷为:

$G_{3\times2.5} = 2.5 \times 32505\text{N} = 81262.5\text{N}$　(力的作用方向朝下)

1.1.2　0.8g 紧急制动工况(安全系数≥1.5)

当车辆紧急制动时,车辆重心转移,随动桥的簧载质量会小于静载时的簧载质量。为了简化计算,暂且忽略轴荷转移,即该工况下:

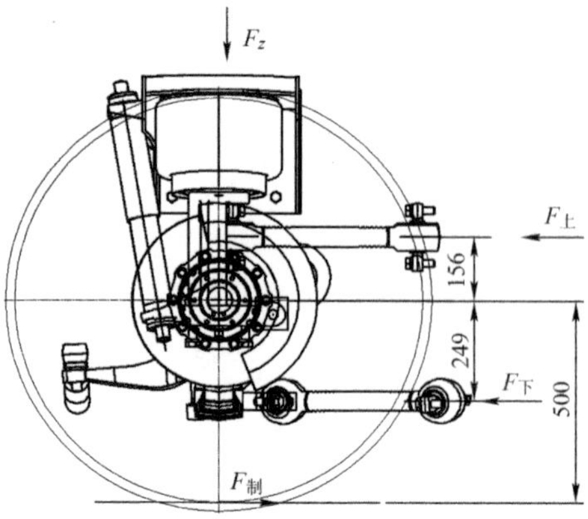

图3　气囊支座推力杆支座受力图
(尺寸单位:mm)

$$F_制 = 7500\text{kg}/2 \times 9.85\text{N/kg} \times 0.8 = 29550\text{N}$$

根据力与力矩平衡原理,将单侧车轮与路面接触点处的最大纵向力(紧急制动力),根据推力杆总成的布置换算到气囊支座推力杆总成安装处的力,受力图如图3所示。

$$F_上 = \frac{251 \times F_制}{656 - 251} = 18313.7(\text{N}) \quad (力的朝向从后向前)$$

与此同时,气囊支座受一个垂直力:

$$F_z \leqslant 9.85 \times M_{s_2}/2 = 32505(\text{N}) \quad (力的方向垂直向下)$$

1.1.3　减振器参数

0.52m/s 速度条件下,压缩阻尼 740 ~ 1000N;复原阻尼 13430 ~ 16410N。

1.2　气囊支座有限元分析

气囊支座材料为ZG40Cr,化学成分见表1,机械性能参数见表2。

ZG40Cr 化学成分(%)　　表1

材料	元素					残余元素含量			
	C	Si	Mn	P	S	Ni	Cr	Cu	Mo
ZG40Cr	0.35 ~ 0.45	0.20 ~ 0.40	0.50 ~ 0.80	≤0.03	≤0.03	—	0.80 ~ 1.10	—	—

ZG40Cr 机械性能参数　　表2

牌号	热处理	屈服强度(MPa)	抗拉强度 Rm(MPa)	延伸率 A(%)	硬度 HB(供参考)
ZG40Cr	调质	≥345	≥630	≥18	229 ~ 269

1.2.1　2.5倍垂直冲击载荷工况(要求安全系数≥1.0)

2.5倍垂直冲击载荷工况仿真结果如图4、图5所示。

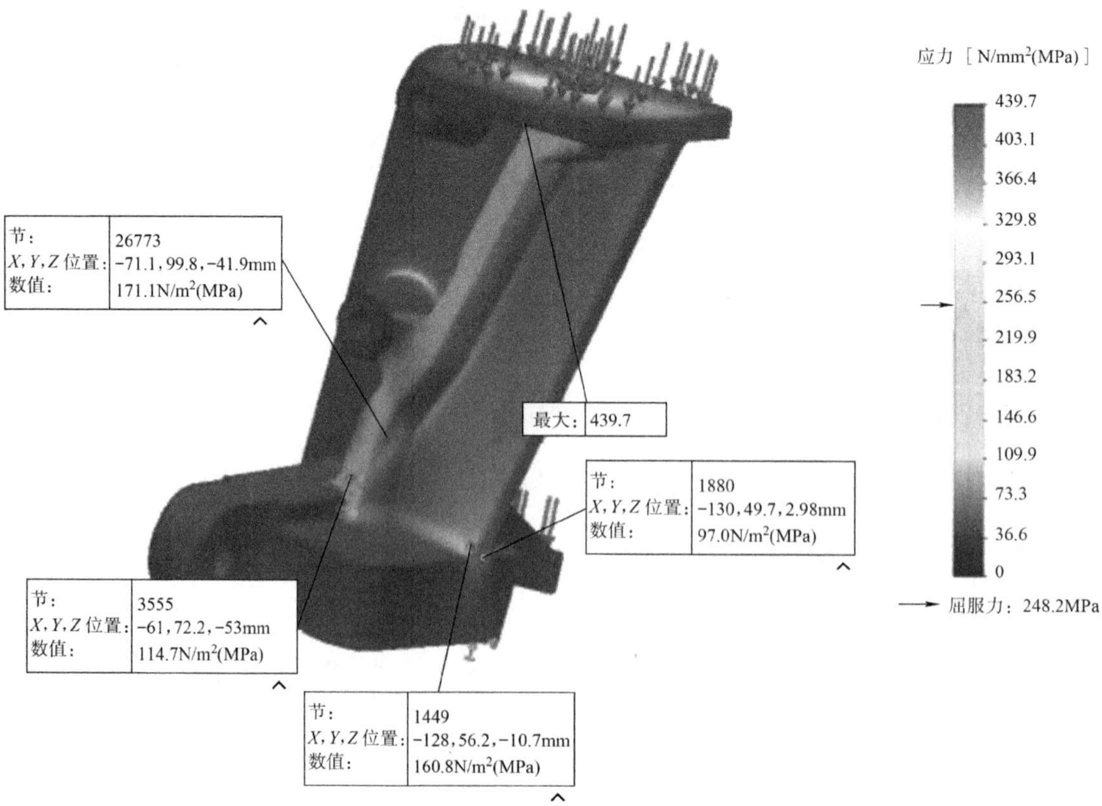

图4　仿真结果一

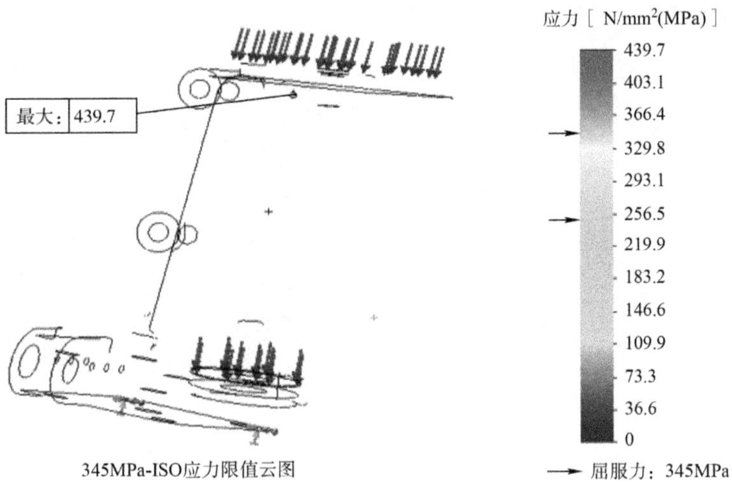

图5　仿真结果二

根据仿真结果,冲击载荷工况符合设计要求,且根据故障件的断裂部位,故障点的理论应力值为160.8MPa,远小于屈服强度,安全系数≥2.0。

1.2.2　0.8g 紧急制动工况(要求安全系数≥1.5)

0.8g 紧急制动工况仿真结果如图6所示。

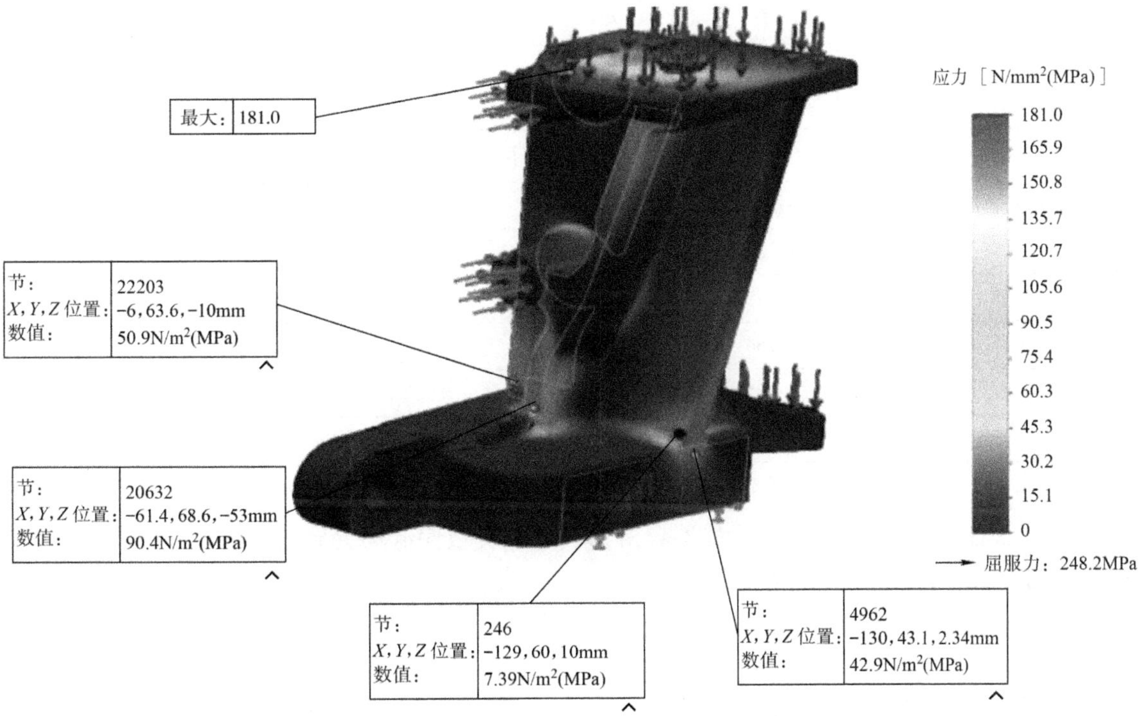

图6　0.8*g* 紧急制动工况仿真结果

根据仿真结果,主要筋板部位的应力值均不超过100MPa,安全系数≥3.0,设计符合车辆要求,且设计强度略有过剩。

综上得知,该气囊支座在结构设计、材料选用与热处理要求上不存在设计方面的缺陷,满足整车安全、结构强度对气囊支座的设计要求。

2　对故障件进行理化、强度分析

2.1　断口及裂纹分析

故障件断口及裂纹如图7、图8所示。

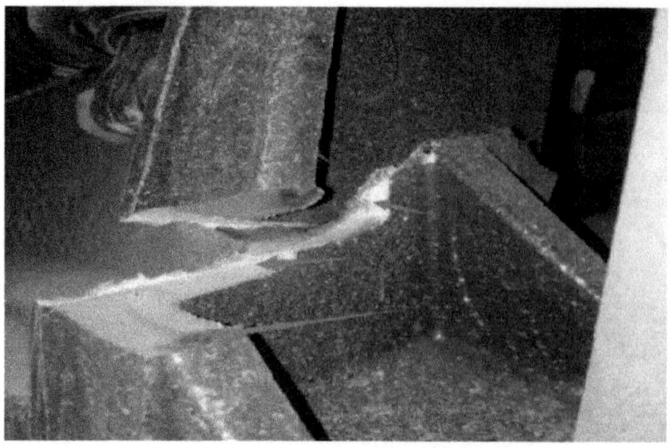

图7　断口

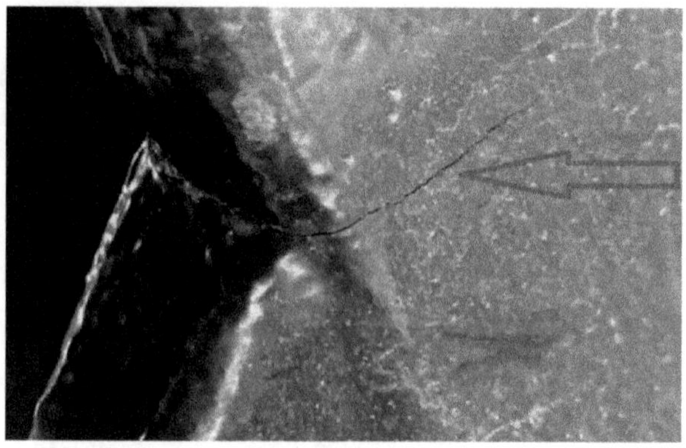

图8　裂纹

根据分析,此故障属于疲劳裂纹导致的断裂开裂,初始裂纹来自工件表面。

2.2　化学成分

对故障件成分进行分析,结果见表3、表4。

第三方机构检测记录(断裂件-气囊支座-左)　表3

试样编号	化学成分(%)					
	C	S	Si	Mn	P	Cr
2021030218 01-111	0.25	0.012	0.21	0.45	0.0092	0.80

检测中心检测记录(裂纹件-气囊支座-右)　表4

检测项目	技术要求	检测结果	结论
C(%)	0.37~0.44	0.280	不符合
Si(%)	0.17~0.37	0.433	不符合
Mn(%)	0.50~0.80	0.429	不符合
P(%)	≤0.03	0.012	符合
S(%)	≤0.03	0.006	符合
Cr(%)	0.8~1.10	0.911	符合

从表4中可以看出,故障件成分显示为不合格,碳、锰等含量偏低均会导致后期热处理硬度提不上来,直接影响材料本身的热处理效果和强度属性。

2.3　机械性能及硬度

故障件机械性能检测结果见表5~表7。

第三方机构检测记录一(断裂件-气囊支座-左)　表5

试样编号	规定塑性延伸强度 $R_{P0.2}$(MPa)	抗拉强度 R_m(MPa)	断后伸长率 A(%)	断面收缩率 Z(%)
2021030218 01-L1	298	554	24.5	59

第三方机构检测记录二(断裂件-气囊支座-左)　表6

试样编号	检测部位	布氏硬度 HBW5/750	
2021030218 01-J01	表面	132	128
	心部	163	157

检测中心检测记录(裂纹件-气囊支座-右)　　表 7

检 测 项 目	技 术 要 求	检 测 结 果	结　论
布氏硬度(表面)/HBW10/3000kgf	—	162.93/152.94/157.49/158.16	—
布氏硬度(芯部)/HBW10/3000kgf	—	144.95/151.04/160.18	—

检测结果与标准参考值相比均偏低,其中断裂件存在表面脱碳的现象,导致了裂纹产生和扩展的加剧。

2.4　金相表征

金相表征第三方检测记录如图 9 所示。

试验方法：GB/T 13298-2015

检测结果：

试样编号	检测部位	金相
202103021801-J01	截面	表面有脱碳，总脱碳层深度约 0.75mm，如图a）所示； 次表面金相组织为铁素体+回火索氏体，如图b）所示； 心部金相组织为回火索氏体+铁素体，如图c）所示

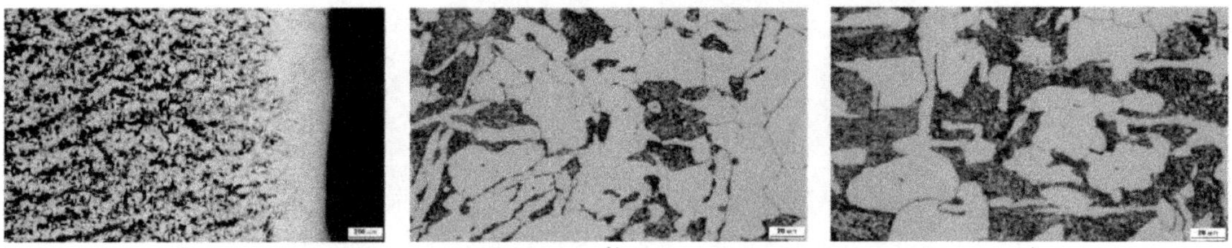

a)　　b)　　c)

图 9　金相表征第三方机构检测记录(断裂件-气囊支座-左)

2.5　试验验证

对故障件进行试验,试验条件及结果如图 10 ~ 图 12 所示。

试验温度	试验频率	加载方式	F_{max}	F_{min}	循环加载次数
室温	2Hz	正弦波载荷	-18.75kN(垂直向下)	-93.75kN(垂直向下)	50万次

气囊支座(左)安装状态：

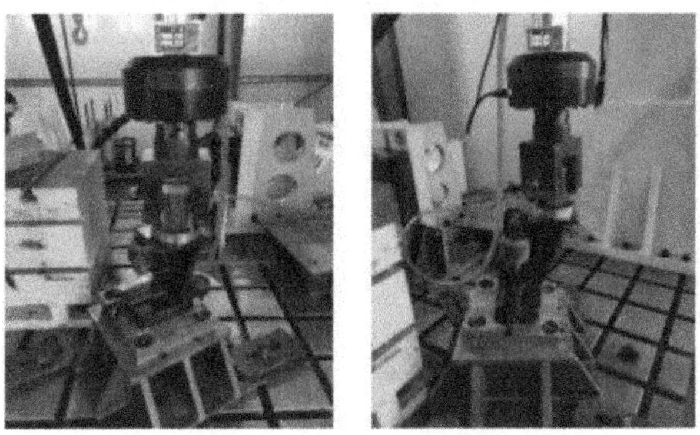

图 10　试验条件及现场图

试验结果:气囊支座进行 50 万次竖直冲击工况疲劳寿命试验后,进行显影观察时未发现裂纹。

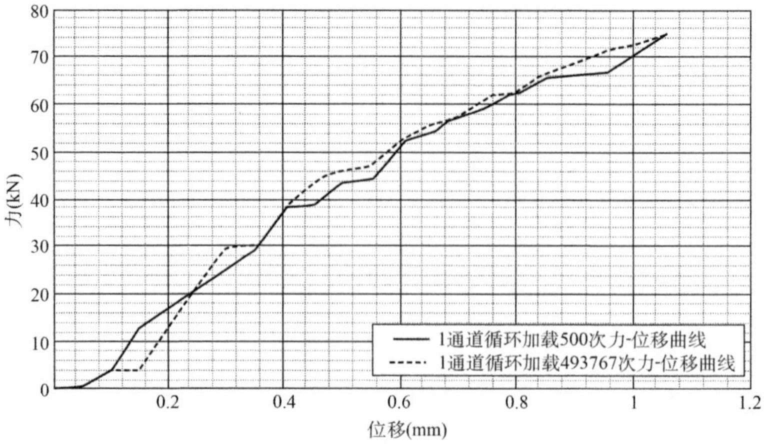

图 11　力-位移曲线

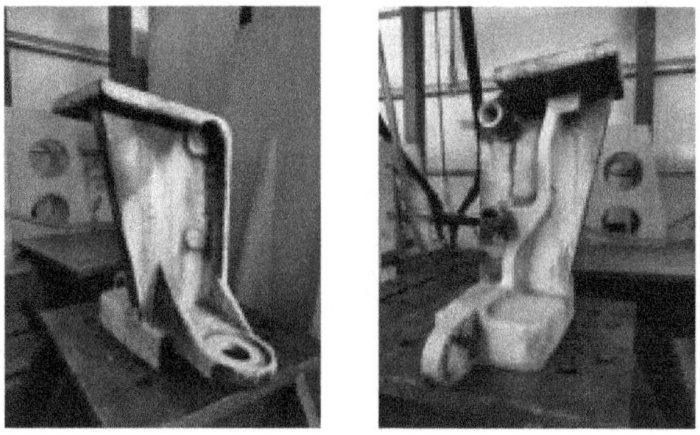

图 12　气囊支座(左)疲劳寿命试验后显影现象图

2.6　故障件断裂机理分析

从检测数据分析,表面和芯部硬度均偏低,断裂件表面存在脱碳,有热处理过烧的问题。从故障件的断口分析,可判定为疲劳裂纹。铸件表面稍有脱碳,呈现表面硬度低、芯部硬度高,且组织明显存在变形,在次表层存在穿晶裂纹。表层脱碳 + 芯部硬度偏低导致强度下降,在较大交变载荷的作用下,形成表面属性变形形成裂纹,疲劳裂纹产生于次表面强度较薄弱处,以穿晶的方式向里扩展,进而导致断裂。故障件裂纹均从表面初始,向内部延伸,属于典型的疲劳断裂裂纹。

参 考 文 献

[1] 张密科. 客车底盘与总成开发:中国客车行业发展论坛 2008 年中国客车学术年会论文集[C]//西安:陕西科学技术出版社,2008.

关于某汽车零部件质量管理数据分析与改进

张　良，胡明松
（中国公路车辆机械有限公司，霸州　065700）

摘　要：对质量管理部收集的数据进行分析，并根据分析结果做出相应的措施，提高产品质量。

关键词：数据质量；合格率；供应商管理

0　引言

质量检验是一种延后型的质量管理，虽无法防止不合格品的产生，但可以保证不合格品不流向市场，属于消极型的质量管理方式。如何才能改变这种消极的应对方式，从被动检验转变为积极的预防呢？应用数据分析可以发现质量问题进而分析问题产生的根本原因，通过采取适当改进措施，把质量问题消除在发生之前或者降低问题带来的影响，提高生产质量，提升市场竞争力。

1　数据质量

做好数据分析要确保数据质量，确保数据质量要确定数据的有效性。数据的有效性包括数据的真实性完备性和自洽性。数据的真实性即数据是真实准确实际发生的；数据的完备性即数据充分，没有任何有关数据被遗漏；数据的自洽性即数据是关联的，不能相互矛盾。在保证数据本身的质量后要保证数据的传输质量、存储质量、使用质量。中国公路车辆机械有限公司（以下简称我司）的采购产品全部为外协外购件，全部入库检验并由质量管理部记录、保存数据，确保了数据质量。

2　数据分析

由于我司没有铸造能力，毛坯均采用外协、外购的方式，因此，我们把分析的重点放在供应商到货检验的数据上。

当前我司所选的外协、外购供应商主要有润正、汤臣、灿威、万禾、采厂、凡厂、瀚德厂等，在来料入库检验时发现了一系列问题，例如无物料编码、尺寸超差、磕碰脱漆露底、锈蚀、物料过期等。为了提高毛坯质量，我们统计了各供应商的一次到货交验合格率，一次到货交验合格率＝到货合格项数/到货总项数，图1是这些供应商2021年的一次到货交验合格率情况。

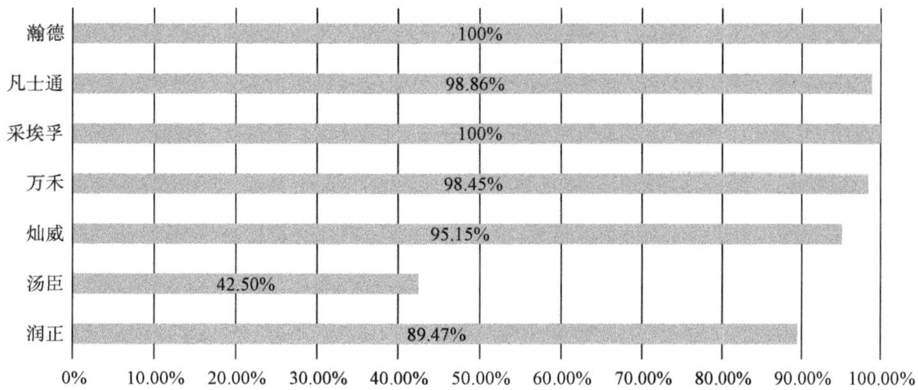

图1　2021年供应商一次交验合格率条形图

从图 1 中数据可以看出 2021 年出现质量问题的供应商有润正、汤臣、灿威、万禾、凡厂。

汤臣是 2021 年度新引入的供应商,首次供货前桥总成经验不足,所以出现无标注、结构错误等问题,被全部退回返修,故合格率偏低,后期返修到货有明显改进。由于质量波动性大,后续特别关注了其表面处理等问题,发现该供应商后续到货品质良好,对质量问题重视程度较高,长期来看可以保证质量。

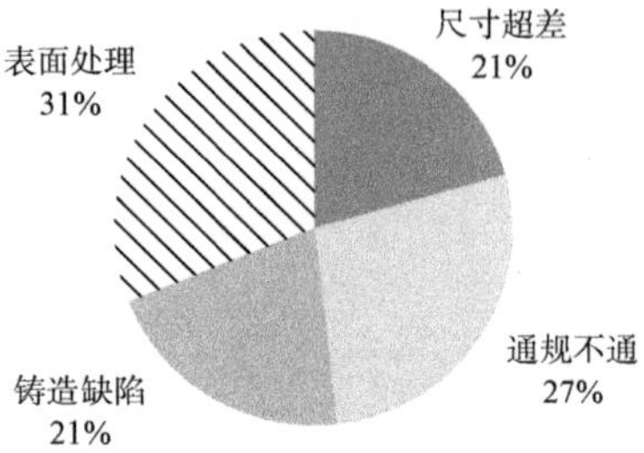

图 2 润正产品缺陷分析饼图

润正的合格率为 89.47%,合格率偏低主要因为其供应产品种类多。对出现的不合格项按不同缺陷进行了分类统计,主要出现的问题有尺寸超差、表面磕碰、通规不通、铸造缺陷,所占比例统计如图 2 所示。

润正表面处理以及通规不通的问题较多,经了解是我司订单需求急、生产周期短导致的。这种情况一方面我司应合理安排生产任务,另一方面供应商要加强生产过程管理,包装做好防护,我司应要求其加强出厂检验,全面管理质量缺陷,尤其要加强对表面处理及通规不通的关注度。

灿威和万禾的质量缺陷主要是表面磕碰严重,都需要加强运输包装。凡不合格项在于囊皮过期,需要对发货环节进行优化,防止出现类似情况。

3 改进措施

通过对供应商一次检验合格率等数据的分析,发现了供应商到货的很多质量问题及成因,我司就此开展了对供应商的审核,掌握其加工能力、供货能力,并建立了我司质量管理体系,对产品质量起到了很大的保障作用。同时,也形成了其他的改进措施,例如遇到我司订单需求急的时候,建议同一类型的产品选择 2 ~ 3 家合格的供应商,既能保持产品供应,又能保持竞争,同时可以提升客户对于我司供货周期和供货质量的评价。当然在一定情况下可以选择单一供应商,在供应商能力满足的情况下建立长期合作的关系。

4 结语

数据分析对控制质量有一定的助力,但是仅仅进行数据分析还是不行的,需要明确产品研发部、质量管理部、生产供应部等部门的责任权限,加强各部门有效的沟通,彼此信息共享,提高工作效率,才能切实保证产品质量。

参考文献

[1] 信海红. 质量管理[M]. 北京:中国计量出版社,2005.

减振器支柱橡胶衬套故障分析及优化

张劭宁,胡明松,高　煜
(中国公路车辆机械有限公司,北京　102600)

摘　要:减振器支柱橡胶衬套出现早期损坏的现象,经过试验分析,进行了优化设计。

关键词:减振器支柱橡胶衬套;橡胶衬套;疲劳试验;疲劳失效

0　概述

减振器支柱橡胶衬套(以下简称橡胶衬套)因减振隔音效果明显、抗冲击能力强、吸收高频振动效果显著等优点被广泛应用在汽车悬架等系统中[1]。橡胶衬套在车辆行驶的过程中因承受来自汽车悬架的冲击力,时刻处于多变的轴应力状态,很容易发生疲劳失效[2]。橡胶衬套是非线性弹性元件,可以通过疲劳试验的方法分析其疲劳寿命。本次试验分析应用二通道电液伺服客车悬架疲劳试验系统(图1)。

图1　二通道电液伺服客车悬架疲劳试验系统

1　故障问题描述

5030 物流车出现橡胶衬套早期变形损坏和减振器与下摆臂干涉的问题,如图2、图3所示。在实验室对此橡胶衬套进行疲劳寿命试验,以载荷20kN、频率3Hz进行加载,加载2万次后橡胶衬套失效,径向刚度缩减率大于30%,失效状态如图4所示。

图2　橡胶衬套变形图

图3　减振器与下摆臂干涉

图4　失效照片

2 故障原因分析

由于物流车前桥载荷加大到1436kg,前减振螺旋弹簧刚度加大到223N/mm,导致橡胶衬套受动载荷冲击较大,橡胶衬套径向刚度不足,衬套早期失效,故障橡胶衬套图纸如图5所示。

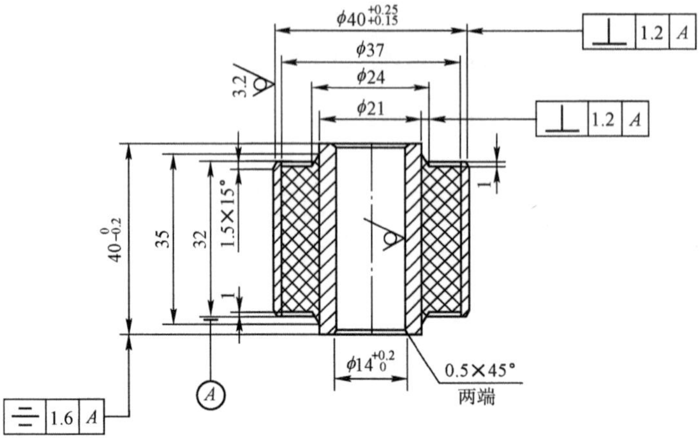

图5 故障橡胶衬套图纸(尺寸单位:mm)

3 优化改进方案

对故障橡胶衬套进行优化的目的是加大橡胶衬套径向刚度,将发生故障的橡胶衬套进行如下优化改进:①中间套管设计成台阶状;②中间橡胶两端倒圆角R2,深度4mm;③外钢套倒角2mm,角度30°。具体优化方案如图6所示。

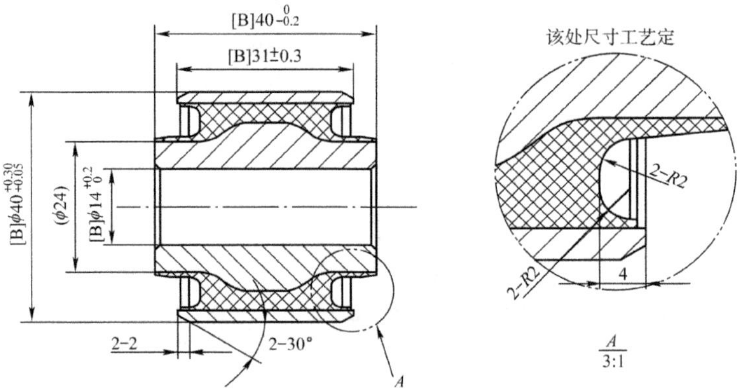

图6 优化方案图(尺寸单位:mm)

对优化后的橡胶衬套进行刚度试验测试,径向刚度大于10kN/mm,试验数据如图7所示。对优化后的橡胶衬套进行疲劳寿命试验,以载荷20kN、频率3Hz进行加载,试验进行30万次后,橡胶衬套外观无裂痕和压溃,径向刚度缩减率<30%,疲劳寿命试验力-位移曲线图如图8所示。

X	Y(进程)	Y(回程)
0.000	0.000	0.000
0.500	2.875	6.152
1.000	8.262	12.365
1.500	15.023	18.469
2.000	22.985	24.798
2.500	29.132	31.429

图7 刚度测试数据

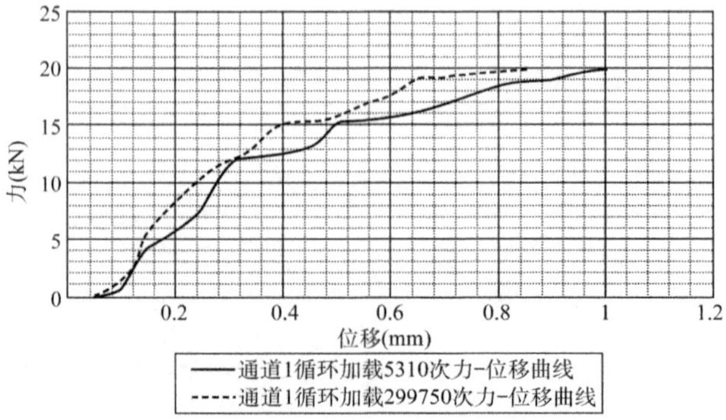

图8 疲劳寿命试验力-位移曲线

4 结语

橡胶衬套可以减少传递到车身的冲击和振动，保证汽车的操控稳定性，是汽车零部件中的关键部件。本文通过对早期失效的橡胶衬套进行结构分析和验证，得出橡胶衬套早期失效的根本原因，并提出优化方案。对优化后的橡胶衬套进行30万次的疲劳寿命试验后橡胶衬套外观无裂痕和压溃，解决了车辆行驶过程中衬套早期失效的问题，同时也为今后汽车零部件类似的问题提供了解决方案。

参考文献

[1] 孙晓帮，孔令洋，石晶. 减振器橡胶衬套疲劳失效的试验研究[J]. 机械设计与制造，2015(12)：3.
[2] 吴云飞. 汽车前摆臂衬套疲劳耐久优化研究[J]. 汽车工程师，2021，000(009)：14-17，21.

全承载客车定位误差导致偏重原因浅析及解决方案

陈志龙,彭双莲,赵振东,胡鹏飞,张震涛

(金龙联合汽车工业(苏州)有限公司,苏州 215026)

摘　要:本文介绍了全承载客车生产过程中,积累的定位误差对整车轴荷偏差的影响,重点通过模拟分析法和实际生产数据验证得出定位误差大小对整车轴荷偏重影响程度,阐述生产过程中误差控制的几种方法,为全承载客车整车生产误差控制工作提供参考。

关键词:定位误差;整车轴荷;模拟分析;误差控制

0　引言

近年来,全承载结构由于自重轻和结构强度高的优点,在客车尤其是新能源客车生产中得到广泛应用[1]。区别于半承载和不承载的螺接或铆接结构,全承载采用大量焊接结构,焊接过程中变形量较大,多次定位导致累积误差增大,从而导致各轴轮荷与理论偏差较大[2-4],最终影响轮胎磨损、整车姿态等整车性能。

1　定位误差导致轴荷偏重原因分析

1.1　累积误差产生的原因

车身骨架生产过程中误差主要来自以下三个方面:一是底架各组件、悬架预埋件等零部件自身加工误差,二是底架脱模工装误差和测量误差,三是车身总拼工装误差和测量误差。随着生产工序流转,各工序分别定位,各方面的误差不断地累积,导致了最终的定位误差。

1.2　模拟分析过程

为评估定位累积误差导致轴荷偏重的影响程度,对生产过程中出现轴荷偏重的某 10.5m 车型采用模拟分析的方法,首先排除整车骨架刚度不足导致的车身变形过大。

1.2.1　静态扭转刚度分析

在白车身上作用反对称的垂直载荷,使结构处于扭转工况,其整体的扭转刚度由扭转变形值来评价。扭转刚度计算公式为[5]:

$$K_\theta = M/\theta = F \times H^2/(Z_L + Z_R) \times \pi/180 \tag{1}$$

式中:K_θ——计算扭转刚度,N · m/deg;

M——加载在车身上的力矩,N · m;

θ——扭转角度,(°);

F——加载在车架两侧承载点的集中力,N;

H——加力点距离,m;

Z_L、Z_R——左右加载点变形量,m。

经模拟计算,白车身扭转变形云图如图 1 所示,扭转刚度计算结果 $K_\theta = 4.2 \times 10^4$ N · m/deg,超过金龙联合汽车工业(苏州)有限公司其他正常产品平均计算值 3.3×10^4 N · m/deg 较多,可以排除整车刚度不足因素[6]。

1.2.2　定位误差模拟分析

整车生产过程中,虽然固定和装配都采用工装夹具来定位,但如果悬架安装位置与车身骨架之间累积定位误差达到一定程度时，整车骨架在装配中和装配后产生怎样程度的变化从而导致轮荷如何变化，需要通过模拟分析来加以识别。

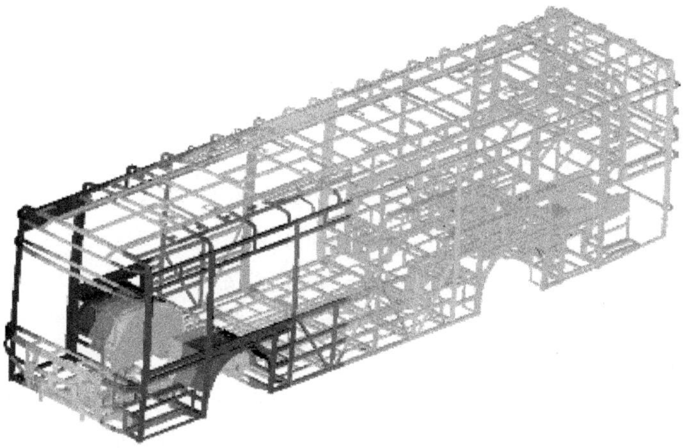

图1　白车身扭转变形云图

采用在车轮减振元件安装点加强制位移、提取该位置约束反力的方式进行模拟仿真[7]。考虑到定位误差出现位置的不确定性，依次模拟以下 10 种误差出现形式：四个车轮每个单独误差、除右后外所有车轮上安装点误差、左前左后车轮上安装点误差、左前右后车轮上安装点误差、右前左后车轮上安装点误差、右前右后车轮上安装点误差、除左前轮外所有车轮上安装点误差。每一种误差分为 20mm、15mm、10mm、7mm、5mm、4mm、3mm、2mm 共 8 级程度进行分析，提取各车轮弹性元件安装点载荷、左右车轮弹性元件安装点差值、车轮弹性元件安装点位移作为分析结果。

从分析结果数据看，期望将轴荷左右偏差控制在 500kg 以内，四个车轮弹性元件安装点，单个定位误差需要控制在 4mm 以内，如果出现对角方向定位误差，误差值需要控制在 3mm 以内，见表 1。

3mm 以下定位误差模拟分析数据　　表 1

序号	状态	左右轴荷差值及比例(mm,%)				各轮轮荷 (kg)			
		左前轮荷	右前轮荷	左后轮荷	右后轮荷	前轮		后轮	
68	左前右后轮抬高 3mm	1666	1333	4212	4789	333	11.10	-577	-6.41
69	右前左后轮抬高 3mm	1331	1668	4754	4256	-337	-11.24	498	5.53
70	右前右后轮抬高 3mm	1537	1462	4418	4583	75	2.50	-135	-1.83
71	除左前轮外所有轮抬高 3mm	1434	1565	4582	4419	-131	-4.37	163	1.81
72	左前轮抬高 2mm	1542	1457	4410	4591	85	2.83	-181	-2.01
73	右前轮抬高 2mm	1455	1544	4547	4453	-89	-2.97	94	1.04
74	右后轮抬高 2mm	1567	1432	4369	4631	135	4.50	-262	-2.91
75	左后轮抬高 2mm	1430	1569	4588	4413	-139	-4.63	175	1.94
76	除右后轮外所有轮抬高 2mm	1430	1569	4588	4413	-139	-4.63	175	1.94
77	左前左后轮抬高 2mm	1473	1527	4518	4482	-54	-1.80	36	0.40
78	左前右后轮抬高 2mm	1610	1389	4301	4700	221	7.37	-399	-4.43
79	右前左后轮抬高 2mm	1387	1612	4656	4345	-225	7.50	311	3.46
80	右前右后轮抬高 2mm	1523	1476	4438	4562	47	1.57	-124	-1.38
81	除左前轮外所有轮抬高 2mm	1455	1544	4547	4453	-89	-2.97	94	1.04

为了验证模拟分析的准确性，笔者于 2021 年 10—11 月跟踪测量了现生产车辆 65 辆，管控定位误差全部在 3mm 以内，实际称重数据同一轴荷左右轮重偏差无一超过 500kg，充分验证了定位累积误差控制的实

际效果。

2 定位误差优化控制方案

为有效控制生产过程中的累积误差,在场地限制不能一次定位的条件下,不仅需要控制各工位的定位误差,同时也需要对各工位的工装设备进行优化改进,提高工装精度。

2.1 定位误差过程控制

优化定位误差首先需要从零部件生产开始管控。悬架零部件自身的平面度除按图纸标注要求之外,需依据《形状和位置公差 未注公差值》(GB/T 1184—1996)中“5.1.1 直线度和平面度”要求,平面度在基本长度范围 300~1000mm 内,符合 1.2mm 的要求。悬架预装件安装位置处公差要求:①悬架同一截面左右位置,相对底架过道平面的高度差值不大于 2mm;②前、后悬架模块的第一截面上横梁相对过道平面,高度 Z 方向的焊接变形不大于 2mm。

其次要管控好底架误差。在各组件放置在工装上并进行点焊定位后,测量前后悬模块截面左右高度,同一截面左右高度差不大于 2mm。此处需要增加测量悬架预埋件与底架的相对位置,测量两侧相同位置点的高度,左右高度偏差不大于 2mm。当组件或预装件出现超出控制要求时,现场必须重新进行定位,可通过增加工艺垫片等方式进行调整。

最后车身总拼误差控制。合拢左右工装架,调整底架上平面到侧窗下横梁上平面高度进行点焊固定。按照定位要求进行管控,Z 方向高度误差不大于 2mm。增加测量每侧悬架预埋件中心点到侧围腰梁上平面尺寸,保证前轮左右截面、后轮左右截面各尺寸测量偏差值不大于 3mm。

2.2 工装改进

工装夹具是保证产品制作精度的重要部分,通过升级与改进工装可降低产品制作误差。在车架制作过程中,采用新车架数控工装,如图 2 所示。新工装改进现有组件之间焊接连接结构,各组件经加工中心加工后采用定位销连接[8],每个定位点经三坐标测量设备检测,确保气囊支座定位误差不大于 1mm。使用过程中定期通过三坐标测量仪对工装进行校验,确保工装精度。

在车身总拼制作过程中,升级采用新车身数控总拼工装,如图 3 所示,配套车架高度定位调节工艺车,选定制作车型后,数控系统自动调整定位点到相应位置。新工装在车身宽度与高度定位方式上改进了原有丝杆与齿轮齿条同步结构,采用了多套伺服电机加虚拟同步轴形式,解决了原结构在跨度大时因结构变形与连接间隙存在误差问题。另外整套系统在车身关键尺寸定位点采用激光测量闭环控制,进一步提升车身制作精度。

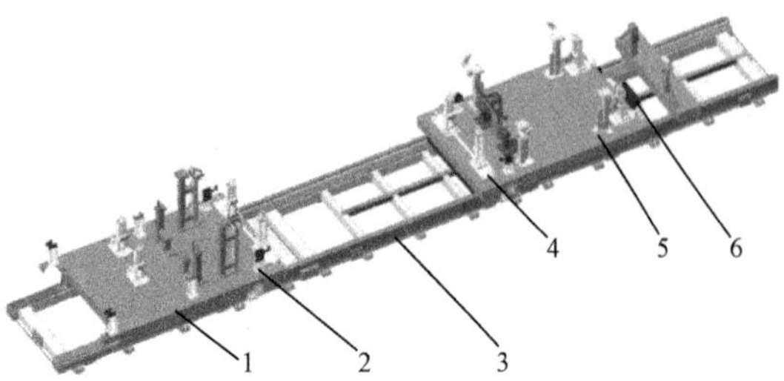

图 2 车架数控工装结构示意图

1-柔性标准模块;2-车架定位单元;3-底部定位平台;4-自对中调节机构;5-悬架定位单元;6-轴距伺服定位组件

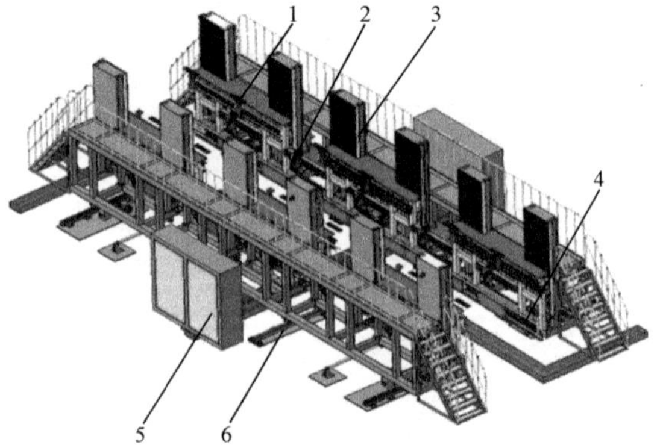

图 3 车身数控总拼工装结构示意图

1-窗上横梁定位单元;2-腰梁定位单元;3-车身高度调整定位系统;4-群边梁定位单元;5-电气控制系统;6-车身宽度调整定位系统

3 结语

全承载客车生产过程中的焊接变形无可避免,可以通过改善工装平台、增加特殊节点的尺寸控制等措施来减少生产过程中的累积误差,提高生产过程的精确程度,防止轴荷偏差较大情况出现,从而提高整车可靠性。

参考文献

[1] 孙斌.全承载式纯电动客车骨架结构轻量化设计[D].厦门:厦门理工学院,2019.

[2] 杨永春.客车骨架焊接变形规律分析与调控[D].西安石油大学,2020.

[3] 王轶.车身焊接精度的研究[D].长春:吉林大学,2019.

[4] 江锋.客车车身焊接变形分析[J].中南汽车运输,1999(2):31-33.

[5] 王祥林,赵贝贝,刘继承,等.汽车白车身弯扭刚度试验方法优化与应用[C]//2020 中国汽车工程学会年会论文集(4).2020.

[6] 吴长风.大客车车身骨架结构强度分析[J].客车技术与研究,2010(5):2.

[7] 赵东伟.基于组合近似模型的城市客车骨架轻量化方法研究[D].青岛:青岛大学,2020.

[8] 吴宗泽.机械零件设计手册[M].北京:机械工业出版社,2003.

法规标准
与产品认证

电动客车再生制动系统法规测试分析

张 涛[1],王献之[2],葛建伟[2]
(1.招商局检测车辆技术研究院有限公司,重庆 401329;2.金龙联合汽车工业(苏州)有限公司,苏州 215000)

摘 要:本文对现行法规中关于电动客车再生制动系统条款进行研究,分析存在的问题,提出改进和优化再生制动系统的测试方法。

关键词:电动客车;再生制动

0 引言

发展新能源汽车是我国从汽车大国迈向汽车强国的必由之路,是应对气候变化、推动绿色发展、实现"双碳"目标的战略举措。电动客车是新能源汽车的一个重要分支,得到大量推广应用,截至2021年底全国新能源城市客车比例超过66%。利用驱动电机和储能装置进行再生制动从而替代辅助制动和部分行车制动功能,可以降低电动客车成本,提升续驶里程,该项技术已广泛应用于电动客车。但是对于再生制动系统性能的测试,包括安全性、能量回收效能等,现行法规还不完善。

本文主要对目前法规中针对电动客车再生制动过程的条款和存在的问题进行分析,提出改进和优化再生制动系统的测试方法。

1 现行法规中针对再生制动的相关条款及问题

目前,新能源汽车相关法规主要聚焦蓄电池、驱动电机、电控、氢燃料发动机等新能源汽车的特有结构,并且以规范安全性、降低能耗为主要目的,常规的被动安全等方面规范性不足。

现行标准中,《机动车运行安全技术条件》(GB 7258—2017)规定车长大于9m、未设置乘客站立区的客车装备的辅助制动装置的性能要求,应使汽车能通过《商用车辆和挂车制动系统技术要求及试验方法》(GB 12676—2014)规定的ⅡA型试验,而GB 12676—2014并未对电动客车的ⅡA型试验状态、方法进行说明。

目前主流电动客车的控制策略,为了发挥再生制动系统的能量回收特性,实现节能、提升续驶里程的目的,行车制动时均采用先再生制动,制动力不足时,再机械制动介入。而再生式制动由驱动电机控制策略规定,而ABS(防抱死制动系统)只控制液压制动力,可见两套系统的控制对象存在重叠,容易导致系统冲突,对于M3类电动客车,关于ABS是否控制再生制动系统,现行标准也无明确规定。因此,再生制动过程中,车辆很可能发生车轮抱死或制动力突然减小导致的车辆前冲甚至无法制动停止,危及道路交通安全。

2 再生制动结构及目前技术路线

再生制动系统主要包含驱动电机、动力蓄电池、电机控制器、蓄电池管理系统以及逆变器等。驱动电机是系统实现再生制动的关键元件,它的性能直接影响制动、能量回收效果;动力蓄电池是储存制动回收能量的储能元件,它的最大充电功率等参数同样会影响再生制动功率。再生制动力受驱动电机转矩、储能装置SOC(剩余电量)等因素影响,能提供的制动力有限,当需求的制动力大于再生制动力时,就需要摩擦制动参与到行车制动中。电动客车按照再生制动和摩擦制动的耦合关系分为并联式和串联式,如图1所示。并联式的结构系统对原有的摩擦制动系统不加调节,也无须进行额外的改进,按照需要的制动力的大小以一定比例输出摩擦制动力和再生制动力。这种结构比较方便,有利于工程实现,但是该结构制动能量回收率较低。早期由传统能源汽车改造的新能源汽车采用该种结构的比较多。串联式的结构在需求的制动力较小时,优先采用再生制动,当需求的制动强度超过一定值时,驱动轮上的再生制动力不变,剩下的制动力由摩擦制动补充。该结构能充分利用再生制动效能,能量回收率高,减少摩擦制动系统的磨损,但是系统比较复杂,技术难度也比较大。

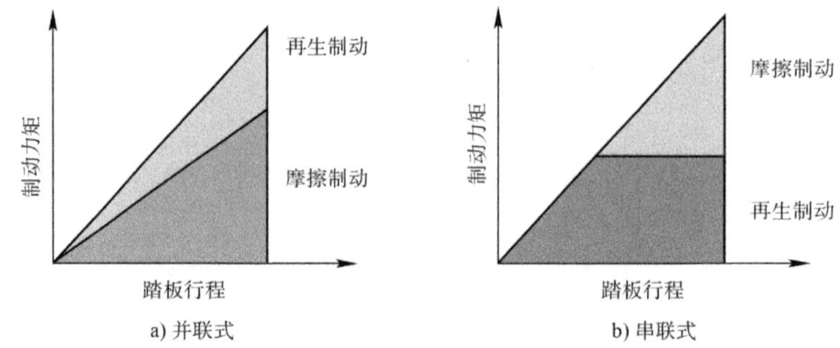

图1　再生制动和摩擦制动的耦合关系

3　再生制动法规应完善的几个方面

3.1　制动测试

目前客车在进行《商用车辆和挂车制动系统技术要求及试验方法》(GB 12676—2014)试验时,需要进行ⅡA 型试验(客车)或者Ⅱ型试验(城市客车),就是通过坡道模拟方法,测试车辆在长下坡工况下,辅助制动会不会因为制动器长期工作导致热衰退,造成制动功能降低。具体试验过程为牵引车牵引被试车辆以 30km/h 的平均车速行驶 6km,被试车辆使用辅助制动系统和行车制动器(如有必要)保证车辆牵引力达到法规要求。

常规车辆中,制动过程减少的机械能被车辆制动系统转化为热能散失到空气中,因此常规车辆必须设计合理的制动冷却系统或辅助制动系统,保证连续制动过程中,制动器不因过热导致制动效能下降。对于电动客车,这部分机械能被再生制动系统转化为电能存储在车载储能装置中,不存在制动器的热衰退现象。但是车载储能装置存储的电能有限,若 SOC 已充满则再生制动系统可能停止工作,造成辅助制动系统失效,难以满足法规要求。因此对于电动客车来说,进行ⅡA 型试验或者Ⅱ型试验时,应考虑车载储能装置的充电情况,即应在车辆充满电情况下进行,此时为电动客车进行该项目试验的最恶劣条件。

车辆设计时,也应考虑车载储能装置 SOC 较高时的车辆制动效能。为保证满足法规要求,应在充电控制策略设计时进行充分考虑,或者增加制动电阻,在 SOC 较低时将再生制动产生的电能存储在储能装置中;当储能装置充满电时,将再生制动产生的电能通过制动电阻,以热的形式散发到环境中。

3.2　防抱死制动测试

《商用车辆和挂车制动系统技术要求及试验方法》(GB 12676—2014)对电动车辆、装有电力再生式制动系统的 M_2、N_1和最大设计总质量小于 5000 kg 的 N_2类车辆,当装备防抱制动系统时,由防抱死制动系统控制电力再生式制动系统。对于 M_3类客车,防抱死制动系统和再生制动系统没有进行任何规定。《机动车和挂车防抱制动系统性能和试验方法》(GB/T 13594—2003)则由于标准发布较早,对电动汽车的防抱死制动系统也未进行规定。

对于电动客车,防抱死制动系统只能控制传统的气压或者液压制动力。当再生制动系统工作时,为保障安全性,整车控制系统应该同时控制电机的再生制动和传统气压或液压制动系统,需要对再生制动力和传统摩擦制动力进行协调,当驱动轮将要抱死时,停止再生制动或者减小再生制动力、增加从动轮的摩擦制动力,防止驱动轮抱死。但这也带来了制动强度在一段时间内明显减小、制动距离增加的结果。

因此,对于装配再生制动系统和防抱死制动系统的电动客车来说,在进行防抱死制动测试时,应该要考虑以下方面:第一,对于装备 A 型再生制动车辆,应测试仅再生制动工作且制动强度最大时,车辆在低附着系数路面、车辆由高附着系数路面驶向低附着系数路面、车辆的左右两侧车轮分别位于两种不同附着系数状态下,车辆是否抱死;第二,对于装备 B 型再生制动车辆,应测试促全力制动时,车辆在不同附着系数路面上是否抱死,并且再生制动系统和机械制动同时工作时的制动距离,相对仅机械制动时的制动距离的变化率是否显著增大,特别是低附着系数路面上的变化率。

车辆设计时,应该要充分考虑再生制动系统工作时制动力的控制算法;同时也应考虑在特定附着系数路面上再生制动系统和防抱死制动系统的协调控制,尽量减小再生制动和控制策略对制动效能的影响。

3.3 再生制动能量回收效率的测试

再生制动能量回收的特性可以明显提升电动客车的续驶里程,在较频繁制动与起动的城市工况运行条件下,有效地回收制动能量,电动汽车大约可降低 15% 的能量消耗,可使电动汽车的行驶距离延长 10% ~ 30%,也是公交运营企业采购、运营非常关注的性能指标。但是针对电动客车再生制动能量回收性能的评价指标和测试方法都还没有统一的法规进行规定。

《电动汽车再生制动系统要求及试验方法》(QC/T 1089—2017)针对乘用车提出制动能量回收效率、制动能量回收系统续驶里程贡献率两个指标。制动能量回收效率是指汽车减速过程中,由再生制动系统回收,最终回馈至可充电储能系统的能量与汽车减速过程中所需施加的制动能量之间的比值;制动能量回收系统续驶里程贡献率是指相同试验条件下,开启与关闭制动能量回收功能时电动汽车运行里程的差值与关闭制动能量回收功能时的运行里程的比值。对电动汽车来说,该评价指标需要试验周期长,试验数据庞大,计算复杂,且需要更改整车控制策略,不适合运营时进行计算分析。

初亮等提出制动能量回收率[1],即电机回收的制动能量经过电机控制器输出的能量与在制动过程中车辆总动能的比值。相比 QC/T 1089—2017,该评价指标只需要进行 3 个完整的试验工况,每次计算偏差小于规定值,即可确定最终制动能量回收率,试验周期短,计算过程较简单。但是,该方法对于运营时的电动客车分析制动能量回收效率,也同样存在着试验数据量较大、不够直观的问题。

目前部分公交运营企业提出了利用单次工况循环过程中,电机回收至储能装置的制动能量与储能装置输出的能量比值来评价制动能量回收效率。表 1 为某车长为 6005mm 纯电动城市车按照《中国汽车行驶工况 第 2 部分:重型商用车辆》(GB/T 38146.2—2019)中国城市客车行驶工况进行三次试验的数据,可以看出,该测试方法计算的制动能量回收效率相对标准偏差为 0.37%,重复性好。而且该方法测试简单,适用性强。专业机构可以通过外接高精度仪器测量电流、电压进行计算,普通运营者也可通过车载程序进行粗略计算。

某纯电动城市客车制动能量回收效率试验数据 表 1

指　　标	第一次循环	第二次循环	第三次循环
电机回收至储能装置的制动能量(kW · h)	0.786	0.744	0.763
储能装置输出的能量(kW · h)	3.69	3.62	3.65
制动能量回收效率	21.30%	20.55%	20.90%

目前制动能量回收效率的测试方法和评价指标种类繁多,各有其优缺点,亟须国家标准或者行业标准进行统一的规范,促进电动汽车节能水平。

4 结语

本文针对电动客车再生制动系统进行了分析,分别从制动测试、防抱死制动测试、能量回收效率测试三个方面,探讨了现行标准和测试方法中再生制动系统相关条款及存在问题,提出了优化优化措施及建议。目前,我国的电动客车相关技术,特别是涉及新能源方面的技术已经走在了标准的前列,还需要不断完善标准框架体系,规范和促进电动客车技术发展。

参 考 文 献

[1] 初亮,刘达亮,刘宏伟,等.纯电动汽车制动能量回收评价方法研究[J].汽车工程,2017,39(04):471-479.

汽车行业标准《客车空气净化装置》修订体会

李洋洋[1],于雅丽[2],石　路[3,4],赵绍伟[5]

(1. 上海交大海洋水下工程科学研究院有限公司,上海　200231;2. 中国公路车辆机械有限公司,北京　100023;
3. 上海交通大学海洋水下工程科学研究院,上海　200240;4. 上海交通大学-千叶大学国际合作研究中心,上海　200233;
5. 招商局检测车辆技术研究院有限公司,重庆　401122)

摘　要:客车作为公路客运重要的交通工具和城市公共交通的重要载体,车内的健康防控工作显得尤为重要,不仅关系到乘客的安全出行,还影响到全国的疫情防控大局。新冠疫情对客车内空气安全防护既是挑战也是机遇。用户需求倒逼车企技术升级,"健康客车"成为车企重点研发的新方向。本项目针对客车人员密度大、流动性强、空间密闭及微环境持续时间长等特点,从污染物指标浓度限值、净化指标种类以及净化性能等方面出发对《客车空气净化装置技术条件》(QC/T 1091—2017)进行修订。修订后的标准可进一步提高客车在常规营运及面对突发传染病疫情时的车内空气质量,提升全面应对污染能力,最大限度地保障司乘人员的健康和安全。

关键词:客车;新冠疫情;空气净化装置;空气质量

0　引言

2020年伊始,新冠肺炎疫情在全球范围内突然暴发。在以习近平同志为核心的党中央坚强领导下,全党全国人民全力应对疫情,取得了令世人瞩目的成绩。在这场疫情阻击战中,客车作为公路客运重要的交通工具和城市公共交通的重要载体,车内的健康防控工作尤为重要,客车内空气质量受到了人们的空前关注,对汽车净化空气功能的需求日益凸显。用户需求倒逼车企技术升级,"健康客车"成为车企重点研发的新方向[1-2]。中国汽车工业协会2020年3月10日发布的《2020新冠肺炎疫情中国汽车消费洞察报告》表明,车辆配备空气净化系统、汽车消毒等功能对用户或乘客更有吸引力;另有调查数据显示,"车内空气净化系统"是用户在疫情影响下比较重视的汽车功能,占比近70%,84%的调研用户愿意为"空气净化系统、防病毒"功能付费。

然而,现行的《客车空气净化装置技术条件》(QC/T 1091—2017)在污染物指标浓度限值、净化指标种类、净化装置一般要求及净化要求等方面存在短板和不足,影响了客车常规营运及面对突发传染病疫情时驾乘人员健康安全保护,也是本标准修订的出发点和初衷。

1　标准修订原则及主要修订内容

1.1　标准修订原则

(1)协调一致性原则。本标准的修订主要依据国内外客车内空气质量及净化装置(净化器)相关要求,并通过前期实验数据的分析汇总开展标准化研究,与现阶段我国汽车行业的实际运行、管理保持协调一致。

(2)服务性原则。我国汽车行业中的长途客车业务发展迅猛,但现有的客车空气净化装置技术要求已不能满足驾乘人员的健康需求。本标准的修订能够更好地适应并满足行业管理和发展需要,为一线的长途客车驾驶员和广大乘客服务。

(3)实用性原则。坚持科学、系统、实效为主的原则完成标准的修订工作,符合交通运输发展状况和以人为本的实际需求,对进一步完善我国客车净化装置技术规范和标准具有现实意义。

(4)优先级原则。编写组在标准编制过程中,采用国际标准优先于国家标准,国家标准优先于行业标准,行业标准优先于现有行业管理和应用资料的原则。

1.2 主要修订内容

现行的《客车空气净化装置技术条件》(QC/T 1091—2017)已不能满足现阶段汽车行业“健康客车”理念以及公众的迫切需求。本项目对 QC/T 1091—2017 进行修订,内容主要包括:

(1)QC/T 1091—2017 对甲醛、甲苯、二甲苯、总挥发性有机化合物和颗粒物提出了去除率要求,对现有指标的净化去除率浓度限值主要参考现行版《长途客车内空气质量要求》(GB/T 17729)[3]的限值,目前 GB/T 17729 正在修订阶段,修订的主要方向之一就是对现有指标浓度限值进行加严,因此《客车空气净化装置技术条件》也应相应加严。

(2)客车空气净化装置对颗粒物和气态污染物的净化能效是检验其性能的重要指标。《空气净化器》(GB/T 18801—2015)第 5 章“要求”中 5.5 明确规定了净化器的净化能效要求。客车车厢具有人员密度大、流动性强、空间密闭及微环境持续时间长等特点,对客车空气净化装置的净化能效提出具体要求是保障驾乘人员健康的重要保障。

2 主要试验(或验证)情况分析

2.1 净化装置气态污染物去除率和净化能效试验

课题组共完成 8 种型号客车空气净化装置的气态污染物验证试验。不同型号净化装置去除率及净化能效见表 1。

不同型号净化装置去除率及净化能效 表 1

产品序号	类型	风量(m^3/h)	工作 0.5h 去除率(%)			工作 1h 去除率(%)			净化能效[$m^3/(W \cdot h)$]		
			甲苯	二甲苯	甲醛	甲苯	二甲苯	甲醛	甲苯	二甲苯	甲醛
1	独立型	300	4	6	13	7	11	24	0.6	0.9	2.1
2	独立型	350	29	38	27	49	62	47	0.4	0.5	0.3
3	天窗集成型	470	37	42	31	60	66	53	1	1.2	0.8
4	无动力型	600	6	6	15	12	11	28	1.3	1.2	3.2
5	独立型	620	52	57	37	77	81	61	0.8	0.9	0.6
6	天窗集成型	620	71	75	52	92	94	77	1.9	2.1	1.1
7	天窗集成型	620	67	72	59	89	92	83	1.6	1.8	1.2
8	无动力型	1000	38	43	59	62	68	83	2.5	2.9	4.5

2.2 环境舱自然衰减常数的测试结果

表 2 列出了 6 个月内环境舱自然衰减常数的测试结果,同一天连续 3 次测试的自然衰减测试结果的相对标准偏差 RSD 值,与 5 个月连续测试的衰减常数测试结果相对标准偏差无显著性差异。

6 个月内环境舱自然衰减常数的测试结果 表 2

时 间	自然衰减常数		
	甲苯	二甲苯	甲醛
2021 年 11 月 6 日	0.0008	0.0010	0.0016
2021 年 11 月 6 日	0.0012	0.0019	0.0008
2021 年 11 月 6 日	0.0006	0.0011	0.0017

续上表

时　间	自然衰减常数		
	甲苯	二甲苯	甲醛
连续三次 RSD	35%	37%	36%
2021 年 12 月 10 日	0.0013	0.0016	0.0007
2021 年 12 月 23 日	0.0019	0.0011	0.0009
2022 年 1 月 18 日	0.0006	0.0008	0.0018
2022 年 2 月 14 日	0.0014	0.0012	0.0011
2022 年 2 月 17 日	0.0008	0.0006	0.0015
2022 年 2 月 21 日	0.001	0.0012	0.001
2022 年 3 月 29 日	0.0009	0.0017	0.0008
2022 年 4 月 6 日	0.0018	0.0013	0.0009
所有结果的 RSD	40%	31%	35%

3　修订的主要技术指标

3.1　术语和定义

删除了自然衰减、总衰减术语和定义(见 2017 年版的 3.3、3.4);增加了额定功率、初阻力、目标污染物和净化能效的术语和定义(见 3.3、3.4、3.5、3.6)。

理由和依据:本标准所提要求应落脚到客车空气净化装置应满足的相关技术层面,因此本次修订删减了与公式推导计算相关的术语和定义,增加了技术要求方面的相关术语和定义。

3.2　一般要求

本节在原标准基础上进行了补充,对客车净化装置应满足的基本要求、性能要求、额定功率、风量、初阻力、噪声及有害物质释放量进行了规定。其中,性能要求中重点补充了客车空气净化装置应满足的电磁兼容性要求。噪声值由原标准规定的 65 dB(A)修改为 66 dB(A)。

理由和依据:《营运客车类型划分及等级评定》(JT/T 325—2018)8.2.1 中要求大型及特大型客车高一级车内噪声≤72 dB(A),高二级车内噪声≤69 dB(A),高三级车内噪声≤66 dB(A)。《客车电动换气扇》(JT/T 305—2020)5.3“换气扇 A 计权声功率级噪声限值应不超过 66 dB(A)”。《开启式客车安全顶窗》(GB/T 23334—2009)5.13“安全顶窗处于工作状态时,运行噪声应不大于 66 dB(A)”。在车内噪声最低要求不大于 66 dB(A)的前提下,要求客车空气净化装置机外噪声实测值不大于 63 dB(A)属于设计过盈。

3.3　净化要求

污染物去除率试验中污染物初始浓度为《长途客车内空气质量要求及检验方法》(GB/T 17729—2023)报批稿限值的 8 ~ 12 倍[与《室内空气质量标准》(GB/T 18883—2022)中规定的浓度限值 8 ~ 12 倍一致]。相比于现行标准,本标准修订补充了净化装置对颗粒物和气态污染物的净化能效分级,参照《空气净化器》(GB/T 18801—2015)相关要求,见表 3。

客车空气净化装置对不同目标污染物的净化能效分级　　表 3

净化能效等级	颗粒物净化能效[$m^3/(W\cdot h)$]	气态污染物净化能效[$m^3/(W\cdot h)$]
高效级	η 颗粒物≥5.00	η 气态污染物≥1.00
合格级	2.00≤η 颗粒物<5.00	0.50≤η 气态污染物<1.00

3.4 试验方法

本节对客车空气净化装置的外观、电磁兼容性、额定功率、风量、初阻力、噪声、有害物质释放量、微生物去除、颗粒物净化能效以及气态污染物净化能效应采用的试验方法进行了规定。

在净化效率试验内容中修改了试验方案，不需要每次总衰减试验前均需要做自然衰减试验，而是由每月一次对环境舱自然衰减常数的测定结果代替。理由为：①每次总衰减试验前做一次自然衰减试验复杂，试验周期长，工作效率低；②标准中规定了测试频率为每月一次自然衰减常数应满足≤0.002的要求，这是环境舱的基本要求，在连续固定的时间间隔内自然衰减常数均满足该要求，则表明环境舱密封性能未发生变化，且可以通过自然衰减常数质控图的方式检测环境舱的性能变化，必要时再进行检查。

3.5 检验规则

本节对客车空气净化装置应满足的检验分类、出厂检验、抽样检验、型式检验和判定原则，以及出厂检验项目进行了规定。

3.6 标志、包装、运输和储存

本节对客车空气净化装置的标志、包装、运输和储存分别进行了规定，这是本标准的重要组成部分。

3.7 附录

主要包括试验舱，衰减常数计算方法以及挥发性有机化合物的测定罐采样、气相色谱质谱法3个附录。

4 结语

相较室内环境，车内微环境空气污染及净化处理的相关研究起步相对较晚。2012年7月15日欧盟正式发布了由国际标准化组织（ISO）制定的*ISO 12219-Interior air of road vehicles*（道路车辆内部空气）系列标准，该标准目前是欧盟各成员国普遍执行的标准，但主要是对道路车辆空气污染物评测方法提出的要求；美国环保署（Environmental Protection Agency，EPA）列出了车辆不可用及受控制的材料清单，凡是在此清单上的材料和零部件用量超过标准要求的汽车制造厂和零部件供应商都必须进行申报，对车内空气质量的要求主要参考室内环境标准，且没有针对客车空气净化装置技术条件提出具体要求。日本汽车工业协会（Japan Automobile Manufacturers Association，JAMA）通过对整个行业的研究，针对新销售汽车进行（volatile organic compounds，VOC）污染物的规定，需要满足日本厚生劳动省（the Ministry of Health，Labor，and Welfare，MHL-WMHLW）制定的多种有机挥发性化合物的浓度值，侧重点同样为车内空气污染物浓度，而没有涉及车内空气净化装置技术条件。另外，韩国政府建设部颁布《新规制作汽车的室内空气质量管理标准》以及俄罗斯联邦工业科技部制定的《驾驶室空气中污染物含量实验标准和方法》（P51206—2004）均是针对车内空气污染物浓度提出的要求，同样缺乏客车空气净化装置技术条件相关标准。

客车内空气净化是系统性问题，不是单纯源于某个设计工艺或者制造过程导致的问题，车辆出厂后采用空气净化装置进行干预也是保障客车内空气质量的重要一环。本标准修订以客车空气净化装置为抓手，从环境卫生学、人体生理学、心理学等角度系统性地提出满足我国客车车内空气质量和驾乘人员健康需求的汽车行业标准《客车空气净化装置技术条件》（QC/T 1091—2017）。《客车空气净化装置技术条件》的修订对交通运输行业及公共卫生领域内“经营性机动车营运安全标准”“安全应急”“装备推广应用”“保障人身健康”以及“疫情防控”等相关标准体系的构建具有积极的作用，是建立健全客车营运公共服务体系的重要组成部分，对保障驾乘人员的健康和安全至关重要。

参考文献

[1] 张铜柱，温楠. 健康汽车评价指标及标准体系分析研究[J]. 汽车与配件，2020(23)：58-61.

[2] 佚名. 直面疫情丨欧辉客车发布“超级健康客车”打造客运疫情防控专属解决方案[J]. 城市公共交通，2020(3)：3.

营运车辆 AEBS 标准先进性分析

姚　波[1],张冬龙[2],李　海[3],蔡鹏飞[1]

(1. 招商局检测车辆技术研究院有限公司　国家客车质量检验检测中心,重庆　401122;
2. 北京福田欧辉新能源汽车有限公司,北京　102206;3. 北京福田戴姆勒汽车有限公司,北京　101400)

摘　要:自动紧急制动技术是汽车智能化技术之一,加大自动紧急制动技术在营运车辆中的应用是提升我国营运车辆安全技术水平的重要途径。2019 年交通运输部颁布实施的《营运车辆自动紧急制动系统性能要求和测试规程》(JT/T 1242—2019)是评价汽车自动紧急制动系统性能的重要依据,为我国商用车自动紧急制动技术测试评价提供了重要参考。本文从标准立意、测试方法、评价体系等方面分析了标准的先进性,并给出了进一步完善自动紧急制动技术测试评价的建议。

关键词:自动紧急制动;营运车辆;先进性;JT/T 1242

0　引言

自动紧急制动(Autonomous Emergency Braking,AEB)技术是辅助自动驾驶技术之一,该技术能在紧急工况下制动车辆,避免车辆与前方障碍物碰撞,从而减少碰撞事故[1-5]。营运车辆通常具有载重量大、营运工况复杂、碰撞风险高等特征,在营运车辆上配置自动紧急制动系统(Autonomous Emergency Braking System,AEBS)能够有效降低碰撞风险,提高运输安全水平。为提高营运车辆本质安全水平,同时加大辅助自动驾驶技术在营运车辆中的示范应用,交通运输部率先制定了《营运车辆自动紧急制动系统性能要求和测试规程》(JT/T 1242—2019),要求新进入营运市场的重点营运车辆要分别按照《营运客车安全技术条件》(JT/T 1094—2016)、《营运货车安全技术条件　第 1 部分:载货汽车》(JT/T 1178.1—2018)和《营运货车安全技术条件　第 2 部分:牵引车辆与挂车》(JT/T 1178.2—2019)的规定配备自动紧急制动系统。JT/T 1242—2019 的制定与实施,为国内商用车 AEB 测试提供了规范,填补了我国商用车 AEB 测试评价领域空白,有力推动了辅助自动驾驶技术在交通运输领域的发展和应用,提升了载运工具本质安全水平,对加快交通强国建设具有现实意义。

1　前瞻布局　体现自动驾驶先进技术

JT/T 1242—2019 是自动驾驶标准体系中的重要组成部分,标准考虑部件级及系统级协同功能,从一般要求、功能要求、环境适应性要求和测试规程等方面规定了营运车辆自动紧急制动系统的整体性能。标准聚焦于自动驾驶先进技术,将 AEBS 这一先进辅助驾驶技术应用于营运车辆,通过机器视觉识别车辆前方障碍物及环境信息,经分析综合后对信息进行融合处理,有效降低碰撞风险。标准不仅对单车智能作了要求,还对车路协同作了规定,要求 AEBS 除了利用车内通信网络获取车辆车速、制动、加速、转向灯信号等信息外,还可通过车路通信功能实现与路侧单元数据交互,获取路侧单元发送的障碍物类型、地理位置、运动状态等前方障碍物状态信息,以及路面附着系数、横向坡度、纵向坡度、弯道半径等前方道路状况信息,还能获取危险警示、交通状况、恶劣天气等信息,从而实现"聪明的车"和"智慧的路"的有效融合,提升了标准在自动驾驶领域的先进性。

然而《商用车辆自动紧急制动系统(AEBS)性能要求及试验方法》(GB/T 38186—2019)仅针对单车智能对 AEBS 系统级和整车级的基本性能作了要求,已不能适应自动驾驶技术的发展要求。

2 技术创新 引入行人保护评价方法

营运车辆运行场景复杂,前方障碍物除了车辆等主要信息外,行人是重要因素,如何保护行人安全、有效防控行人碰撞是需要解决的实际问题。基于此,标准参考 EURO NCAP 中乘用车行人 AEB 测试评价方法,结合中国道路实际,首次在商用车中引入行人紧急制动评价方法及指标。面向行人的紧急制动测试场景如图 1 所示,自车以 60km/h 的速度匀速行驶,行人在车道线中心左侧 4.5m 处以 8km/h 的速度横穿,测试自车的预警功能和自动紧急制动功能。其中预警阶段的评价指标为:预警方式至少出现视觉、听觉、触觉中的两种,速度减小量不应超过 15km/h 与总减速量 30% 两者间的最大值。紧急制动阶段的评价指标为:距离碰撞时间或强化距离碰撞时间不小于 3s 前开始,速度减小量不小于 20km/h。通常营运车辆前方障碍物探测传感器为"毫米波雷达 + 摄像头",通过引入行人场景机器视觉软硬件技术要求,整体提升了营运车辆技术装备水平。

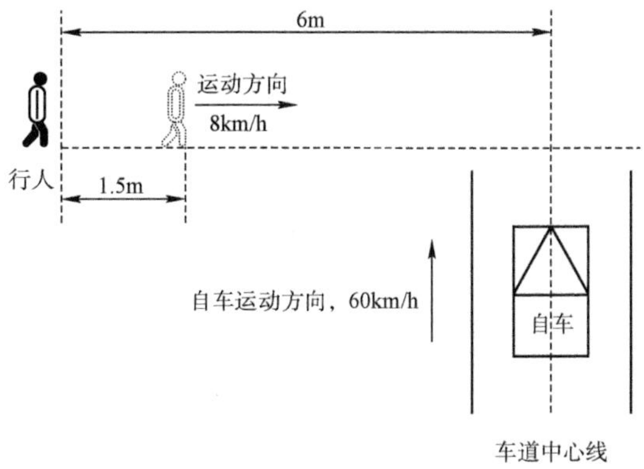

图 1 面向行人的紧急制动测试场景

3 场景典型 提出封闭场地测试规范

实际运行中场景复杂多变,AEB 技术覆盖典型、大概率出现的场景,往往能够防控大部分安全事故。在封闭场地测试环境中,标准选取目标检测距离测试、目标检测宽度测试、目标车辆静止测试、目标车辆移动测试、弯道横向目标识别测试、误响应测试、行人测试、车路通信测试 8 种测试场景,覆盖车车碰撞、车人碰撞、车路协同等典型工况,为封闭场地环境提出了标准测试规范。测试规程方面,相比 GB/T 38186—2019 提出的静止目标测试、移动目标测试、AEBS 失效测试、驾驶人干预测试、误响应测试 5 种测试场景,JT/T 1242—2019 考虑更加全面,特别是弯道测试、行人测试、车路通信测试与营运车辆实际道路场景高度贴合,有力拓展了测试边界,从人、车、路、云多方面完善了封闭场地的功能要求。

4 指标多样 拓展系统性能技术边界

针对 AEBS 系统级性能,除运行车速、碰撞预警、紧急制动、电磁环境适应性等基本性能外,标准还规定了目标检测区域、车内通信、车路通信、电气和机械环境适应性以及对远程数据备份方面的要求,明确了系统检测精度。具体量化要求包括系统最小检测距离小于 2m,目标车辆的最大检测距离 150m,行人最大检测距离大于 60m,系统对目标车辆在最大检测距离位置的最小检测水平横向宽度大于 3.75m,系统能在曲率半径 250m 的弯道上检测到目标车。系统精度建立在可靠性基础之上,标准拓宽评价边界,将工作电压范围、过电压性能、反向电压性能、气候环境适应性等电气环境适应性以及振动冲击等机械环境适应性纳入性能要求,确保系统功能准确可靠,形成科学合理的系统级评价体系,为产品设计研发、试验验证提供了重要参考。

5 结语

JT/T 1242—2019 标准基于先进自动驾驶技术理念对 AEBS 作了系统级及整车级的评价规定,是目前国内现行自动紧急制动系统测试评价方法中较为先进、全面的标准。然而标准仍然存在不足。一是评价指标仍不够完善。近年来功能安全测试需求持续增加,尤其在自动驾驶领域,但标准作为自动驾驶基础标准之一,缺少功能安全测试规程。AEBS 作为零部件,其功能失效后,紧急工况下极易发生碰撞事故,因此整车应具备应急措施,建议标准后期修订时加入功能安全测试要求。二是部分测试场景单一。行人自动紧急制动测试中,标准只规定了一种测试场景,实际运行中常出现行人与车辆在同一方向运动的场景,针对此场景制定相应测试方法,能够有效保护行人安全。因此建议增加行人测试项目,丰富行人紧急制动测试场景。

参 考 文 献

[1] 周文帅,李妍,王润民,等.自动紧急制动(AEB)系统测试评价方法研究进展综述[J].汽车实用技术,2020(18):34-40,49.

[2] 李霖,朱西产,董小飞,等.自主紧急制动系统避撞策略的研究[J].汽车工程,2015,37(02):168-174.

[3] 孙航,孙悦,解瀚光.基于CIDAS数据库的先进驾驶辅助系统安全效果研究[J].中国汽车,2019(11):46-51.

[4] 周文帅,李妍,王润民,等.自动紧急制动系统(AEB)测试评价方法研究进展综述[J].汽车实用技术,2020,45(18):34-40,49.

[5] 苏占领,牛成勇,徐建勋,等.基于行人横穿场景的AEB系统性能测试与评价研究[J].汽车实用技术,2022,42(4):218-222.

客车检测
与实验技术

基于 GB 13057 法规升级对某客车座椅连接件强度的动态试验仿真与试验对标

江厚娟,袁刘凯

(南京依维柯汽车有限公司,南京　211800)

摘　要:为了满足 GB 13057 法规升级后对客车座椅连接件的新要求,对某款客座椅连接件进行设计优化,并对该客车进行 GB 13057 一阶段动态试验与仿真分析,验证座椅连接件的可靠性。试验结果与仿真分析结果对比分析表明,仿真结果趋近于试验结果,从而验证了本文有限元模型的准确性和可行性。

关键词:GB 13057;客车座椅;座椅连接件;动态试验;试验仿真对标

0　引言

客车作为交通运输中必不可少的一部分,相较于乘用车,载客量更大、行驶里程更长,客车行驶安全更加值得重视和研究。统计表明,在客车的碰撞事故中有很大一部分乘客的伤亡是乘客与座椅的二次碰撞和座椅连接件失效造成的。因此《客车座椅及其车辆固定件的强度》(GB 13057—2014)对客车座椅及其车辆固定件强度提出了更为严格的动态试验要求,对当前客车座椅连接件进行设计优化,提高其强度,并进行动态试验仿真与试验对标,具有重要意义。

1　GB 13057 动态试验方法及座椅、车辆固定件强度要求

1.1　动态试验方法

考核座椅及其车辆固定件时,将试验平台牢固地固定在试验台车上,其固定方式不应对座椅和试验台车的连接产生加固效果。第二排座椅应平行地安装在第一排座椅后方,调整状态一致,两排座椅间距为750mm 或采用车辆上的最小座椅间距。

HYBRID Ⅲ假人或 TNO 10 假人按照以下方案进行放置。第一阶段:将假人无约束地放置在第二排座椅上,使其对称平面与试验乘坐位置的对称平面重合。第二阶段:将假人放置在第一排座椅上,使其对称平面与试验乘坐位置的对称平面重合,假人应被安全带约束住。

台车模拟的速度变化范围应为 50km/h ± 1km/h。碰撞模拟过程中,台车的减速度或加速度应在 30ms 内达到至少 20g 且持续作用时间不少于 20ms;台车的减速度或加速度应保持在图 1 所规定的限定曲线上方(持续作用时间小于 1ms 的峰值除外)。

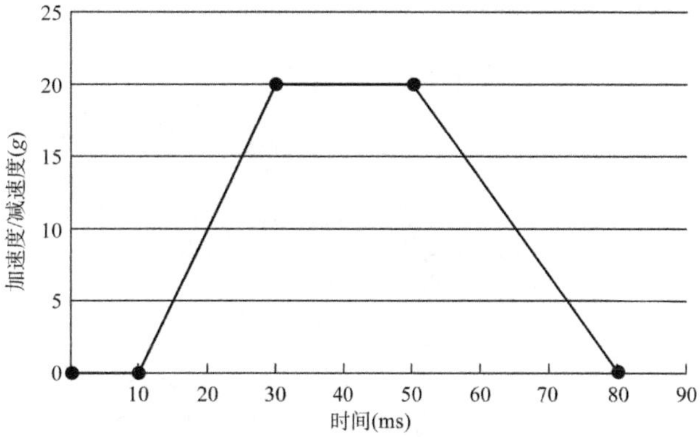

图 1　台车减速度或加速度下限的时间历程

1.2　座椅及车辆固定件强度要求

动态试验期间,座椅及车辆固定件应满足以下要求:

(1)座椅连接件、附件或零件无安全分离;

(2)即使车辆固定件存在分离情况,座椅仍能固定住在车辆上;

(3)座椅及其附件的结构件在试验后无会导致人体受伤的断裂或尖角、锐边;

(4)对于二阶段规定的强度试验,约束假人的安全带不应发生断裂,安全带固定点不应失效。带扣应能保持锁止状态,试验后其带扣解锁力不应超过60N。

2 当前客车座椅连接件的结构优化设计

现有技术的座椅与车身地板固定件强度无法满足GB 13057的相关要求。因此,对现有的座椅与车身地板固定件结构进行优化设计,开发出一种新型双导轨连接件,该连接件为一体冲压式,截面呈对称两“几”字状,如图2所示。

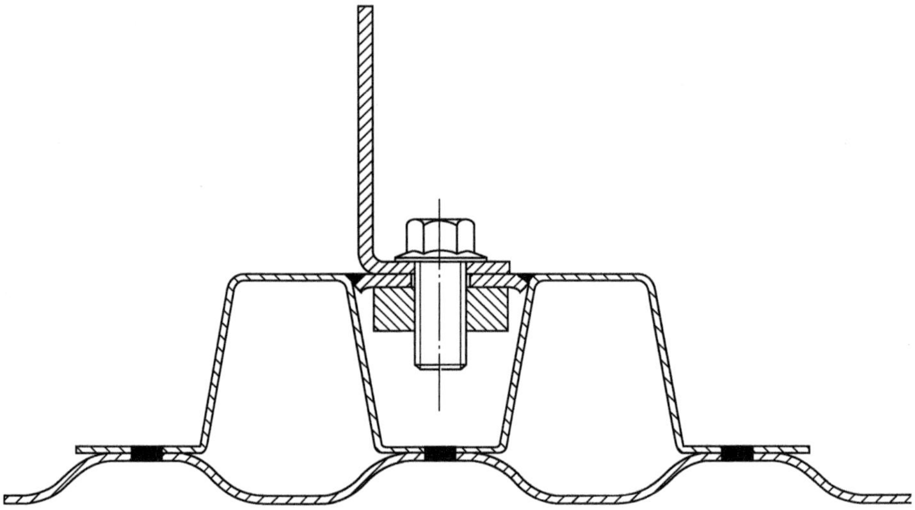

图2 客车座椅连接件截面图

该双导轨连接件与车身地板采用焊点连接,与座椅支架采用螺栓连接并焊接加强板。与现有的单导轨连接件结构相比,该双导轨连接件结构强度更好,变形更小,横截面面积更小,而惯性矩和抗弯截面系数更大,同时轻量化程度更高且抵抗变形的能力更强。

3 GB 13057一阶段动态试验仿真有限元模型

3.1 白车身模型

对欧胜某款车型白车身进行有限元建模,通过ANSA进行前处理,保留车身主体部分,双导轨连接件与车身地板焊点采用SOLID单元进行模拟连接。白车身有限元模型如图3所示。

图3 白车身有限元模型

3.2 座椅模型

座椅靠背泡沫内骨架采用beam单元模拟,座椅靠背与骨架之间转动副采用CONSTRAINED_JOINT_SPHERICAL模拟,座椅与车身地板利用刚体连接,如图4所示。

3.3 假人模型

目前汽车碰撞试验中比较通用的假人模型为美国50百分位Hybrid Ⅲ男性假人,质量约75kg,该假人由

32 个刚体组成,外形和响应特性由 53 个椭圆球附着在不同刚体上表现,可直接调用放置在有限元模型中,根据座椅位置大小调整假人姿态,如图 5 所示。根据 GB 13057 法规一阶段强度试验要求,将假人无约束地放置在第二排座椅上。

图 4　座椅有限元模型

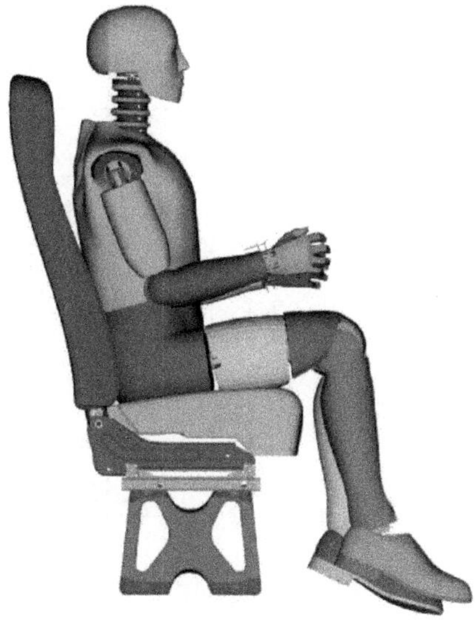

图 5　假人有限元模型

3.4　加速度场

试验中模拟车辆的碰撞环境,给台车一个向后的加速度,由于乘客和约束系统的质量相对于台车而言非常少,因此可以忽略乘客的运动对台车的影响。在仿真计算中,给白车身一个水平向后的加速度,同时给有限元模型中的所有单元一个垂直向下的重力加速度。试验中台车的加速度曲线和速度曲线分别如图 6 和图 7 所示,试验过程中台车最大加速度达到 26. 3g,最大速度达到 49. 3km/h。通过对试验台车的加速度曲线进行拟合,给有限元模型白车身向后的加速度场。

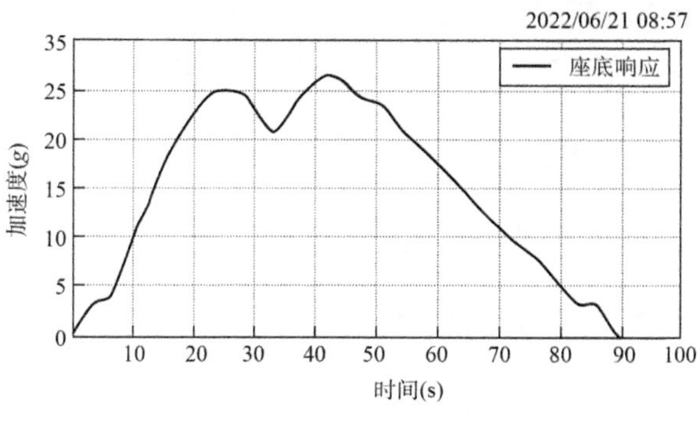

图 6　试验过程中台车的实际加速度变化

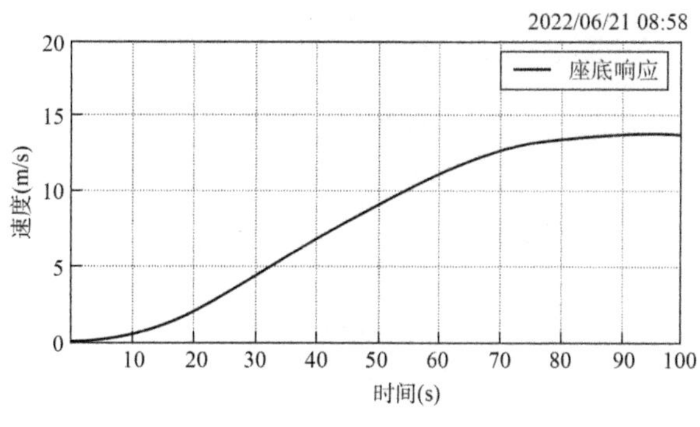

图 7　试验过程中台车的实际速度变化

4　动态试验仿真分析结果

4.1　结果能量曲线

关于仿真结果的准确性,能量变化过程中的重要评价指标是沙漏能占总能量的比值。沙漏能的产生主要是由于计算过程中单元的积分形式引起的,要求分析模型沙漏能占内能的比值不超过 10%,如图 8 所示。本文中分析模型的沙漏能占内能的比值低于 10%,因此可以判定该有限元模型计算的合理性和有效性。

4.2　座椅及连接件关键位置变形情况

LS_Dyna 求解器完成求解后输出 d3plot 文件,将该文件载入到 Hyperview 中读取车辆运动过程的动画,如图 9 所示,假人前倾严重,座椅靠背抵抗力严重不足。根据动画结果重点关注前排座椅连接件固定点变形情况、前排座椅侧壁固定点变形情况以及前排座椅骨架与椅腿连接螺栓所受到的最大载荷。

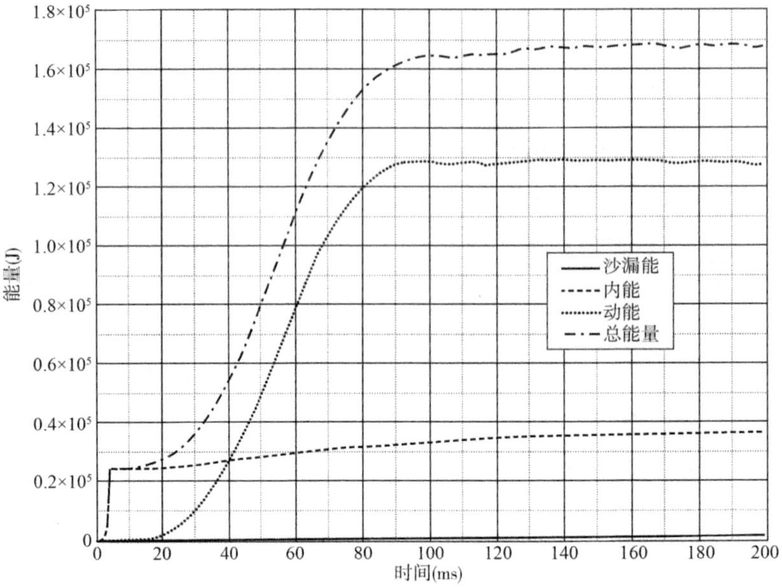

图 8　结果能量曲线图

前排座椅固定点处有效应变最大值为 0.106,仅发生轻微变形,如图 10 所示。

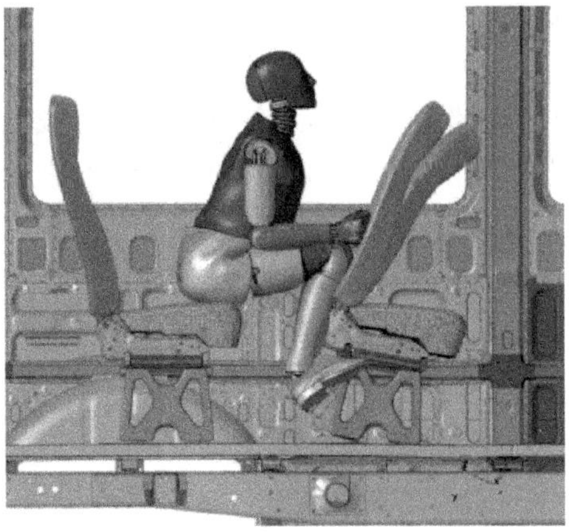

图 9　d3plot 结果文件

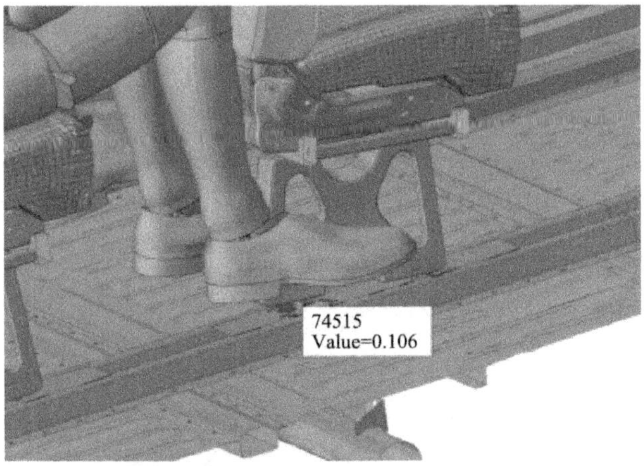

图 10　前排座椅固定点处有效应变最大值为 0.106

前排座椅侧壁固定点最大应变值为 0.340,变形严重,如图 11 所示。

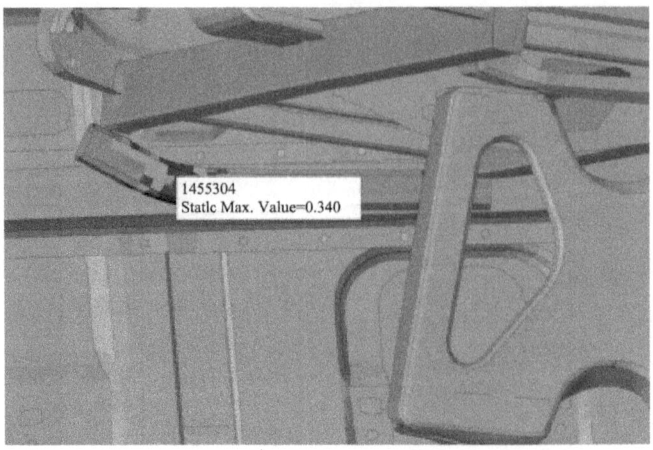

图 11　前排座椅侧壁固定点最大应变值为 0.340

前排座椅骨架与椅腿连接螺栓所受到的最大载荷为23092.6N,小于试验车辆中所使用的M10螺栓的保证载荷(33700N),如图12所示。

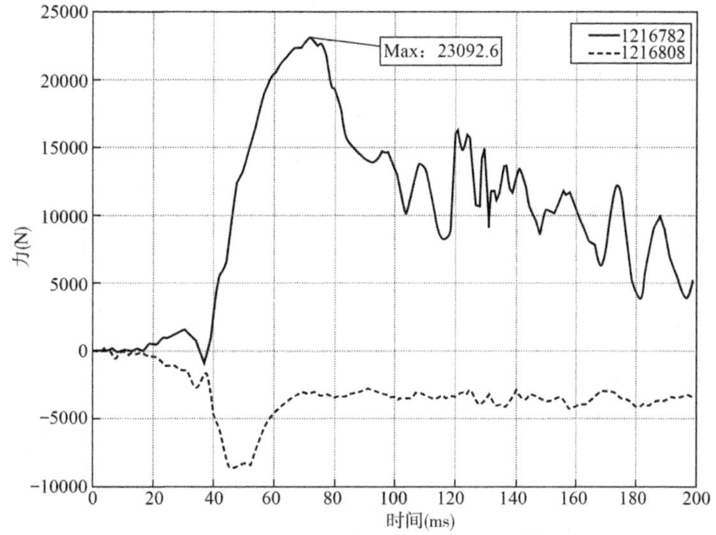

图12 前排座椅骨架与椅腿连接螺栓所受到的载荷

5 一阶段座椅及车辆固定件强度动态试验

对试验车辆进行动态试验,试验按照《客车及其车辆固定件的强度》中的一阶段强度试验要求进行。

本次试验全权委托天津中国汽车技术研究中心碰撞实验室进行,试验对象采用某厂家生产的城市客车座椅和经过优化设计后的座椅连接件。试验中考察的对象主要是前排双人座椅,假人放置在后排双人座椅上,无安全带约束,通过前排双人座椅的变形情况和破坏情况来评估座椅连接件的强度,如图13所示。试验台车的向后加速度最大达到26.3g,持续时间为20ms,试验车速最高达到49.3km/h。

图13 试验车辆及假人

6 仿真与试验结果对比

6.1 仿真模型假人与试验假人运动轨迹对比

本文分别选取0ms(试验开始前)、45ms(加速度峰值末尾时刻)、90ms(加速度归零时刻)、150ms(车辆进入较平稳状态)和 200ms(仿真结束时刻)时刻进行仿真模型假人与试验中假人运行轨迹对比,结果如图 14所示。

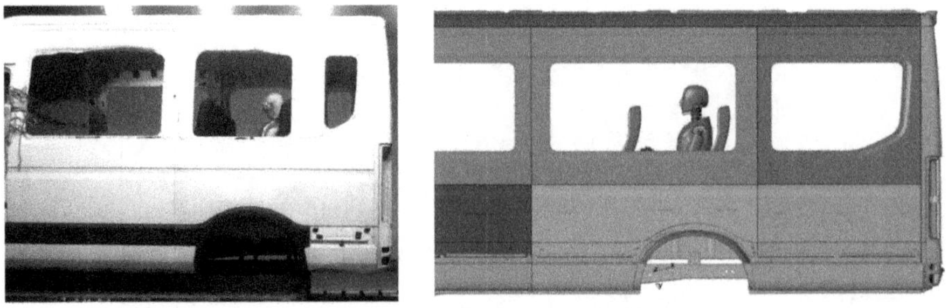

a) 0ms时刻试验与仿真假人姿态对比

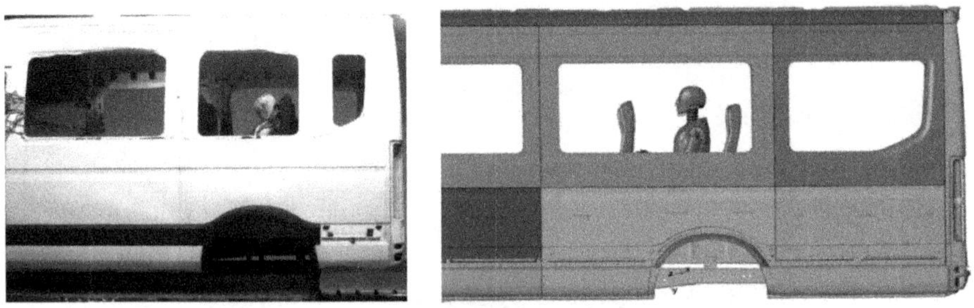

b) 45ms时刻试验与仿真假人姿态对比

c) 90ms时刻试验与仿真假人姿态对比

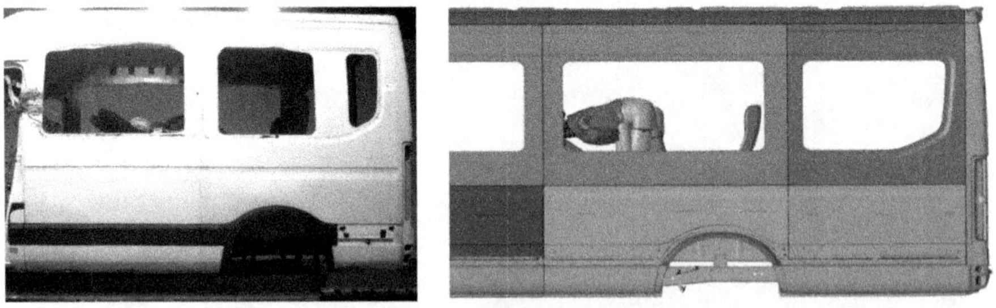

d) 150ms时刻试验与仿真假人姿态对比

e) 200ms时刻试验与仿真假人姿态对比

图 14　仿真模型假人与试验假人运动轨迹对比

由图 14 可以直观地看到,仿真模型假人的运动轨迹与试验假人运行轨迹基本一致;前排座椅靠背的前倾情况也趋近相同。

6.2 座椅固定点及座椅连接件变形情况对比

试验过程中前排双人座椅骨架与椅腿连接处螺栓脱落,座椅靠背被掀翻,与仿真结果不符;座椅下部与车身地板牢牢固定,前排双人座椅连接件无明显变形,前排双人座椅侧壁固定点变形较大,有明显折弯现象,与仿真结果相符。具体实验结果如图 15 所示。

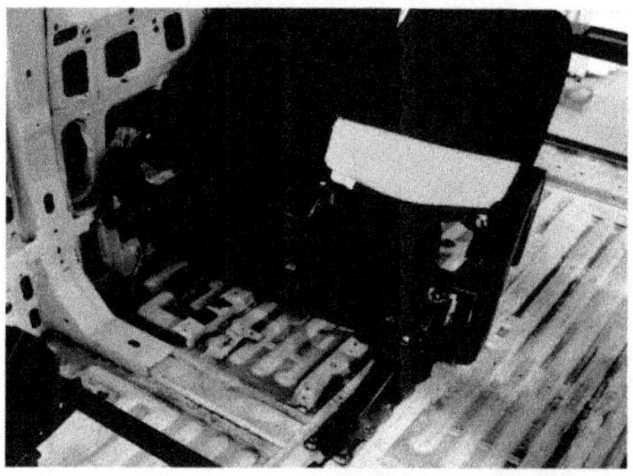

a) 由于椅腿连接处螺栓脱落,座椅靠背被掀翻

b) 前排双人座椅连接件无明显变形

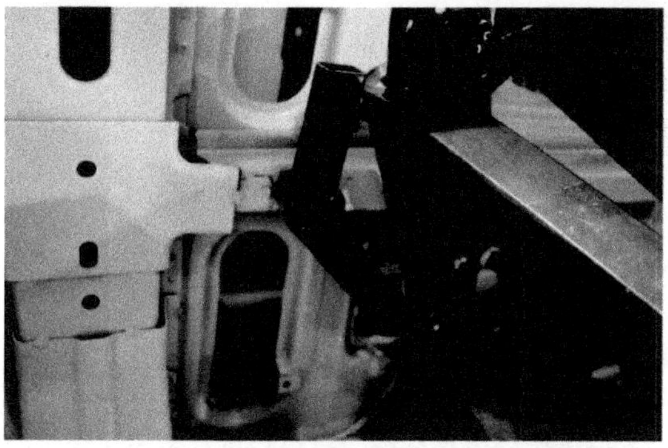

c) 前排双人座椅侧壁固定点变形严重有折弯现象

图 15　座椅固定点及座椅连接件变形情况

6.3 仿真模型与试验结果差异原因分析

仿真结果中前排座椅骨架与椅腿连接螺栓所受最大载荷小于螺栓的保证载荷,而试验中座椅骨架与椅腿连接处螺栓被拉脱,仿真结果与试验差异性过大,通过对试验后的车辆进行详细查看,得到以下几点原因:

(1)试验车辆座椅骨架与椅腿连接件为改制件,螺栓孔邻近处的原螺栓孔经过填补,强度相较于一体式零件大大降低,因此在试验过程中孔径被拉大,螺栓被拉脱;

(2)螺栓与该椅腿连接件的接触面积较小,而螺栓孔偏大,从而导致螺栓被拉脱;

(3)螺栓垫片有较大变形,说明螺栓拧紧力不足。

如图 16 所示为螺栓脱落情况。

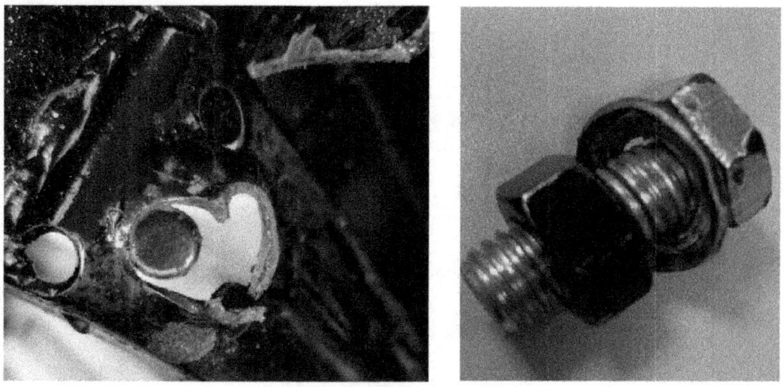

图 16　螺栓脱落情况

针对以上几点原因,对此次试验座椅给出下列建议:

(1)座椅骨架与椅腿连接件采用一体成型式零件;

(2)此处连接螺栓使用六角凸缘螺栓,增加垫片厚度和直径;

(3)座椅骨架与椅腿连接件增加加强板,增加局部刚度。

7 结语

根据 GB 13057 法规的一阶段最新要求构建了强度试验动态仿真有限元模型,根据能量曲线图可知沙漏能占总体内能的比值未超过 10%,判断该有限元模型是真实有效的。

对现有的汽车座椅连接件进行优化设计,将原来的单导轨结构优化为强度更高的双导轨结构,试验结果和仿真结果均表明该种结构在 GB 13057 一阶段的试验标准下无明显变形,可以满足现有的 GB 13057 法规一阶段对于客车座椅连接件强度要求。

将仿真结果与试验结果进行对比,假人运动轨迹及汽车座椅重要位置的变形情况均相同,验证了本文仿真结果的准确性和可行性;试验过程中座椅骨架与椅腿连接处螺栓被拉脱则是因为椅腿连接件强度和螺栓拧紧力等未达到理想状态,应进一步改进试验车辆座椅骨架与椅腿连接件的强度。

本文只对座椅及座椅连接件的强度进行了仿真试验对标,并未考虑假人在试验过程中的损伤程度,后续应根据 GB 13057 要求建立更为完整的有限元模型,更好地预测试验中客车座椅及座椅连接件的强度性能、乘员运动轨迹与假人的损伤程度,该项工作对加快国内客车座椅及座椅连接件的强度提升与安全标准的完善具有重要意义。

参考文献

[1] 邱少波. 汽车座椅系统的安全性要求及评价[J]. 汽车技术,1996(7):12-19.

[2] 冯二磊. 城市客车座椅动态碰撞的仿真与试验研究[J]. 汽车安全,2014:53-57.

[3] 邢鲁超. 某 SUV 车型正面 100% 刚性壁障碰撞仿真分析[J]. 拖拉机与农用运输机,2022(49):8-11.

[4] 曾锋. 基于 GB13057 讨论稿的客车座椅安全性研究[J]. 客车技术与研究,2021(5):53-62.

[5] 颜长征. 基于 GB13057 的客车座椅结构对乘员伤害的分析[J]. 机械研究与应用,2020(33):160-163.

[6] 覃祯员. 客车座椅及其固定件强度的试验研究[J]. 客车技术与研究,2013(4):34-37.

[7] 司俊德. 客车座椅碰撞安全试验方法研究[J]. 科技风,2018,241-245.

[8] 冯文涛. 重型客车后下部防护装置碰撞仿真试验研究[J]. 辽宁师专学报,2021(3):52-55.

一种商用车型的冷却系统评价方法

陆元帅，陈　杰

（南京依维柯汽车有限公司，南京　210028）

摘　要：商用车因工况复杂、运行环境恶劣，使用工况法评价车辆冷却系统不能完整演绎所有的运行工况，这就导致使用工况法评价的冷却系统在极限环境下易出现开锅现象，致使发动机受损甚至影响行车安全。因此，在商用车冷却系统评价上一般采用极限法进行评价。本文基于一款在国内销售多年的商用轻客车型探讨一种基于极限工况的商用车冷却系统评价方法。在最大功率发动机转速、最大转矩发动机转速两种条件下运行车辆，监测水温、机油温度、中冷器温度、燃油温度、变速器油温等受影响的温峰值，用于评价汽车冷却系统。

关键词：商用车；柴油机；冷却系统评价方法；最大功率转速；最大转矩转速

0　引言

近20年，中国汽车工业蓬勃发展，为迎合不同客户群体的需求，各品牌、车型不断推陈出新，尤其是商用车领域，从重型货车、公交到多用途货车、VAN型厢式车，种类繁多。在车辆冷却系统的评价方法上，各企业之间虽有不同的观点，但争论的焦点仍旧集中在两个方向：工况法和极限法。本文探讨了一种商用车型柴油发动机的冷却系统极限值评论方法，主要从理论模型，实际操作、和限值计算三个方面进行分析，用于指导商用车型冷却系统的评价。

1　适用范围

本方法适用于前置或后置水冷发动机的车辆。

2　实验前准备

2.1　加注

打开冷却回路和暖风回路中所有与发动机有关的可开启的阀门，以8～10L/min加注流量。当水从加注口溢出时，加注工作结束。

2.2　空气排出

发动机冷却装置中的空气排出应在加注工作完成之后立即进行。

加注终了时起动发动机，并使其在最小转速下运行5min，在此期间，冷却液液面应不低于加注最小刻度。运转5min后，若冷却液缺失（不低于最小刻度），则应再加注直至从加注孔溢出。然后迅速使发动机处于最大空转速下运行。在发动机转速上升的同时，应检查装于水泵和节温器之间的压力表的情况。压力应该迅速上升并达到恒定值而且不波动。从节温器打开之时起，即用计时器记录，检查冷却液温度和节温器后液体的流量。当发动机处于载空最大转速时，应持续通过玻璃孔观察水管中是否存在空气泡。若没有发现气泡，应将发动机降至最低转速，然后再升高到一定的转速，在此过程中，也不应见到气泡。重复实施上述工作，确保发动机在整个转速范围内，均没有空气泡产生，则此时停止计时器的工作。

2.3 水泵的功能检查

空气排出工作完成之后立即检查水泵的功能。此时,逐步增大发动机转速,并从最低转速上升到最高转速。在加大发动机转速的同时,检查水泵上游和下游冷却液回路中的压力表。

2.4 测试部位和玻璃观察孔

在检查冷却装置的空气排出的过程中,注意观察和检查下列检测值和玻璃观察孔。

(1)温度 t_{eo}:发动机冷却液出水温度(节温器打开时立即检查);

(2)压力p_{caw}:在冷却液回路中,也可在水泵后部直接测试(检查水泵功能);

p_{cfw}:在冷却液回路中,也在水泵前部测试。

(3)玻璃观察孔。玻璃观察孔用来检查水流,但不影响冷却水流,安装在下列管路中:

①在发动机出水口和散热器进水口之间;

②在补偿水桶和水泵之间;

③在发动机到补偿水桶的溢气管中;

④在散热器到补偿水桶的溢气管中。

3 规定限值

为了认可发动机冷却装置的加注(加注速度)、空气排出和水泵功能,试验遵循下列规定限值。

3.1 加注

当空气排出后,冷却液面高于最小冷却液面刻度。

3.2 空气排出

在节温器打开后 15min,在整个发动机转速范围内运行时,无气泡。

3.3 水泵功能

(1)水泵上游压力不低于 500mm 水柱(5kPa);

(2)水泵后部压力达到发动机设计工程师规定的稳定值,无跳动。

4 试验方法

发动机出水温度和散热器出水温度的稳定值、发动机主油道的机油温度以及 2 和 3 所述条件下的温度必须在恒定环境条件下,在道路上用负荷拖车施加负荷或者在风洞中在转鼓上施加负荷的受试车辆上测量。

5 试验条件

5.1 汽车载荷

在道路上进行测量,汽车加载到额定总质量。

驱动轴在转鼓上加载。

对于道路试验,牵引装置或负荷拖车保证要求的发动机转速和条件。

5.2 试验车速和速比

在试车场跑道上进行测量时,必须根据功率/质量比决定试验车速。然后根据车辆等级,选择可获得的变速器速比,使车速和发动机转速相匹配,作为用于测量的工况。

车速等级划分如下：

功率/质量≤7kW/t，车速 = 15km/h ；

功率/质量 > 7kW/t，车速 = 30km/h。

在道路上进行测量时试验车速应由试验路段的交通来确定。

试验时操纵变速器的挡位以使发动机保持最大转速。

5.3 环境温度和温度校正

在道路上测量时，只能在下述道路条件下进行。

5.3.1 温度

最好大于15℃，不得低于5℃。

在确定冷却系统温度 T_{bw} 时，环境温度应在20℃，如环境温度有差异，应参考图1、图2对 T_{bw} 进行修正。

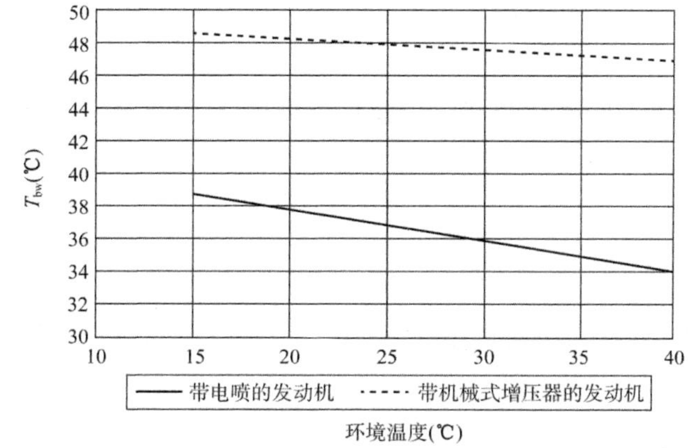

图1 环境温度变化对冷却系统性能的影响

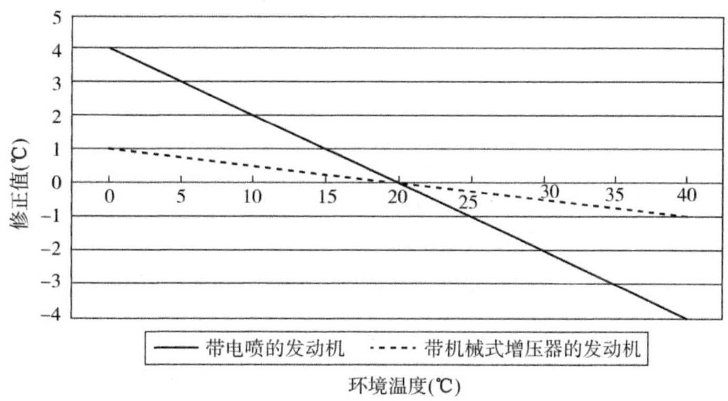

图2 温度修正

5.3.2 海拔

在250m之上，每升高300m增加1～2℃。

5.3.3 风速

风速 v≤10km/h。

5.3.4 道路条件

干路。

5.3.5 环境变化

试验不允许在下雨时进行。

5.4 节温器

节温器装配时锁定在开启位置。在此条件下，可保证在发动机每种转速和每一个冷却液温度下，流出尽可能最大的流量。在开始测量之前,必须检查节温器至水泵的小循环回路是否关闭。

5.5 可调风扇

在测量过程中可调风扇应锁定在接合状态以保证在试验的所有转速下,获得尽可能最大的空气量。

5.6 利用发动机余热的驾驶室采暖系统

在测量时,安装在冷却回路上的利用发动机余热的驾驶室采暖系统的阀门必须关闭。

5.7 冷凝器(空调装置)

对于空调冷凝器位于散热器前方的情况,在测试过程中,空调系统应处于最大制冷状态,以便测量冷凝器对发动机冷却的影响。

5.8 影响冷却性能的零部件

所有影响冷却性能的零部件(如保险杠、护罩、散热器格栅条、导风罩等)必须在测试开始前装配完毕。

6 测试部位

6.1 温度

t_a——在汽车环境温度或试验风道中的温度(例如在右反光镜附近测量);

t_{sn}——发动机进气管道的进口处的进气温度;

t_{fTC}——在涡轮增压器前的进气温度或者对自然吸气式发动机则为进气歧管前的温度;

t_{fCAC}——中冷器进口的空气温度;

t_{aCAC}——中冷器出口的空气温度;

t_{fR}——散热器前的冷却空气温度(至少测量4点,图3),如果在散热器前部还装有中冷器,则测量部位应放置在此装置前部;

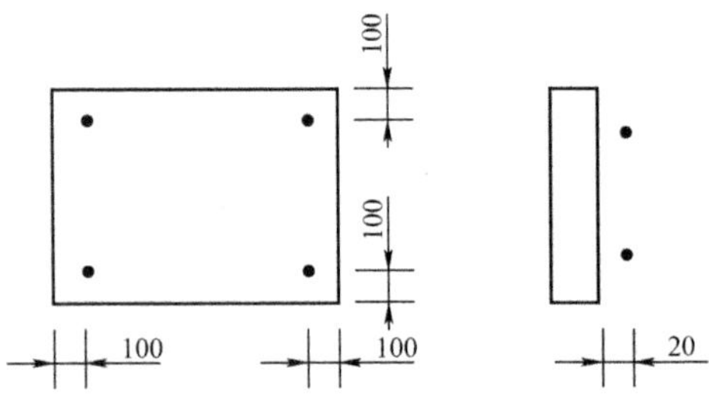

图3 t(fR)测量点(尺寸单位:mm)

t_{bCAC-R}——在散热器和中冷器之间的空气温度,中冷器位于前部的情况下,规定至少4个测量点(其部位如上所述,在散热器和中冷器之间);

t_{ex}——涡轮增压器后的排气温度(在发动机停机前);

t_{eo}——冷却液温度(在发动机出水口后,在散热器进水口前);

t_{ro}——冷却液温度(在散热器出水口后,在水泵进水口前);

t_{cigboc}——冷却液温度,在变速器的机油热变换器进口处(仅对于自动变速器和液力机械变速器而言);

t_{oil}——发动机油温(油底壳或主油道);

t_{gboil}——变速器油温(壳体内)(仅对于机械变速器);

t_{gbofc}——变速器的机油热交换器前部变速器油温;

t_{gboac}——变速器的机油热交换器后部变速器油温(仅对自动变速器和液力机械变速成器而言);

t_{axoil}——桥油温(壳体内);

t_{fuel}——燃油温度(喷油泵进口)。

这些测量部位都是在新设计的汽车上测量冷却性能时所必须测量的点。

对于检验或认可其他散热器或中冷器的测量,可以免去对下列点的测量:t_{sn}、t_{fR}和t_{bCAC-R}。

对于t_{gboil}和t_{axoil}两点的测量,在进行测量前,应设定所用机油的最高许用温度限值,在测量过程中有可能会达到或超过该限值(发生损坏的危险)。一旦达到这些温度限值,则测量应该中断,在冷却一段时间后,再重复进行。同时,还应该设定燃油最高许用温度限值,温度过高时会影响发动机的功率。

6.2 转速

n_{eng}——发动机转速;

n_{fan}——风扇转速;

n_{gb}——变速器输出转速(对于液力机械及自动变速器)。

6.3 压力

p_{fCAC}——中冷器前的增压空气压力;

p_{aCAC}——中冷器后的增压空气压力;

p_{cfw}——水泵前的冷却液压力;

p_{caw}——节温器前水泵后的冷却液压力。

6.4 空气流量

V_{CA}——增压空气流量(在风洞内测量)。

6.5 变速器油量

V_{CA}——变速器油路的油量(在转鼓台架上测量)。

7 认可限值

与冷却性能有关的发动机冷却装置,由实测温度得出的 T 应该小于 T_{bw} 值上限或至少等于以下各节所述的值。

7.1 冷却系统性能限值 T_{bw}

冷却系统性能 T_{bw} 值取决于冷却系统中所使用的限压阀和测量的温度,及计算获得的 T_{cp}。

冷却系统性能 T_{bw} 值由下列公式计算:

$$T_{bw} = t_{bw} - T_{cp} = t_{bw} - (t_{eo} - t_a) = t_{bw} - t_{eo} + t_a \tag{1}$$

海拔 500m 处,水的沸点温度 t_{bw} 与使用的限压阀 p_{ov} 有如下对应关系:

$p_{ov} = 0.35\text{bar} \rightarrow t_{bw} = 106℃$

$p_{ov} = 0.5\text{bar} \rightarrow t_{bw} = 109℃$

$p_{ov} = 0.7\text{bar} \rightarrow t_{bw} = 114℃$

$p_{ov} = 1.0\text{bar} \rightarrow t_{bw} = 109℃$

$p_{ov} = 1.0\text{bar} \rightarrow t_{bw} = 115℃$ (用于轻型发动机)

7.2 冷却性能的限值 T_{cp}(K)

表 1 ~ 表 3 中所列限值,适用于在装有机械或自动变速器的汽车上的测量。

对于载重车的限值 表 1

指标	气候区域		
	温带	热带	沙漠
T_{bw}(K)	≥42	≥50	≥60
最大空气温度(℃)	—	—	—

对于液力机械变速器,这些限值只适用于传动比为 1 : 1 的情况。

对于传动比大于 1:1 的情况,则其限值 T 允许按表 1 ~ 表 3 作一定的增长。

T_{cp}值可以由测量温度用下式得出:

$$T_{cp} = t_{eo} - t_a \tag{2}$$

对于小功率发动机汽车的限值 表 2

指　　标	气候区域		
	温带	热带	沙漠
T_{bw}(K)	≥40	≥45	≥55
最大空气温度(℃)	40	50	60

对于公共汽车的限值 表 3

指　　标	气候区域		
	温带	热带	沙漠
T_{bw}(K)	≥40	≥45	≥55
最大空气温度(℃)	40	50	60

7.3 水路中的温差限值 *T*

在最大功率时测得的发动机出水口(散热器进水口)与发动机进水口(散热器出水口)之间的温差不应小于 4K 或大于 8K。

7.4 中冷器的限值

温度降 T_{CAC}即最大功率下增压空气的温度降的限值是中冷器出口温度与环境温度之差。对于每种发动机,该限值由发动机设计单位给出。

$$T_{aCAC} = t_{aCAC} - t_a \tag{3}$$

增压空气压力降为 p_{CAC}。对于每种受试发动机,该限值由发动机工程部门给出并应达到额定转速下的空气流容积。

该值可由下列方式计算:

$$p_{CAC} = p_{fCAC} \tag{4}$$

7.5 发动机油温度限值 ACO

对于发动机油温度,设定所谓临界环境温度,必须计算如下:

$$\mathrm{ACO} = t_{cr.oil} - T_{oil} = t_{cr.oil} - (t_{oil} - t_a) = t_{cr.oil} - t_{oil} + t_a \tag{5}$$

$t_{cr.oil}$温度值取决于所使用的机油型号,并应由发动机工程部门认可(机油最大许用温度)。

根据测量的温度和机油最大许用温度计算出的 ACO 值应大于或等于不同气候区域的限值,见表 4。

发动机油温度限值 ACO 表 4

指　　标		气候区域		
		温带	热带	沙漠
ACO[K]	载货汽车	≥42	≥50	≥60
	起动和停止	≥40	≥45	≥55
	公共汽车	≥40	≥50	≥55
最大空气温度(℃)		40	50	60

7.6 冷却空气再循环的温度限值 $T_{rec.m}$

为了限定冷却空气再循环的温度限值应确定冷却空气最大加热温度和环境温度的关系。

此平均值可由下列方式进行计算:

$$T_{rec.m} = t_{fR.m} - t_a \tag{6}$$

式中：$t_{fR.m} = (t_{fR.2} + \cdots + t_{fR.n}) \times 1/n$（$n$ 为测量点数）。

限值：

$$\begin{cases} T_{rec.m} \leqslant 8K & \text{（对于公共汽车）} \\ T_{rec.m} \leqslant 15K & \text{（对于载货汽车）} \end{cases} \tag{7}$$

计算：

$$T_{rec} = t_{fR} - t_a \tag{8}$$

7.7 进气加热的温度限值 T_{ca}

进气管道中的进气温度的加热，必须符合下列限值：

在吸气区（通气管进口）：$T_{casn} \leqslant 3K$ (9)

计算：$T_{casn} = t_{sn} - t_a$ (10)

在发动机进气口处：$T_{cael} \leqslant 10K$ (11)

计算：$T_{cael} = t_{fTc} - t_a$ (12)

如果测量的温度差值超过了上述的规定限值，必须咨询发动机工程设计部门，该温度值可否接受。

7.8 风扇传动打滑的限值

对于不同形式的风扇传动装置，其规定限值为：

由三角皮带传动的刚性风扇：　　最大滑移量≤2%

发动机曲轴上的黏性风扇：　　最大滑移量≤5%

由梯形带传动的黏性风扇：　　最大滑移量≤7%

滑移量计算：

$$\text{滑移量} = 100 - [(n_{fan} \times 100) / n_{eng}] \tag{13}$$

液力传动风扇最大滑移量≤2%　(14)

液压传动风扇的滑移量可由液压泵的转数和液压马达的转数计算。

7.9 发动机舱内的空气温度限值 T_{sa}

对于发动机舱内的空气温度不能预先设置一些限值。因此，在每次测量前对受试汽车确定测量点，测量点必须设置在处于临界温度区域的零部件附近。

温度限值由零部件最大许用温度来决定。

如果该温度值超过限值，则必须用一个能承受更高温度的零部件加以替换，或将其零部件安置在其他温度适宜的部位（由设计部门提供）。

参 考 文 献

[1] 金磊. 商用车发动机冷却系统试验研究[J]. 汽车与配件. 2008(21):52-53.
[2] 曾庆敏. 浅议汽车发动机冷却系统的优化匹配[J]. 江西化工. 2017(3):22-24.
[3] 郑斯泽，张静. 现代汽车发动机冷却系统[J]. 科技创新与应用. 2015 年(34):108-108.
[4] 黄环国. 轻型载货汽车冷却系统设计[J]. 合肥工业大学学报：自然科学版. 2007(S1):38-42.
[5] 黄伟. 基于实际过程的汽车发动机冷却系统[J]. 科技经济市场. 2015(7):134-135.